hanser**blau**

Smilja kam als Gastarbeiterin aus Kroatien nach Würzburg. In der Schokoladenfabrik schuftet sie am Band, auf ihren Mann Emir, einen feierfreudigen Kleinganoven, ist kein Verlass. Später landet er auf der berüchtigten Gefängnisinsel Goli Otok in Jugoslawien. Nach der Geburt ihres Sohnes Alem trifft Smilja eine folgenschwere Entscheidung: Ihr Baby wächst bei der strengen deutschen Pflegefamilie Behrens auf. Als achtes zu ihren sieben eigenen Kindern. Jedes zweite Wochenende aber verbringt der Junge mit seiner Mutter und ihrem neuen gewalttätigen Freund im Frankfurter Bahnhofsmilieu. In seinen Teenagerjahren realisiert Alem, dass sein Pflegevater die Naziideologie nie hinter sich gelassen hat und bricht mit ihm. Erst als Erwachsener, längst selbst Vater, macht er sich auf die Suche nach Emir und seinen Wurzeln.

Alem Grabovac

DAS ACHTE KIND

Roman

hanserblau

Der Text enthält diskriminierendes Vokabular im Kontext der handelnden Figuren, spiegelt jedoch nicht die Meinung des Autors oder des Verlags wider.

Ungekürzte Taschenbuchausgabe

1. Auflage 2022
Veröffentlicht bei hanserblau
in der Carl Hanser Verlag GmbH & Co. KG, München
Das Hörbuch ist bei Hörbuch Hamburg erschienen,
gelesen von Fabian Busch
© 2021 hanserblau
in der Carl Hanser Verlag GmbH & Co. KG, München
Umschlag: Anzinger & Rasp, München
Motiv: © Tibor Honty
Satz im Verlag
Druck und Bindung: GGP Media GmbH, Pößneck
Printed in Germany
ISBN 978-3-446-27287-3

MIX
Papier aus verantwor-
tungsvollen Quellen
FSC® C014496
FSC
www.fsc.org

DAS
BUCH
SMILJA

1

Mein Vater war tot.

Meine Mutter Smilja saß auf der Außenterrasse des Café Libretto in der Hasengasse, atmete den süßen Duft der Lindenblüten ein und öffnete erwartungsfroh den Brief ihres Rechtsanwaltes. Sie hatte die Scheidungsunterlagen eingereicht, um Dušan vielleicht doch noch zu heiraten nach all den schweren Jahren. Aber schon bei den ersten Zeilen lief es ihr kalt den Rücken hinunter.

»Sehr geehrte Frau Grabovac, ich muss Ihnen bedauerlicherweise mitteilen, dass Ihr Ehemann Emir Grabovac bereits vor zwei Jahren verstorben ist.«

In dem Kuvert lag eine beglaubigte Sterbeurkunde. Mit zittrigen Händen las sie: »Name: Emir Grabovac. Geburtstag: 03.12.1947. Geburtsort: Mostar. Zeitpunkt des Todes: 23.05.2016. Letzter Wohnsitz: Dobračina Straße 91, Belgrad.«

Meiner Mutter stiegen Tränen in die Augen, sie setzte ihre Sonnenbrille auf, steckte den Brief in ihre schwarze Lederhandtasche, legte einen Fünfeuroschein auf den Tisch und drückte sich mithilfe der Armlehnen aus dem Sitz. Ziellos lief sie durch die Stadt.

Auf der Zeil, vor der Schaufensterauslage einer Boutique, blieb sie stehen. Vor langer Zeit einmal hatte sie in einem

Sommerurlaub mit Emir in Sarajevo ein rotes Kleid gekauft.

»Smilja!« Winkend überquerte Irena, eine alte Kollegin, mit der sie bei VDO am Fließband gestanden hatte, die Straße.

Meine Mutter nahm die Sonnenbrille ab. Irena ergriff ihre Hand. »Was ist denn mit dir los, meine Liebste? Was ist passiert?«

»Ach, ich habe gerade erfahren, dass mein Ex-Mann schon zwei Jahre tot ist.«

»O nein, wie schrecklich. Meinen Boro hat es vor fünf Jahren erwischt. Gott hab ihn selig. Kann ich was für dich tun?«

Meine Mutter wischte sich die Tränen aus den Augenwinkeln. »Ist schon gut, Irena. Ich komm schon klar. Ich brauch einfach ein bisschen Zeit für mich.«

»Natürlich, meine Liebste.« Irena umarmte meine Mutter. »Mein herzliches Beileid. Ruf mich an, falls du reden möchtest.«

»Danke, Irena.«

Meine Mutter lief über die Fressgasse und die Große Bockenheimer Straße bis zum Brunnen vor der Alten Oper und setzte sich dort auf eine Bank. Das letzte Mal hatte sie Emir vor achtunddreißig Jahren im Gefängnis gesehen. Plötzlich mischte sich Wut in ihre Trauer. Ihre alte gemeinsame Wohnung am Schmalzmarkt in Würzburg, seine angebliche Arbeit, in die er sie hineingezogen hatte. Die sorgsam verdrängten Erinnerungen kamen wieder hoch.

Sie waren erst seit zwei Monaten ein Paar. Er lag wieder einmal betrunken im Bett. Sie schrie ihn an: »Wach endlich auf, wir müssen reden, so geht es nicht weiter. Such dir endlich einen Job.«

Wie eine Furie redete sie auf ihn ein. Er zündete sich eine Zigarette an, schaute ihr gleichgültig in die Augen.

»So, jetzt reicht es. Zieh dich an. Wir gehen. Du wirst mir bei der Arbeit zuschauen.«

»Was meinst du damit?«

»Halt die Klappe und zieh dich an.«

Sie setzte sich auf den Küchenstuhl und verschränkte trotzig die Arme. »Auf keinen Fall. Was soll das?«

Emir zog sich die schwarze Lederjacke an, stand in der Tür mit herausforderndem Blick. Als sie sich nicht rührte, packte er ihre Stiefel und traf sie mit voller Wucht am Oberkörper. »Zieh dich endlich an. Los jetzt.«

Smilja rieb sich den schmerzenden Arm. Sie zitterte am ganzen Leib.

Schweigend liefen sie durch die schneebedeckten Straßen der Altstadt. Er rauchte. An der Haltestelle Dominikanerplatz blieben sie stehen. Wegen Umbaumaßnahmen fuhr anstatt der Straßenbahn ein Ersatzverkehr mit Bussen. »Ich gehe nach hinten durch, du bleibst vorne. Du darfst mich nicht aus den Augen verlieren. Sobald ich mir dreimal mit dem Zeigefinger an die Schläfe tippe, steigen wir aus.«

Der Bus bog um die Ecke. Emir schnippte seine Zigarette in den Schnee. Meine Mutter kaufte zwei Tickets. Ihre Hände bibberten. Der Busfahrer sagte: »Ganz schön kalt heute.« Smilja nickte und sah an ihm vorbei. Der Bus füllte sich zusehends. Studenten in bunten Wolljacken und mit langen Haaren, gepflegte ältere Männer und adrett gekleidete Damen. Unsicher blickte sie sich um.

Nach wenigen Minuten gab Emir ihr das vereinbarte Zeichen. Irgendetwas schien ihm nicht gefallen zu haben. Sie stiegen aus. Warteten auf den nächsten Bus. Stiegen wieder ein. Alle Sitzplätze waren besetzt, die Fahrgäste standen dicht gedrängt im Gang, die Fenster im Bus waren beschlagen. Smilja öffnete ihre Jacke, wischte sich Schweiß von der Augenbraue und hielt sich krampfhaft an einer Stange fest. Sie beobachtete ihn. Er musterte die Fahrgäste. In einer Kurve rempelte er einen gut gekleideten älteren Herrn an. Als seine Hand in den schwarzen Mantel des fremden Mannes glitt, hätte sie fast laut aufgeschrien. Smilja biss sich auf die Zunge, ihr wurde schwarz vor Augen. Jetzt gab es keinen Zweifel mehr: Sie war die Frau eines Kriminellen, lebte mit einem Dieb zusammen.

Der fremde Herr sagte in schneidendem Tonfall zu Emir: »Verflucht noch einmal, können Sie nicht aufpassen.«

»Tut mir leid. Kurve. Bus zu schnell.« Danach tippte Emir sich dreimal mit dem Zeigefinger an die Schläfe. An der nächsten Haltestelle stiegen sie aus.

Emir lief wortlos in die Gartenanlage des Würzburger Schlosses, die eigentlich eine Residenz mit Hofgarten war. Beide nannten sie aber immer nur das Schloss. Smilja rutschte auf dem Glatteis aus, konnte sich gerade noch an ihm festhalten. Auf einer Bank durchsuchte er ganz ruhig den Geldbeutel. Mit hängenden Schultern saß Smilja neben ihm, sah das Bild des fremden Herrn auf dem Führerschein. Emir nahm das Geld heraus, wischte das Portemonnaie mit einem Tuch ab, schmiss es in den Mülleimer, drehte sich triumphierend um. »Siehst du, ich habe eine Arbeit. Ich habe gerade 87 D-Mark und 30 Pfennige verdient. Ist das nicht großartig?«

Smilja blickte ihn ungläubig an, schluchzte laut auf und trommelte mit ihren Fäusten auf seine Brust. »Mach das nie wieder. Hörst du: Mach das nie wieder mit mir. Du musst damit aufhören und dir eine anständige Arbeit suchen. Versprich mir das. Sonst verlasse ich dich.«

Emir umschlang meine Mutter fest mit seinen kräftigen Armen. »Beruhige dich. Alles wird gut. Beruhige dich doch, mein Schatz. Es tut mir leid. Hast du gehört: Es tut mir leid. Ist ja schon gut. Ich höre auf mit dem Klauen. Ich schwöre es dir. Bitte, du musst mir glauben.«

Meine Mutter saß noch immer am Springbrunnen vor der Alten Oper. Wie gutgläubig und naiv sie gewesen war. Sie hatte wirklich geglaubt, ihn retten zu können, hatte wirklich geglaubt, dass er, sobald sie ein Kind bekämen, mit seiner Sauferei und all seinen dreckigen Geschäften aufhören würde. Eine junge Asiatin bat meine Mutter, ob sie ein Foto von ihr und ihren Freundinnen machen könne. Während die Mädchen unbekümmert vor den aufsteigenden Wasserfontänen des Brunnens posierten, dachte meine Mutter: Was für ein beschissenes Leben ich doch hatte. Wie soll ich das Alem nur alles erklären? Was für eine Scheiße. Das wird er mir niemals verzeihen.

Zurück in ihrer Wohnung in der Rothschildallee legte sie den Brief mit der Sterbeurkunde meines Vaters sorgfältig unter einen Stapel T-Shirts in die unterste Schublade ihres Kleiderschranks.

2

Meine Mutter wurde 1949 in Maovice, einem kleinen Gebirgsdorf im kroatischen Hinterland, geboren. Ihre Familie war arm, das Leben im Karst hart und beschwerlich. Mit ihren Eltern und ihren vier Geschwistern teilte sie sich das einzige Zimmer über einem Viehstall. Nur durch ein kleines Fenster drang ein wenig Tageslicht. Es gab kein fließendes Wasser und nicht einmal ein kleines Holzhäuschen mit Plumpsklo im Garten. Meine Mutter war gezwungen, ihre Notdurft bei jedem Wetter im Gebüsch hinter dem Haus zu verrichten. Manchmal, wenn sie mitten in der Nacht Pipi machen musste, der einzige Nachttopf kaputt war und sie nicht mehr hinauswollte in die klirrende Kälte, bekam sie Bauchschmerzen vom krampfhaften Zurückhalten.

Ihre Mutter Milica baute Gemüse im Garten an, kümmerte sich so gut es ging um die Kinder und verstand es, aus nahezu nichts wenigstens noch eine Suppe oder Polenta zuzubereiten. Der Vater Petar bestellte als Bauer einige Felder und verdiente sich unten in der Stadt gelegentlich mit Schreinerarbeiten ein paar Dinare dazu. Sobald er seinen Lohn für die Anfertigung eines Tisches oder Stuhles erhielt, kaufte er sich beim Metzger Stojanović ein großes Stück Fleisch. In Zeitungspapier eingewickelt trug er es lächelnd nach Hause und briet es auf dem kleinen Herd. Während seine fünf Kinder am Küchentisch eine karge Suppe löffelten, schob er sich das saftige Filetstück zwischen die Zähne. Er dachte nicht einmal daran, seiner Frau oder den Kindern ein kleines Stückchen abzugeben. Dass sie im Winter mit leeren Mägen im Bett froren und manchmal vor Hunger weinten, schien ihm egal zu sein. Nach seinem üppigen Festmahl ging Petar in die Dorfkneipe, versoff den Rest des Geldes und verprügelte, wenn er spätabends betrunken nach Hause kam, seine Frau und manchmal auch die Kinder.

Es waren schreckliche Nächte: Smilja lag unter einer dünnen Decke auf dem Holzboden und hörte ihren Vater bereits draußen auf der Steintreppe am Haus laut fluchen. Jedes Mal betete sie, dass es nicht allzu schlimm kommen würde. Sie verkroch sich in eine Ecke, machte sich klein, bis sie sich fast unsichtbar fühlte. Er torkelte ins Zimmer, beschimpfte Milica und die Kinder, schlug auf meine Mutter ein und fiel schließlich bewusstlos ins Bett. Smilja hörte ihre Mutter weinen. Mit großen hellbraunen Augen starrte sie bis zum Morgengrauen zitternd in die Dunkelheit und bat Gott darum, ihr ein besseres Leben zu schenken.

Die Familie besaß eine Kuh, einen Esel und ein paar Hühner. Morgens, noch vor der Schule, mussten meine Mutter und ihre Geschwister den Stall ausmisten und die Kuh melken. Das Wasser, mit dem sie sich wuschen, hatten sie bereits am Vorabend vom Dorfbrunnen herbeigeschleppt. Nach Nächten, in denen Petar die Familie wieder einmal geschlagen und angeschrien hatte, sagte Milica zu ihren Kindern, dass sie ihrem Vater nicht böse sein dürften. Im Krieg gegen die Deutschen habe er grausame Dinge erlebt, die er einfach nicht vergessen könne. Er sei kein schlechter Mensch, wiederholte sie immer wieder. Am liebsten hätte Smilja wie eine Märchenfee all die schlimmen Erinnerungen des Vaters weggezaubert.

Die Schule lag unten im Tal, in der Stadt Vrlika. Der lange Weg dorthin führte durch den felsigen Karst. Jeden Morgen sammelte meine Mutter im Unterricht die kleinen Steine aus ihren löchrigen Schuhen, die ihr auf dem Weg die Füße zerrieben hatten. Ihre Kleider, ein paar Lumpen, die Milica zusammengeflickt hatte, schlackerten ihr um den frierenden Leib. Oft hatte es zum Frühstück nur eine Suppe gegeben, und sie war schon hungrig, bevor die erste Stunde überhaupt begann. Smilja war so schwach und müde, dass sie sich kaum auf den Unterricht konzentrieren konnte. Wenn ihre Klassenkameradinnen in der Pause Brote mit Schinken und Käse aßen, schaute sie weg, damit niemand ihre sehnsuchtsvollen Blicke sah und sie nicht noch mehr Hunger bekam. Die hochnäsige Dubravka, die Tochter des Bürgermeisters Ranković, und die nicht weniger eingebildete Ivanka, die Tochter des Arztes Badlj, verspotteten Smilja, lachten über ihre löchrigen Schuhe und billigen Kleider. Einmal stand sie neben Dubravka und Ivanka auf dem Schulhof, und Dubravka sagte zu ihr: »Mit dir spielen wir nicht. Du stinkst nach Kuhstall. Hau ab.«

Dubravka und Ivanka brachten sogar Schokolade mit in die Schule, die sie im Klassenzimmer kichernd auspackten und sich achtlos in ihre dummen Münder steckten, das verschmierte Papier warfen sie mit herzlosem Seitenblick in den Mülleimer. In ihrer kindlichen Unschuld fragte sich Smilja, weshalb die einen so viel und die anderen so wenig besaßen. Nur einmal, sie war fünf oder sechs Jahre alt, hatte Onkel Branko ihr ein kleines Stück Schokolade geschenkt.

Es war wie eine Offenbarung gewesen: Sie konnte kaum fassen, dass es Dinge auf der Welt gab, die so wunderbar schmeckten. Sie war wie berauscht, und ihre Sehnsucht nach diesem fulminanten Genuss – der an Schönheit mit nichts, was sie jemals gegessen hatte, auch nur annähernd zu vergleichen war – wurde so groß, dass sie sich dafür erniedrigen sollte.

Am Ende des Schultages blieb meine Mutter auf ihrem Platz sitzen, sagte der Lehrerin Frau Ivanović und ihren Freundinnen, dass sie noch eine Aufgabe fertig machen müsse. Kaum hatten alle das Klassenzimmer verlassen, rannte sie mit klopfendem Herzen zum Mülleimer, fischte zwischen braun verfärbten Apfelresten und klebrigen Pflaumenkernen das Schokoladenpapier hervor und verbarg es in ihrer Schultasche. Nur Josip Broz Tito in seiner schicken weißen Uniform, dessen Porträt in jedem Klassenzimmer hing, sah meiner Mutter dabei zu. Sie fühlte sich von ihm ertappt. Aber Tito würde sie nicht verraten, das wusste sie.

Auf dem Heimweg nach Maovice versteckte Smilja sich hinter einer Felswand. Sie setzte sich auf den steinigen Boden, zog vorsichtig das zusammengeknüllte Schokoladenpapier aus der Tasche, öffnete es so behutsam, als ob Diamanten darin lägen, und ließ jeden einzelnen Schokoladenkrümel ganz langsam in ihrem Mund zerfließen. Sie fühlte sich schmutzig, wie eine Bettlerin und genoss zugleich den betörenden Geschmack.

Von da an passierte es oft, dass Smilja die Schokoladenreste von Dubravka und Ivanka aus dem Müll klaubte. Als sie wieder einmal in ihrem Versteck hinter der Felswand hockte, sie musste etwa zwölf Jahre alt gewesen sein, wurde sie wütend. Sie zerriss das Schokoladenpapier in kleine Fetzen und schwor sich, bei der ersten Gelegenheit, die sich ihr bieten würde, das Dorf und ihre Familie zu verlassen, um in der Fremde das nötige Schokoladengeld zu verdienen. Sie hatte dazugelernt, weder der sozialistische Fortschritt des großen Josip Broz Tito, der tagtäglich in der Schule von Frau Ivanović gepredigt wurde, noch die Barmherzigkeit Gottes, von der Pfarrer Božović in all seinen Sonntagspredigten sprach, würden ihr jemals eine Tafel Schokolade verschaffen. Jener Schokoladenschwur, den sie an diesem denkwürdigen Tag mit sich selbst abschloss, wurde zu einer treibenden Kraft in ihrem Leben.

Im Sommer 1965, mit sechzehn Jahren, war es so weit. Ihr älterer Bruder Jozo, der sie stets vor den Wutausbrüchen ihres Vaters zu beschützen versucht hatte, arbeitete bereits seit zwei Jahren in Zagreb als Kellner. Er schrieb ihr, dass in dem Restaurant eine Küchenhilfe für den Abwasch gesucht würde, er könne ihr das Geld für eine Fahrkarte nach Zagreb leihen und sie die ersten paar Wochen bei sich schlafen lassen. Meine Mutter zögerte keine Sekunde. Sie packte einen kleinen Koffer und verabschiedete sich von Milica und Petar. Die Eltern hofften, dass ihre Tochter sie mit dem Geld, das sie in der Fremde verdiente, eines Tages unterstützen würde. Smilja fuhr nach Zagreb, schuftete täglich vierzehn Stunden in der Küche und fiel danach todmüde ins Bett. Von ihrem ersten Lohn kaufte sie sich in einem kleinen Laden zwei Tafeln Schokolade, die sie sich schon im Hinausgehen hastig in den Mund stopfte. Sie begann zu weinen. Wie selbstgefällig die feinen Leute im Restaurant von Tellern aßen, die sie nachher abspülen musste.

Mit ihrem mickrigen Gehalt konnte sie gerade mal das

Nötigste bezahlen. Ihren Kolleginnen erging es kaum anders. Ausnahmslos alle träumten davon, in Deutschland zu arbeiten. In der Küche erzählten sich die Frauen abenteuerliche Geschichten von Freunden und Bekannten, die schon nach wenigen Jahren in Deutschland mit Koffern voll Geld in die Heimat zurückgekehrt seien oder in riesigen Villen irgendwo in Deutschland lebten. Smiljas Vater hatte immer abfällig über die Deutschen gesprochen. Im Krieg hatte Petar als Partisan gegen sie gekämpft. Aber was kümmerte meine Mutter der Krieg und was kümmerte sie ihr Vater. Sie wollte ein besseres Leben, sie wollte nach Deutschland.

Eines Abends – sie lebte inzwischen in der Dachgeschosswohnung eines Mathematikprofessors, dem sie für ein geringes Zubrot im Haushalt half – durchblätterte sie gähnend auf dem Bett die Zeitung des Vortags. Im Anzeigenteil stieß sie auf die Annonce einer deutschen Firma, die Arbeiterinnen suchte. Ausgerechnet eine Schokoladenfabrik! In einem Ort namens Würzburg. Ihr Herz pochte, sie drückte in dieser Nacht kaum ein Auge zu. Wie es dort wohl aussah?

Eine Arbeiterin in der Küche hatte ihr erzählt, dass es einfacher geworden sei, nach Deutschland zu kommen, als noch in den Jahren zuvor. »Du musst einfach irgendwo unterschreiben, und schon sitzt du im Bus.«

Meine Mutter war um die zwanzig Jahre alt, glaubte an das Schicksal, daran, dass Gott ihre Gebete erhört hatte. Dieser Schokoladenposten war ihre Bestimmung. Sie ging zum Vorstellungsgespräch in ein pompöses Gebäude auf dem Ban-Jelačić-Platz. Mit Dutzenden anderen Frauen wartete sie in einer zugigen Vorhalle, deren turmhohe Decke mit Girlanden aus Stuck verziert war. Eine Sekretärin hatte ihr die Nummer achtundzwanzig zugewiesen. Zwei Stunden saß sie mit wippenden Füßen auf einer kalten Holzbank, über der Tür ihr gegenüber sah wieder Josip Broz Tito in seiner weißen Uniform auf sie herunter. Sie hatte das Gefühl, er würde ihr zulächeln. Endlich wurde ihr Name aufgerufen.

Im Büro saßen drei Männer von der Schokoladenfabrik, ein deutscher Arzt und eine Übersetzerin. Smilja legte ihr Führungszeugnis vom Restaurant vor und sprach lange über ihre Liebe zur Schokolade, wofür sich niemand interessierte. Nach dem Gespräch wurde sie hinter einem Vorhang von dem jungen deutschen Arzt untersucht. Sie musste sich bis auf die Unterwäsche ausziehen. Sie wurde rot und vermied den Blickkontakt. Der Arzt, ein großer, gut aussehender Mann mit blondem Haar, horchte ihr Herz ab und überprüfte mit seinen kräftigen Händen ihren Knochenbau. Sie zog sich wieder an. Dann sagte der junge gut aussehende deutsche Arzt zu den Vertretern der Schokoladenfabrik, dass sie arbeitstauglich, robust und gesund sei. Ein paar Tage später saß meine Mutter mit ihrem kleinen Koffer im Bus nach Würzburg.

Die achtundzwanzig ist seither ihre Glückszahl: Nie würde sie später in Deutschland einen Lottoschein ohne die Zahlen zwei und acht ausfüllen.

In Zagreb hatte Smilja sich ab und zu eine Schokolade leisten können, in Deutschland aber, in der Schokoladenfabrik, fühlte sie sich wie im Paradies. Sie war umgeben von Schokolade, sortierte einen steten Strom an Täfelchen in vorbereitete Schachteln, bekam Bruchware und aussortierte Pralinen einfach geschenkt. Kiloweise schickte sie Schokolade an ihre Eltern und Geschwister nach Jugoslawien und wurde dafür in der Heimat als Heldin gefeiert. In den ersten paar

Wochen ernährte sie sich nahezu ausschließlich von Schokolade.

Nach drei Monaten wurde ihr allein vom Geruch der Schokolade so übel, dass sie sich schon morgens vor dem Fabriktor übergeben musste. Sie hatte sich ganz fürchterlich und kolossal an Schokolade überfressen. Ihr größter Kindheitswunsch hatte sich in einen entsetzlichen Albtraum verwandelt. Aber sie arbeitete weiter, dachte daran, wie sehr sich ihre Geschwister in Maovice über die Schokolade freuten, die sie ihnen jeden Monat schickte. Smilja stellte sich vor, wie ihre Familie am Küchentisch saß, andächtig lächelnd in die knackende Schokolade biss und von Deutschland träumte.

Die ersten Jahre waren nicht einfach. Smilja war eine junge Frau, und alles, das Essen, das Wetter, die Gerüche, die Menschen und die Sprache, war ihr fremd. Oft weinte sie sich nachts einsam in den Schlaf, mit bohrender Sehnsucht nach ihren Eltern und der Heimat. Aber Aufgeben kam nicht infrage: Sie lernte Deutsch, zog aus dem Arbeiterinnenwohnheim aus, mietete sich eine kleine Wohnung in der Altstadt und gönnte sich einmal im Monat einen Abend im Rodeo, einem Tanzlokal, in dem sich vor allem die jugoslawischen Gastarbeiter der Stadt trafen.

Dort begegnete sie 1973 meinem Vater Emir Grabovac. Er saß mit seinen Kumpels am Tisch ihr gegenüber, hatte nur Augen für sie, kaufte eine rote Rose, trat zu ihr und sagte: »Für die schönste Frau der Welt.«

Jahre später konnte sie sich noch genau an seinen schlecht sitzenden dunklen Anzug mit dem abgewetzten Revers erinnern. Sie mochte seine breiten Schultern und seine etwas klobigen Hände, seine großen Augen und sein kräftiges Kinn. Sie fühlte sich geschmeichelt.

Er bestellte Wein und Schnaps, und sie lachten sehr viel. »Würden Sie mir einen Tanz gestatten?«, fragte mein Vater. Und auch wenn sie schon ein wenig torkelten, drehten sie sich beschwingt auf dem Parkett zur Discomusik.

»Finden Sie nicht, dass ich ein wenig aussehe wie Marlon Brando?«, rief er ihr ins Ohr, schwang dabei ausladend zum Rhythmus mit den Armen.

Smilja nickte lächelnd, auch wenn sie keine Ahnung hatte, wer dieser Marlon Brando eigentlich war. Wie sollte sie auch! Sie hatte noch nie einen Fernseher besessen, war noch nie in ihrem Leben im Kino gewesen. Aber das erzählte sie Emir natürlich nicht. Ein wenig später, sie tanzten schon eng umschlungen, berührten seine Lippen ihr Ohr. Mit zärtlicher Stimme flüsterte er: »Schöne Frau, darf ich Sie bitten, diese wundervolle Nacht mit mir zu verbringen?«

Meine Mutter sagte »Ja« und war sehr glücklich in dieser Nacht.

3

Ich kam am 2. Januar 1974 um 17.13 Uhr im Würzburger Universitätsklinikum zur Welt. Mein Vater hatte stundenlang im Flur gewartet und bereits Unmengen säuerlichen Krankenhauskaffees aus dem Automaten getrunken, der seinem Magen allmählich zu schaffen machte. Er war genervt, viel lieber hätte er einen Schnaps gestürzt, doch das traute er sich nicht im Krankenhaus.

Als die Hebamme endlich aus dem Kreißsaal kam, sprang er auf, rülpste laut und fragte mit weit aufgerissenen Augen: »Ist es ein Junge?«

Die Hebamme nickte. Emir strahlte, stürmte in den Kreißsaal, gab Smilja einen flüchtigen Kuss, hob mich in die Höhe und sagte: »Ha, genauso hübsch wie sein Vater.«

Doch schon bald darauf legte er mich wieder zurück auf Mutters Brust, setzte sich auf einen Lehnstuhl am Fußende des Bettes, blätterte gelangweilt durch die ausliegenden Boulevardzeitschriften und gähnte so laut, dass jeder im Raum es hören konnte.

Meine Mutter hingegen war wie berauscht von der Geburt, fühlte sich geradezu beseelt. Sie lächelte Emir an. »Hör zu, Liebster. Du brauchst hier nicht zu warten. Der Arzt hat gesagt, dass wir über Nacht bleiben sollen und ich morgen um neun Uhr entlassen werde. Hol uns einfach morgen früh ab. In Ordnung?«

Emir seufzte erleichtert, zog sich seine schwarze Lederjacke an, gab ihr und mir einen raschen Kuss, ging Richtung Tür, drehte sich noch einmal um. »Smilja, meine Schönste, unser Kühlschrank ist leer. Ich würde gerne noch etwas zu essen für dich kaufen. Ich habe aber kein Geld. Hast du noch was?«

»Ja, sicher. Dahinten bei meinen Kleidern müsste das Portemonnaie liegen. Nimm dir einfach zwanzig Mark heraus.« Er ging zu dem Stuhl, an dem ihre Handtasche hing, und verließ mit einem »Danke« fröhlich pfeifend das Zimmer.

Am nächsten Morgen saß meine Mutter um Punkt neun Uhr im Mantel auf ihrem Krankenhausbett und wartete auf Emir. Die Tasche war gepackt, ich trug einen Daunenanzug und schlief. Wir waren bereit; aber Emir kam einfach nicht.

Eine Dreiviertelstunde später trug Smilja mich und ihre schwere Umhängetasche nach unten in den Empfangsbereich des Krankenhauses. Vor einem Münztelefon kramte sie den Geldbeutel aus ihrer Tasche. Er war leer. Meine Mutter war sich sicher, dass sie über hundert Mark ins Krankenhaus mitgenommen hatte. Dann fiel es ihr wie Schuppen von den Augen: Emir hatte sie bestohlen. Fassungslos starrte sie auf das Münztelefon.

Was für ein Monster habe ich da nur geheiratet? Dieses Arschloch hat sogar das Kleingeld mitgenommen. Nicht einmal zehn Pfennige für den Anruf hat er mir gelassen.

Sie setzte sich mit mir im Arm auf eine Bank mit Blick auf die Eingangstür der Frauenklinik. Immer, wenn sie sich öffnete, hoffte meine Mutter, dass es Emir sei. Sie wartete eine quälend lange Stunde, weinte vor Wut, wischte sich die

Tränen ab und beschloss, zu Fuß nach Hause zu laufen. Sie nahm ihren langen Schal und ein großes Tuch aus ihrer Tasche, wickelte es um ihre Brust und schob mich vorsichtig hinein. Einzig mein bemützter Kopf schaute noch ein klein wenig aus ihrem Wintermantel hervor. Dann hängte sie sich die schwere Tasche um und verließ das Krankenhaus.

Draußen schneite es. Die kahlen Bäume waren in Weiß gehüllt. Ein Bus fuhr im Schneegestöber vor dem Universitätsklinikum Richtung Innenstadt. Einen Moment lang keimte Hoffnung in ihr auf. Sollte sie den Busfahrer bitten, sie und ihr Baby auch ohne Fahrschein mitzunehmen?

Aber was, wenn er sie abwies? Nein, diese Erniedrigung würde sie sich ersparen, ihr neues Leben mit mir sollte unter keinen Umständen als Bettlerin beginnen. Sie sah die kichernden Dubravka und Ivanka mit ihren hübschen Kleidchen und schokoladenverschmierten Mündern vor sich und stapfte zornig durch den Schnee.

Auf der Petrinistraße peitschten ihr dicke Flocken ins Gesicht. Das Laufen fiel ihr schwer, ihr Bauch und ihr Unterleib zogen sich schmerzhaft zusammen. Als sie sich kurz auf einer Bank ausruhen wollte, spürte sie, wie der eisige Wind ihr in die Glieder fuhr. Mühsam drückte sie sich hoch und kämpfte sich durch den tiefen Schnee bis zur Grombühlbrücke, die über die Bahngleise führte. Sie war jedoch, wie meine Mutter auf einem Schild am Eingang las, wegen Baumaßnahmen gesperrt. Mist, das hatte sie ganz vergessen. Die Brücke war ja schon seit Monaten nicht mehr begehbar. Jetzt gab es nur noch den großen Umweg über die Auverastraße. Tränen liefen ihr übers Gesicht, sie verfluchte meinen Vater lauthals, sodass die wenigen Passanten auf der Straße ihr verwundert hinterherschauten. Nach einer Stunde Fußmarsch erreichte sie schließlich völlig erschöpft und durchgefroren ihre Wohnung am Schmalzmarkt.

Mein Vater lag schnarchend im Bett. Smilja hob mich vorsichtig in die Wiege, ging zu Emir, rüttelte ihn wach. Sie bebte vor Wut.

»Was bist du nur für ein Mensch? Gestern hast du einen Sohn bekommen und heute liegst du besoffen im Bett. Du stinkst nach Zigarettenqualm und Schnaps, hast wahrscheinlich die ganze Nacht gesoffen und uns vergessen. Du hast mich bestohlen, du Arschloch! Du hast uns bestohlen. Wir mussten den ganzen Weg vom Krankenhaus hierherlaufen. Durch den Schnee. Schämst du dich nicht? Wo warst du, verdammt noch mal?«

Emir rieb sich verschlafen mit der Hand über das Gesicht. »O Gott, Smilja, das tut mir leid. Ich wollte eigentlich nur einen Schnaps mit Alija auf die Geburt trinken und dann ...«

»Kein Wort mehr. Wie viel ist noch von meinem Geld übrig?« Smilja musterte ihn kalt von oben herab.

Nur in Unterhose bekleidet hangelte er nach seiner Jeans, die umgekrempelt vor dem Bett lag, stülpte die Innentaschen nach außen, holte einen Fünfmarkschein hervor und sagte mit verkaterter Stimme: »Sieht nicht gut aus. Keine Ahnung, wie das passieren konnte. Smilja, tut mir wahnsinnig leid. Das wird nie wieder vorkommen. Ich schwöre es dir. Ich verspreche dir hoch und heilig, mich ab sofort zu ändern. Ich werde ein besserer Mensch.«

Meine Mutter war viel zu müde, um noch weiter mit ihm zu streiten. Sie machte sich in der Küche einen Tee, stützte ihren Kopf am winzigen Ecktisch in die Hände und wusste: Niemals würde sie mich mit ihm allein lassen können. Zwei Wochen später traf sie die schwerste Entscheidung ihres Lebens.

4

Mein Vater konnte die lustigste und warmherzigste Person der Welt sein. Er wartete oft mit Blumen vor dem Eingangstor der Fabrik auf Smilja, erzählte unaufhörlich Witze, begehrte sie, führte sie zum Essen aus, tanzte mir ihr, ging mit ihr ins Kino. Sie sahen sich den neuesten *James Bond* mit Roger Moore an, Komödien, Actionthriller und Western und natürlich alle Filme mit Marlon Brando. Emir liebte Marlon Brando. Manchmal, wenn er sich über jemanden aufregte, plusterte er sich langsam auf, wackelte mit dem Kopf und sagte mit tiefer sonorer Stimme und herabhängenden Mundwinkeln: »Ich mache ihm ein Angebot, das er nicht ablehnen kann.«

Emir befreite meine Mutter aus ihrer kleinen Schokoladenfabrikwelt, er hatte viele Freunde, war spontan, leidenschaftlich und weltgewandt. Im Sommer, als sie schon mit mir schwanger war, versuchte er, ihr im Freibad das Schwimmen beizubringen. Es würde ihr und dem Baby guttun. Er zog ihr orangefarbene Schwimmflügel an, trat einen Schritt zurück und sah sie an. »Sogar mit deinem Bauch und diesen hässlichen Schwimmflügeln bist du die schönste Frau der Welt.«

Smilja wusste, dass sie lächerlich aussah, sie stellte sich ungeschickt an, hatte Angst. Doch Emir blieb geduldig, hob sie sanft durch das Wasser, küsste sie und wiederholte immer wieder, wie sehr er sie liebte.

Aber das war nur eine Seite an ihm. Smilja fragte nicht, woher er all das Geld hatte. Sie verschloss die Augen. Oft kam Emir erst im Morgengrauen, wenn sie zur Arbeit aufbrach, von seinen Sauftouren zurück. Er stank nach fremdem Parfum, nach Zigarettenqualm und Alkohol. Er schlief den ganzen Tag, war verkatert, schrie sie an, verließ abends wortlos die Wohnung. Dann wieder tat ihm alles leid. Er erzählte ihr oft von seiner schlimmen Kindheit, dass sein Vater ihn mit dem Gürtel verprügelt hatte. Smilja erkannte seinen tiefen Schmerz und wollte ihn – wie einst ihren Vater – als Märchenfee mit ihrer Liebe retten.

Zugleich ergriff sie Panik: Was sollte sie mit mir nach ihrem sechswöchigen Mutterschutz machen? Sie musste zurück in die Fabrik. Emir würde kaum das Baby wickeln und ihm die Flasche geben, er wachte nach seinen Sauftouren nicht einmal auf, wenn es schrie. Er hatte ihr zwar einen Antrag gemacht und sie auf dem Würzburger Standesamt geheiratet, aber wirklich zählen konnte sie nicht auf ihn.

Smilja hörte sich bei ihren Kolleginnen in der Schokoladenfabrik um. Diejenigen, die das Glück hatten, mit einem Mann verheiratet zu sein, der genügend verdiente, arbeiteten nur noch halbtags oder kündigten, sobald sie schwanger wurden. Für die anderen Frauen, die als Gastarbeiterinnen angeworben worden waren, war es weitaus komplizierter: Manche hatten ihre Kinder zu den Großeltern in die Heimatländer gebracht, andere hatten sie in ein Heim abgegeben. Kindergärten gab es nahezu keine in Würzburg. Fast alle Frauen waren auf die Unterstützung ihrer Freunde, der Nachbarn oder der Familie angewiesen.

Eines Morgens lehnte meine Mutter in der Pause am Kaffee-automaten und sah zu, wie zuerst die dunkelbraune, dann die weiße Flüssigkeit in den Plastikbecher triefte. Den Kopf an den summenden Automaten gepresst, das mochte sie, es war wie eine kleine Massage.

»Hallo Smilja, wie geht es dir?« Ayşe, eine junge Kollegin, legte ihr mit einem breiten Lachen die Hand auf den Rü-cken. »Alles in Ordnung?«

Ayşe hatte schwarz gelockte Haare, war klein, ein wenig mollig, fröhlich und voll übersprudelnder Lebensenergie. Smilja mochte sie sehr.

»Ja, ja, Ayşe, danke. Geht gut. Bin nur manchmal etwas müde.«

Meine Mutter hielt sich den Bauch.

»Du, Smilja, ich habe gehört, dass du dir Sorgen wegen dem Baby machst. Ich kann mir vorstellen, wie es dir geht. Genau sogar. Weißt du, mein Mann ist abgehauen. Es ist alles nicht leicht. Aber wenn du magst, kann ich dir helfen.«

»Ach ja? Wie denn?«

»Na ja, ich habe für meine kleine Dilek eine Pflegefamilie gefunden. Die wohnen in einem schönen kleinen Dorf. Ist nicht weit von Würzburg. Wenn ich arbeite, ist Dilek bei die-ser Familie. Aber am Wochenende hole ich sie zu mir nach Würzburg. Verstehst du, du gibst dein Kind nicht weg, es bleibt immer noch deins. Aber unter der Woche kannst du arbeiten. Bei solchen Männern müssen wir sehen, wie wir uns helfen, verstehst du, Smilja?«

»Du hast ja recht.« Mutter dachte an Emir, der im Mor-gengrauen noch nicht wieder nach Hause gekommen war, an seinen Wutausbruch zwei Tage zuvor, als er sie lallend be-schimpft hatte.

»Wenn du willst, kann ich sie fragen, ob sie noch Platz für ein anderes Kind haben. Soll ich?«

»Ja, frag doch mal. Danke, Ayşe, danke!«

Meine Mutter legte Ayşe die Hand auf den Arm und ging mit schweren Schritten zurück an ihren Arbeitsplatz.

Ein paar Wochen später fuhr Ayşe mit meiner Mutter und Dilek an einem nebelverhangenen Sonntagnachmittag nach Gerchsheim zur Familie Behrens. Mit ihrem Käfer brauchte man nur zwanzig Minuten. Ayşe hatte ihr angeboten, sie jeden Freitag und Sonntag mitzunehmen, da Smilja weder Führerschein noch Auto besaß.

»Dann bin ich wenigstens nicht mehr so allein. Und das Benzingeld könnten wir uns auch teilen. Oder wir gehen mal zusammen was trinken. Hm, wir beide? Das wär doch was.« Ayşe lächelte meine Mutter an, die schweigend in den Nebel starrte.

Smilja hatte für alle Kuchen gebacken. Frau Behrens, eine groß gewachsene Dame mit blonden Haaren, die vom Alter her ihre Mutter hätte sein können, öffnete die Tür. Sie trug eine hübsche weiße Bluse und nahm den Kuchen entgegen.

»Ach, Frau Grabovac, das wäre doch nicht nötig gewesen. Kommen Sie. Setzen Sie sich ins Wohnzimmer. Ich hole uns noch schnell einen Kaffee.«

Zusammen mit Ayşe setzte Smilja sich auf einen der tiefen Sessel im Wohnzimmer. Die Freundin klopfte ihr aufmunternd auf die zittrigen Beine und sagte leise: »Mach dir keine Sorgen. Alles wird gut.«

Smilja war beeindruckt von den fein gepolsterten Möbeln, der vergoldeten Wanduhr, den vielen Blumen auf den Fensterbänken und dem großen Bücherregal im Wohnzimmer. In ihrem ganzen Leben hatte sie noch kein einziges Buch besessen, geschweige denn gelesen. Das sind gebildete Leute, dachte sie. Dilek spielte im Nebenzimmer mit ein paar anderen Kindern in einem riesigen Laufstall. Das Haus schien sehr groß und ordentlich zu sein.

Frau Behrens brachte das Kuchengedeck aus der angrenzenden Küche, setzte sich in einen großen hellbraunen Polstersessel, schenkte den Kaffee in gemusterte Porzellantassen ein und beugte sich vor. »Erzählen Sie doch ein wenig von sich. Woher kommen Sie, seit wann sind Sie in Deutschland?«

Während sie den Kuchen aßen, erzählte Smilja von Maovice, Zagreb und der Schokoladenfabrik. Frau Behrens hörte ihr aufmerksam zu, lächelte einfühlsam und sagte immer wieder: »Sie haben es nicht einfach gehabt in Ihrem Leben. Wir Frauen müssen stark sein und zusammenhalten.«

Danach erhob sich Ayşe, um noch ein wenig mit Dilek zu spielen. Frau Behrens lobte den Kuchen, zündete sich eine ihrer langen dunklen Zigaretten an und wandte sich an Smilja: »Dann möchte ich mich jetzt gerne bei Ihnen vorstellen, Frau Grabovac. Sie sollen doch wissen, mit wem sie es zu tun haben. Ich bin mittlerweile achtundvierzig Jahre alt. Mein Mann ist vier Jahre älter als ich und arbeitet als Journalist für eine Motorradzeitschrift. Sie werden ihn später noch kennenlernen. Er sitzt gerade unten in seinem Büro und muss noch einen Artikel fertig schreiben. Wir haben uns 1943 in Düsseldorf kennengelernt, sind seit siebenundzwanzig Jahren verheiratet und haben insgesamt sieben eigene Kinder.«

»Hu.« Smilja hob die Augenbrauen. »Wir waren nur zu fünft in Jugoslawien. Sie haben eine sehr große Familie.«

»Zweifellos stimmt Ihre Schlussfolgerung.« Frau Behrens lächelte amüsiert. »Mein Mann und ich lieben nun einmal Kinder. Wie dem auch sei, am Ende sind es, wie bereits erwähnt, sieben geworden. Bert und Hatto, unsere zwei Ältesten, leben bereits außer Haus. Auch die Petra, unsere älteste Tochter, ist kürzlich ausgezogen. Hier bei uns sind noch Frauke, Maxi, Heike und Volker, das Nesthäkchen der Familie.«

In diesem Augenblick betrat ein kleiner Junge, vielleicht sieben oder acht Jahre alt, das Wohnzimmer. »Mami, darf ich noch kurz rüber zu Paul spielen gehen?«

»Wenn man vom Teufel spricht.« Frau Behrens strich dem Jungen liebevoll über das blonde Haar. »Das ist Volker, unser Jüngster. Volker, sagst du bitte Frau Grabovac guten Tag.« Volker drehte sich zu Smilja um, gab ihr wohlerzogen die Hand und sagte: »Guten Tag, Frau Grabovac.«

Frau Behrens schaute auf die Uhr. »Na gut. Aber um halb sechs bist du wieder zu Hause.«

»Mach ich.« Und schon war Volker wieder verschwunden.

»So, wo war ich stehen geblieben? Ja, also wir haben sieben eigene Kinder. Vor zwei Jahren haben wir uns dazu entschlossen, Pflegekinder aufzunehmen. Ich habe die kleinen Kinder um mich herum vermisst. Außerdem wollte ich Frauen wie Ihnen, die es nicht einfach bei uns haben, auch ein wenig helfen.«

Mit der linken Hand fuhr sich Frau Behrens durch ihre vollen, leicht welligen blonden Haare. »Momentan sind vier Gastarbeiterkinder bei uns in Pflege. Sie heißen Bojan, Dilek, Fatima und Jannis. Sie sehen ja da drüben den Laufstall. Wie klein und süß sie alle noch sind. Aber Frau Grabovac, eines möchte ich gleich zu Beginn klarstellen: Sobald eines der Kinder ins Schulalter kommt, müssen sie uns verlassen. Ich bin ja auch nicht mehr die Jüngste, wie Sie sehen, und möchte nicht noch einmal ein Kind durch die Schule bringen müssen. Zumal ich selbst noch eigene Schulkinder habe. Sind Sie mit dieser Bedingung einverstanden?«

»Ja, natürlich«, antwortete Smilja verschreckt. So weit in die Zukunft konnte sie gar nicht denken. Das hier sollte doch nur eine Übergangslösung sein.

»Gut«, fuhr Frau Behrens fort. »Kinder also nur bis zum Schuleintritt. Alle Kinder nennen uns beim Vornamen. Für die Kleinen bin ich also die Marianne und mein Mann der Robert. Sie und Ihr Mann bleiben selbstverständlich die Mami und der Papi. Die Pflegekinder bekommen morgens, mittags und abends ausreichend zu essen. Sie sind niemals unbeaufsichtigt. Entweder passe ich auf sie auf oder eines meiner älteren Kinder. Ich kann Ihnen versichern, es wird Ihrem Kind hier an nichts fehlen. Montags und freitags unterstützt mich zudem Frau Stiefelbauer, unsere Putzfrau, für ein paar Stunden bei der Hausarbeit.«

Frau Behrens blickte auf Smiljas Bauch. »Wann ist es denn so weit bei Ihnen?«

»Der Geburtstermin ist der 30. Dezember.«

»Und wissen Sie denn schon, was es wird?«

»Nein. Ja. Also ich weiß es nicht sicher, aber ich fühle, dass es ein Junge wird.«

»So, so, Sie fühlen also, dass es ein Junge wird.« Frau Behrens runzelte die Stirn. »Ist ja auch egal, was es wird. Hauptsache gesund, nicht wahr.«

»Da haben Sie recht.« Smilja lächelte schüchtern.

»Ihrem Kind wird es jedenfalls hier an nichts fehlen, falls

Sie sich dazu entschließen sollten, es zu uns in Pflege zu geben. Jetzt noch ein wenig zu den Formalitäten und den Abläufen. Sie zahlen für Essen, Windeln, Trinken und alles andere eine Pauschale von hundertsiebzig Mark pro Monat. Die Anziehsachen müssen Sie allerdings selbst kaufen. Waschen tun wir. Das Kind ist jedes Wochenende bei Ihnen. Sie müssen es am Freitag bis spätestens 18.30 Uhr hier abgeholt und am Sonntag zwischen 14 und 16 Uhr wieder hergebracht haben. Sie können, falls Sie mit uns unzufrieden sind oder Ihre persönlichen Umstände sich verändert haben, den Vertrag natürlich jederzeit lösen. Es gibt keine Kündigungsfrist. Das wäre ja noch schöner. Es ist ja schließlich Ihr Kind.«

Frau Behrens sah Smilja forschend an, die ihre Hände im Schoß knetete. »O mein Gott, jetzt habe ich Sie vollkommen überfordert mit all den Informationen. Ich kann mir vorstellen, wie schwer Ihnen diese Entscheidung fallen muss. Aber ich verspreche Ihnen, dass es Ihrem Kind hier gut gehen wird und wir es sehr herzlich behandeln werden.«

Sie machte eine kleine Pause und stand dann auf. »Kommen Sie, Frau Grabovac, ich zeige Ihnen noch das Haus.«

Gemeinsam stiegen sie die Holzwendeltreppe nach oben. »Hier ist das Zimmer von Frauke und Maxi.« An den Wänden hingen Mick Jagger und die Rolling Stones.

»Verzeihen Sie bitte diese grauenhaften Poster. Männer mit langen Haaren«, sagte Frau Behrens mit strengem Gesichtsausdruck, »sind mir einfach zuwider. Ein fürchterlicher Typ ist das und auch noch diese laute Krachmusik. Aber so sind die Kinder heutzutage eben. Was soll man da machen?«

Danach zeigte sie Smilja noch das Zimmer von Heike und Volker, das große Badezimmer mit Dusche und Badewanne im ersten Stock, das Schlafzimmer, ein etwas kleineres Badezimmer im Erdgeschoss, die blitzblank geputzte Einbauküche und das geräumige Kinderzimmer für die Pflegekinder. Über den kleinen Bettchen kreisten Mobiles mit lustigen Figuren und die bunte Wandtapete war mit lachenden Tieren übersät. Meiner Mutter gefiel das Zimmer.

Aus dem Büro von Herrn Behrens drang das Klackern einer Schreibmaschine. Frau Behrens klopfte an. Eine laute Stimme schrie: »Herein.« Das Haupthaar von Herrn Behrens hatte sich bereits gelichtet. Den spärlichen Rest Haare hatte er sich zu einem akkuraten Seitenscheitel zurechtgekämmt. Er war relativ klein, hatte einen sehr dicken Bauch, rauchte Pfeife und begrüßte Smilja mit einem freundlichen Lächeln.

»Tut mir leid, Frau Grabovac, dass wir uns nicht näher kennenlernen durften. Aber Sie sehen ja: Die Arbeit ruft.«

Wie zuvor bereits im Wohnzimmer, war Smilja beeindruckt von den vielen Bücherregalen, die in dem Büro standen. Ihr fiel ein Bild auf, das Herrn Behrens als jungen Soldaten vor einem Panzer zeigte. Sie deutete darauf. »Mein Vater war auch im Krieg.«

Herr Behrens sah sie interessiert an. »Woher kommen Sie?«

»Ich stamme aus Jugoslawien, aus einem Dorf in Kroatien.«

Herr Behrens sog an seiner Pfeife. »Dann hat Ihr Vater an unserer Seite gekämpft?«

Als meine Mutter nicht sofort antwortete, zog Frau Behrens nervös an Smiljas Arm. »So, wir haben dich schon viel zu lange gestört. Jetzt lassen wir meinen Mann mal lieber weiterarbeiten.«

Smilja vergaß die Frage von Herrn Behrens sofort, als sie

mit Frau Behrens hinaus in den Garten trat. Auf der Terrasse lag ein großer schwarzer Hund. Frau Behrens bückte sich, streichelte den Kopf des Hundes. »Das hier ist Charly, unser Familienhund. Er bewacht das Haus Tag und Nacht. Er ist ein lieber Hund.«

Der kleine Garten hatte eine schöne Rasenfläche, die selbst im matschigen November gepflegt wirkte. Frau Behrens breitete die Arme aus. »Im Frühling können die Kinder wieder hier draußen spielen. Jetzt ist es leider zu kalt dafür.«

Sie gingen zurück ins Wohnzimmer, tranken noch einen Kaffee, unterhielten sich über die anderen Pflegekinder und ihre Familien und tauschten noch ein paar Kochrezepte aus.

Bei der Verabschiedung gab Frau Behrens Smilja die Hand und schaute ihr liebevoll in die Augen. »So, Frau Grabovac. Ich wünsche Ihnen alles Gute für die Schwangerschaft und die Geburt. Lassen Sie sich alles gut durch den Kopf gehen und melden Sie sich, falls Sie noch Fragen haben. Ich weiß, wie schwer Ihnen diese Entscheidung fallen muss. Aber wenn Sie es möchten, sind wir für Sie da.«

Meine Mutter und Ayşe setzten sich ins Auto. Meine Mutter drehte sich noch einmal zu Frau Behrens um, die vor der Tür stand und winkte.

»Und«, fragte Ayşe ungeduldig auf der Rückfahrt nach Würzburg, »wie hat dir alles gefallen? Ist doch schön dort. Ist ein großes Haus. Alles ordentlich und sauber. Die Kinder haben Spielkameraden. Und Frau Behrens ist eine ganz liebe Frau.«

Smilja blickte aus dem Fenster auf die leeren Felder. »Das stimmt alles. Aber findest du es nicht merkwürdig, dass sie sieben eigene Kinder haben und sich dann auch noch Pflegekinder ins Haus holen?«

»Ist schon ein bisschen komisch. Aber Frau Behrens liebt eben Kinder. Das ist doch gut.«

»Außerdem ist da dieser Hund, den mochte ich gar nicht. Was, wenn der Hund unsere Kinder beißt?«

»Smilja.« Ayşe klang leicht genervt. »Jetzt hör aber auf mit deiner Meckerei.«

»Tut mir leid. Ich mochte Frau Behrens ja auch. Aber weißt du, wir geben unsere Kinder zu einer deutschen Familie mit einer anderen Kultur. Und ein Kind sollte doch bei seinem Vater und seiner Mutter aufwachsen.« Smilja streichelte sich über ihren gewölbten Bauch. »Ach Ayşe, ich weiß auch nicht.«

Ayşes Gesichtszüge wurden hart. »Glaubst du etwa, mir fällt das leicht? Es ist nicht einfach für Frauen wie uns. Aber siehst du mich hier rumjammern? Du musst dein Kind ja nicht dahin bringen. Dilek hat ein gutes Leben bei den Behrens.«

Smilja legte Ayşe beschwichtigend die Hand auf den Arm. »Du hast ja recht. Entschuldige bitte. Das war dumm von mir.«

»Schon gut. Ich verstehe dich doch. Wir haben es nicht einfach. Aber immerhin sehen wir unsere Kinder ja noch an den Wochenenden, außerdem ist es nur vorübergehend. Spätestens wenn sie zur Schule gehen, nehmen wir sie wieder ganz zu uns zurück.«

Bis zu meiner Geburt hatte sich meine Mutter gegen eine Entscheidung gesträubt. Sie konnte sich nicht vorstellen, ihr Baby wegzugeben. Doch mein Vater blieb unberechenbar, verbrachte die Nächte in der Kneipe und die Tage im Bett. Unter keinen Umständen würde sie mich, wenn sie zur Arbeit in die Fabrik ging, mit ihm allein lassen können. Verzweifelt rang sie mit sich und entschied sich schließlich dazu, bei den Behrens anzurufen. Sie bekam die Zusage und versuchte, nicht zu weinen.

Als Smilja am 11. Februar 1974 morgens aufwachte, erbrach sie sich im Bad. Sie fühlte sich wie eine schäbige Verbrecherin, die ihr Baby im Stich ließ. Am Nachmittag würde sie mit Ayşe, Dilek und mir nach Gerchsheim fahren und mich abgeben.

Auf der Fahrt war die Stimmung angespannt. Meine Mutter konnte nicht reden, sie hatte Bauchschmerzen und schluckte die Tränen hinunter. Obwohl sie davon überzeugt war, dass sie keine andere Wahl hatte, bereute sie ihre Entscheidung. Sie streichelte mich an ihrer Brust, starrte gedankenverloren auf die schneeverwehten Äcker und konnte nicht fassen, dass sie mich gleich in die Hände einer fremden Frau geben würde.

Als sie vor dem Haus ankamen, fühlte sie einen Stich, der sich tief in ihr Herz bohrte. Smilja sprach sich Mut zu, sie musste stark sein, nahm die Tasche mit den Babysachen und brachte mich ins Haus.

Frau Behrens war sehr feinfühlig und verständnisvoll.

»Was für ein Prachtkerl! Jungchen, du wirst es gut haben.« Sie streichelte mir über die Wange. Dann fasste sie meine Mutter beherzt am Arm. »Ich verspreche Ihnen, dass es Ihrem Sohn gut gehen wird. Und nächsten Freitag sehen Sie ihn schon wieder.«

Die Frauen tranken noch einen Kaffee. Smilja hörte Frau Behrens reden, ohne etwas zu verstehen, wie unter Wasser. Sie fühlte sich betäubt, leer und ausgeliefert.

»Komm, Smilja«, sagte Ayşe, »wir müssen los.«

Meine Mutter legte mich mit zitternden Händen zu den anderen Kindern in den Laufstall, drehte sich um, begann zu weinen, musste sich an einem Stuhl abstützen, um nicht zu Boden zu fallen.

Frau Behrens holte ihr ein Glas Wasser. »Wir Frauen haben es nicht einfach im Leben. Sie müssen jetzt stark sein, Frau Grabovac.« Dann umarmte sie meine Mutter. »Machen Sie sich keine Sorgen. Dem kleinen Alem wird es gut bei uns gehen.«

Auf der Rückfahrt nach Würzburg herrschte Totenstille im Auto. Der Schmerz bohrte sich immer tiefer in Smilja hinein. Sie war wütend auf Ayşe, wütend auf das Leben, am liebsten hätte sie sich selbst geschlagen, um ihre Schuld körperlich zu büßen. Als sie vor der Wohnung am Schmalzmarkt ankamen, nahm Ayşe meine Mutter vorsichtig in den Arm. »Du schaffst das, meine Liebe. Ruf mich an. Und trink einen Schnaps. Glaub mir, das hilft. Bis morgen früh.«

Smilja nickte. Mit bleischweren Beinen schaffte sie es kaum die Treppen hinauf. Als sie die Tür öffnete und das leere Kinderbett sah, würgte sie, rannte ins Bad und übergab sich wie schon am Morgen abermals über der Kloschüssel.

5

Meine Mutter zählte die Stunden, bis sie mich freitags endlich wieder in ihre Arme schließen durfte. Sie liebte den Samstag und hasste den Sonntag. Meinem Vater schien die Trennung von mir nichts auszumachen, er hatte kaum mitbekommen, dass ich nicht mehr da war: Er trank und feierte so ausgelassen wie zuvor. Smilja hoffte auf Veränderung, klammerte sich an jeden noch so kleinen Strohhalm, sah in jeder liebevollen Geste von Emir die große Wendung nahen.

So war es auch im Sommer 1976. Sie hatte ihn überredet, mit nach Jugoslawien zu fahren. Seit ihrem Fortgang war sie nicht mehr nach Hause zurückgekehrt. Monatelang malte meine Mutter sich aus, wie schön dieser Familienurlaub werden würde. Allein die Aussicht, drei Wochen am Stück mit mir zu verbringen. Sie dachte, dass die gemeinsamen Wochen in der alten Heimat, der erste Besuch bei Emirs und ihren Eltern, uns als richtige Familie zusammenschweißen würden.

Erstes Reiseziel war Sarajevo. Das Hotel befand sich in unmittelbarer Nähe zur Lateinerbrücke, an der Gavrilo Princip im Juni 1914 den Erzherzog Franz Ferdinand ermordet hatte. Ohne jedoch die Gedenktafeln zu beachten, schlenderten meine Eltern über die kleine Brücke zur Ferhadija mit ihren schönen Cafés und eleganten Modegeschäften. In einer kleinen Boutique kaufte meine Mutter sich ein rotes Kleid, mein Vater sagte ihr tausend Mal, wie schön sie sei. Später saßen sie mit riesigen Eistüten auf den Stufen des Sebilj-Brunnens und beobachteten, wie ich begeistert die Tauben aufscheuchte; flanierten durch die Altstadt mit ihren kleinen verwinkelten Gassen und aßen am Abend in einem gemütlichen Restaurant Lammbraten, Ćevapčići und Pljeskavica. Meine Mutter war glücklich, sie war zu Hause, für diesen kurzen Moment hatte sie das Gefühl, eine normale Familie zu haben.

Am nächsten Morgen fuhren sie mit dem Bus nach Mostar zu Emirs Eltern. Die Landschaft zwischen Sarajevo und Mostar war so romantisch, wie man es sich nur vorstellen kann. Zwischen mächtigen Gebirgsketten schlängelte sich die breite, smaragdgrüne Neretva. Stundenlang nichts als Berge und Täler und kleine idyllische Dörfer inmitten sattgrüner Wälder. Meine Mutter lehnte sich an Emirs Brust und sagte: »Wie schön es hier ist.« Er streichelte ihr sanft über die Haare und blickte verträumt aus dem Fenster. »Ja, ich habe das alles sehr vermisst, meine Leute, unsere Sprache, die Berge, alles.«

Mittags erreichten sie das Haus von Emirs Eltern, das unweit der Altstadt auf einem kleinen Hügel in der Nähe der Neretva stand. Esma, die Mutter meines Vaters, eine schöne zartgliedrige Frau mit warmherzigem Gesicht und großen dunklen Augen, öffnete ihnen freudestrahlend die Tür. Sie umarmte Smilja, küsste ihren Sohn, nahm mich in ihre schlanken Hände.

»Hallo mein kleiner Schatz. Ich bin deine Oma Esma.

Endlich sehen wir uns. Du bist ja ein wunderbarer Bursche. Und so ein schönes Lachen hast du. Mein Gott, wie süß du bist. Ich bereite gerade das Mittagessen vor. Die Busfahrt hat euch bestimmt hungrig gemacht.«

Esma beugte sich mit zufriedenem Lachen in der Küche über die Kochtöpfe. »Wollt ihr nicht zu Nedžad gehen und ihn zum Mittagessen holen?«

Nedžad, Emirs Vater, hatte knapp fünfzehn Jahre zuvor die Scheune hinter dem Haus zu einer kleinen Autowerkstatt ausgebaut. Als meine Eltern den staubig heißen Raum betraten, schraubte er konzentriert an einem Motor herum.

»Hallo Vater.« Emir hatte die Hände tief in den Hosentaschen vergraben, sein Blick huschte durch die Scheune, streifte die Reifen und Werkzeuge, das aufgebockte Auto. Nichts hatte sich verändert.

Nedžad richtete sich auf, wischte sich mit einem Tuch seine schwieligen, ölverschmierten Hände sauber. »Da bist du ja, Emir. Das sind also deine Frau und dein Kind. Immerhin einmal hast du etwas Gutes in deinem Leben zustande gebracht.«

Nedžad war groß und kräftig, mit kurz geschorenen Haaren. Die tiefen Furchen in seinem Gesicht und seine dunklen Augen schüchterten meine Mutter ein, sie wagte kaum, ihn anzusehen. Wie oft hatte Emir ihr erzählt, dass sein Vater ihn und seine zwei Brüder, als sie Kinder waren, bei dem noch so geringsten Anlass grün und blau geschlagen hatte. Aber dass ihr kleiner Sohn Nedžad nicht wenigstens ein Lächeln abringen konnte, fand Smilja kaltherzig.

In der Zwischenzeit hatte Esma den Tisch unter der von Wein umrankten Pergola auf der Dachterrasse gedeckt. Die Sonnenflecken fielen auf die üppigen Speisen – gefüllte Paprika mit Reis, Hackfleisch und Tomatensoße, knuspriges Weißbrot, Oliven und Käse. Im Hintergrund rauschte die Neretva. Emirs Vater rauchte, trank ein Glas Rakija und schaufelte die Paprikaschote schweigend in sich hinein. Esma sprach in einem fort, über die deutsche Pünktlichkeit, das gute Wetter in Mostar und über die Schönheit der bosnischen Berglandschaften, eine angestrengte Heiterkeit lag in ihrer Stimme. Nedžad starrte vor sich hin und stand, nachdem er seinen Teller mit einer Scheibe Weißbrot leer geputzt hatte, mitten im Gespräch auf. Mit dunkler Stimme sagte er: »Ich muss weiterarbeiten.«

Esma verzog missbilligend das Gesicht und wandte sich an Smilja: »Er meint es nicht so. Eigentlich ist er ein ganz netter Kerl.« Dann nahm sie mich auf den Schoß und küsste mich so oft auf den Bauch, bis ich laut auflachte. Meine Mutter ergriff Emirs Hand und streichelte sie.

Am Nachmittag zeigte Emir meiner Mutter seine Stadt, die, umgeben von hohen Bergketten, in einem Talkessel zu beiden Seiten des breiten Flusses lag. Auf einer steinernen Brücke blieben sie stehen und schauten hinunter auf die geräuschvoll strömende Neretva. In den engen Gassen des alten osmanischen Basars traf Emir an jeder Ecke einen Bekannten. Er umarmte seine alten Freunde, sie küssten sich, Emir blühte auf, nahm mich auf seine Schulter und erzählte jedem, dass dieses wunderhübsche Kind sein Sohn sei. Meine Mutter hätte vor Freude darüber, wie stolz Emir auf mich und seine Stadt war, am liebsten Luftsprünge gemacht, doch sie lächelte nur still in sich hinein.

Unten am Fluss, mit Sicht auf die Stari Most, tranken sie einen türkischen Kaffee. Obwohl die Sonne schon tief stand, glühten die Steine von der Hitze des Tages. Emir lehnte sich zufrieden auf dem Kaffeehausstuhl zurück und zündete sich eine Zigarette an.

»Schau dir das funkelnd grüne Wasser an. Und wie großartig ist die Stari Most, diese bezaubernde alte Bogenbrücke. Pass auf, Smilja, gleich wirst du ein Spektakel zu sehen bekommen. Seit Jahrhunderten springen die Männer hier in die Neretva. Die Brücke ist zwanzig Meter hoch. Der Sprung muss perfekt ausgeführt werden, sonst wird es gefährlich. Ich habe mich das nie getraut. Siehst du den Typen, der gerade auf das Brückengeländer gestiegen ist? Das ist Milan. War in der Klasse über mir. Ein toller Fußballer. Schau. Jetzt springt er.«

Milan flog mit den Füßen voran, eine kleine Ewigkeit hinab in die Neretva und verlor sich im Grün. Smilja umklammerte den Arm meines Vaters und seufzte erleichtert, als Milan unversehrt wieder auftauchte. »Gut, dass du niemals gesprungen bist.«

Es hatte sich eine kleine Traube gebildet, die Zuschauer beklatschten den gelungenen Sprung und auch ich patschte begeistert in meine kleinen Hände. Tropfnass kam Milan zu uns an den Tisch und umarmte Emir. Er hatte sehr breite Schultern, stramme Bauchmuskeln, ein freundliches Gesicht. »Alter Freund, wie lange haben wir uns nicht gesehen. Wie geht es dir in Deutschland?«

Emir lächelte. »Schau, prächtig. Ich habe eine wunderhübsche Frau gefunden, und das da ist mein Sohn Alem.«

»Das freut mich für dich.« Milan küsste Smilja auf die Wange, gab mir einen zärtlichen Stupser auf die Nase. »Emir, wir müssen darauf anstoßen, dass du wieder in der Heimat bist – und auf die guten alten Zeiten. Komm doch später noch ins Osman, kennst du das noch? Jarko, Bakir, Zlatko, Mirsad, alle werden da sein.«

Emir schaute kurz zu meiner Mutter, die ihm lächelnd zunickte. »Ja, gern. Das wird schön, die Jungs wiederzusehen!«

Sie tranken noch ein Glas Wein in der Altstadt und schlenderten langsam nach Hause. Smilja hatte das Gefühl, dass sie eine richtige Familie wären.

Esma hatte für Emir auf der Dachterrasse sein Lieblingsgericht aufgetischt: Ćevapčići, Fladenbrot und selbst gemachtes Ajvar.

Emir aß gierig und schmatzend. »Mama, wir haben schon in Sarajevo wunderbare Ćevapčići gegessen. Aber deine sind einfach die besten der Welt. Und dein Ajvar ist auch unübertroffen.«

Über Esmas Gesicht breitete sich eine feine Röte aus. »Hör auf, du alter Charmeur. Komm, Smilja, nimm dir noch ein paar Ćevapčići.«

Nedžad aber war so griesgrämig wie schon zuvor. Er sprach nicht, schaute niemanden an, verschlang die Ćevapčići und ging wortlos ins Wohnzimmer, um dort bei einem Glas Schnaps und einer Zigarette die Nachrichten im Radio zu hören.

Wenig später verabschiedete sich auch Emir. »Seid mir nicht böse, aber ich habe meine Freunde schon seit Jahren nicht mehr gesehen. Macht euch keine Sorgen. Es wird nicht allzu spät werden.« Er gab seiner Mutter und Smilja einen Kuss.

Unter klarem Sternenhimmel quatschten die Frauen in der lauen Nacht bei ein paar Gläsern Rotwein, sie tauschten Essensrezepte, Smilja erzählte von ihrer Heimat Maovice und zeigte Esma das rote Kleid, das sie in Sarajevo gekauft hatte. Danach fiel sie berauscht in einen tiefen Schlaf.

Emir kam, wie hätte es auch anders sein können, erst am nächsten Morgen zurück. Er schwankte auf die Dachterrasse und breitete die Arme aus. »Ist das nicht ein herrlicher Sommertag.« Er umarmte Smilja und Esma und küsste mich geräuschvoll auf die Wange. Dann schenkte er sich Kaffee ein, füllte seinen Teller mit Tomaten, Gurken, Oliven, Schafskäse und geräuchertem Schinken und ließ sich in den Stuhl fallen.

Mit lautem Knall landete Nedžads Faust zwischen den klirrenden Tellern, der Kaffee schwappte über und bildete Lachen auf dem Tischtuch. »Ein Säufer bist du. Du bist nichts weiter als ein dreckiger und nutzloser Säufer. Du stinkst nach Alkohol, und anstatt dich um deine Frau und dein Kind zu kümmern, treibst du dich die ganze Nacht mit Huren herum und versäufst dein Geld in heruntergekommenen Kneipen. Schämen solltest du dich. Du jämmerlicher Versager.«

Ich fing an zu weinen. Meine Mutter nahm mich aus dem Stuhl und wiegte mich in ihren Armen. Esma nestelte nervös an ihrer Bluse herum. »Hör auf, Nedžad. Was soll das? Emir ist mit seiner Familie bei uns zu Besuch. Lass ihn in Ruhe.«

»Einen Scheiß werde ich tun«, schrie Nedžad. »Schau dir doch an, was für ein nichtsnutziger Dreckskerl unser Sohn ist. Faul und versoffen und verkommen ist er. Schau ihn dir genau an, Esma. Schau genau hin.«

Emir stand auf, die Augen blutunterlaufen, plötzlich schmiss er den Tisch zur Seite, der krachend mitsamt dem Essen zu Boden fiel, und stürzte sich auf seinen Vater. Mit den Fäusten schlugen sie aufeinander ein, wälzten sich ringend auf dem Boden, keuchten.

Esma schrie: »Um Himmels willen, hört auf. Hört sofort auf. Was ist in euch gefahren? Hört auf!«

Sie sprang vom Stuhl und riss Nedžad mit für ihre

schmächtige Figur erstaunlicher Kraft von Emir herunter. Emir saß auf dem Boden, wischte sich das Blut von der Lippe, hasserfüllt blickte er in die Augen seines Vaters und drehte sich zu Smilja: »Pack die Koffer. Wir gehen. Sofort.«

Ein paar Stunden später saßen sie im Bus nach Split. Die ganze Fahrt über wippte Emir nervös mit den Füßen. Smilja wagte es nicht, ihn anzusprechen. In Split stiegen sie in einen anderen Bus, der sie nach Vrlika, ins gebirgige kroatische Hinterland fuhr. Von dort aus nahmen sie ein Taxi nach Maovice.

Petar und Milica, Smiljas Eltern, hatten erst drei Tage später mit ihnen gerechnet. Dementsprechend groß war die Überraschung, als meine Eltern am späten Nachmittag das Haus betraten. Milica umarmte ihre Tochter, drückte mich an ihre große Brust und weinte Tränen des Glücks. Sie tranken einen Kaffee in der dunklen engen Küche. Emir konnte nicht fassen, in was für einer jämmerlichen Bruchbude Smilja aufgewachsen war.

Eigentlich hatten sie bei Smiljas Schwester Lucia übernachten wollen, die am anderen Ende des Dorfes mit ihrem Mann ein kleines Haus gebaut hatte. Doch das kam für Emir nicht mehr infrage. Grob zog er Smilja nach draußen.

Sie standen unter der großen Linde neben dem Haus. »Keine Sekunde werde ich in deinem verschissenen Maovice bleiben. Das ist ein gottverdammtes Drecksloch. Ihr habt ja nicht einmal eine Toilette, ihr verfickten dummen Bauern.« Er sah sie mit kalten Augen an.

Wie sein Vater, dachte Smilja.

»Hör auf, Emir. Lass deine Wut nicht an uns aus. Das Leben hier oben ist hart. Und Lucias Haus ist moderner als das meiner Eltern.«

»Vergiss es, Smilja. Ich habe in Vrlika einen Gasthof gesehen, da nehme ich mir ein Zimmer. Kommst du mit oder bleibst du in dieser Scheißhütte?«

»Hau einfach ab, Emir. Wir bleiben hier oben bei meiner Familie. Tu, was du willst.«

Zitternd vor Wut ging Smilja ins Haus, kam zurück und warf Emir die Reisebestätigung und seinen Koffer vor die Füße. »In fünf Tagen geht morgens um 10.15 Uhr unser Bus an der Haltestelle in Vrlika.«

»Alles klar. Gib Alem noch einen Kuss von mir.«

Emir drehte sich um, nahm seinen Koffer in die Hand und lief Richtung Vrlika. Smilja sah ihm nach und dachte: Du bist ein gottverdammter Scheißkerl. Wenigstens von meiner Mutter hättest du dich verabschieden können.

Die Tage in Maovice flossen zäh dahin. Smilja sprach weder mit ihrer Mutter noch mit ihrer Schwester über ihre Probleme. Sie wollte keine Schwächen zeigen. Emir hatte sie mit einer Notlüge entschuldigt. Wegen einer Erkältung sei er nach Vrlika gegangen, um keinen aus der Familie anzustecken. Das glaubte ihr niemand. Aber das war ihr egal. Sie fühlte, wie ihre Geduld und die Liebe zu Emir allmählich erloschen. Noch wenige Tage zuvor war sie glücklich wie nie gewesen, hatte gehofft, nein: tatsächlich geglaubt, alles könne gut werden. Und nun bedrückten sie die gleichen Sorgen wie vor ihrer Reise. War alles nur ein schöner Traum gewesen?

An einem Abend saß sie mit Petar auf dem großen Stein vor dem Haus. Er zog an seiner Pfeife, legte den Arm um ihre Schulter. »Du hast es geschafft. Meine kleine Smilja hat sich in Deutschland ganz allein durchgesetzt. Du schickst uns Geld, bist eine gute Tochter. Ich bin stolz auf dich.«

Noch nie hatte er so respektvoll mit ihr gesprochen. Fast hätte sie geweint.

Als sie nach fünf Tagen mit mir zur Bushaltestelle in Vrlika ging, wartete Emir bereits dort.

Smilja konnte ihre Überraschung nicht verbergen. »Was machst du denn schon hier? Hätte mich nicht gewundert, wenn du überhaupt nicht gekommen wärst«, stieß sie bitter hervor.

»Smilja, meine Schöne, verzeih mir, dass ich so gemein zu dir war. Die Geschichte mit meinem Vater war zu viel für mich. Ich brauchte einfach ein wenig Zeit, um damit klarzukommen.« Emir sah sie flehend an und streckte die Hand nach ihr aus.

»Du hast dich wie ein Arschloch verhalten und mich und meine Eltern mit deinem scheiß Verhalten beleidigt.«

»Das tut mir leid.« Vorsichtig berührte er ihre Wange.

Smilja atmete tief ein und lehnte sich zaghaft an ihn. »Schon gut, Emir. Lass uns wenigstens noch ein paar schöne Tage am Meer verbringen.«

»Das werden wir, versprochen«, sagte er erleichtert.

Der Kontrast zwischen Makarska und Maovice hätte kaum größer sein können: Dort das kleine alte Haus ohne fließend Wasser und Toilette, das raue Karstgestein und die weite Bergstille an flirrend heißen Sommertagen. Hier das Hotelzimmer mit weißen Gardinen und weichem Bett, die schönen Badestrände, das blau schimmernde Meer und die palmengesäumte Uferpromenade mit ihren bildhübschen Restaurants und Cafés.

Sie blieben eine Woche, frühstückten auf dem Balkon, lagen am Strand, gingen schwimmen, aßen frischen Fisch in einem Restaurant an der Riva, der Uferpromenade, und gönnten sich ein paar Gläser Wein in der bezaubernden Kalelarga-Gasse, flanierten durch die engen Gassen der Altstadt, schleckten Eiskugeln am Kačić-Platz. Auf dessen nördlicher Seite befand sich die barocke Pfarrkirche St. Marko, in der Smilja bei jedem Besuch eine Kerze für die Familie anzündete.

Emir kümmerte sich rührend um mich: Wenn meine Mutter sich mittags hinlegte, ging er mit mir zum schattigen Spielplatz unter den Pinien, nahm mich zum Baden in die aufschäumenden Wellen der Adria oder kaufte mir ein riesengroßes Schokoladeneis. Smilja strahlte vor Glück. Wenn sie abends zurück ins Hotel kamen, verabschiedete Emir sich zwar noch für ein paar Stunden in die Bar. Aber er übertrieb es nicht und kam um Mitternacht wieder zurück.

Am letzten Abend, sie aßen eine Fischplatte an der Riva, kam eine blonde Frau in weißem Kleid mit großem Sommerhut beschwingt an ihren Tisch. Eine deutsche Touristin, sie reichte meiner Mutter freundschaftlich die Hand. »Ach, der kleine süße Alem. Einen ganz wunderbaren Sohn haben Sie da und so einen fürsorglichen Bruder. Wie lieb er sich um den Kleinen kümmert.« Dabei lächelte sie Emir an.

Smilja sah die Frau verständnislos an. Ihr wurde heiß, der Magen zog sich zusammen.

»Siehst du diesen Ring hier an meinem Finger? Ich bin nicht seine Schwester, sondern seine Frau. Alem ist nicht sein Neffe, sondern sein Sohn. Was soll das hier?«

Die blonde Frau zuckte erschrocken zusammen. Mit einem Seitenblick auf Emir verschwand sie so plötzlich, wie sie gekommen war.

»Warst du mit der im Bett? Sag schon!«

»Nein, wo denkst du hin? Das ist nur ein Missverständnis.«

»Du hast deinen Sohn für deine gottverdammten Frauengeschichten benutzt. Hast den lieben Onkel gespielt. Du bist ein Arschloch, Emir. Du hast wirklich keinen Funken Ehre im Leib. Dein Vater hatte recht, du bist ein gottverdammter Versager.«

»Smilja, glaub mir doch, da war nichts.«

»Ach, halt den Mund. Denkst du wirklich, dass ich so blöd bin? Ich weiß auch, dass du in Würzburg eine Affäre mit der Annette hattest, dieser Bedienung da in deiner Stammkneipe. Eine Arbeitskollegin von mir hat gesehen, wie ihr euch geküsst habt. Du bist ein Scheißkerl, Emir. Weshalb demütigst du mich? Was bist du nur für ein Mensch?«

6

Niemand, nicht einmal Smilja, konnte verstehen, weshalb sie ihn nicht einfach hochkant aus ihrer Wohnung warf. Aber das erledigte er ein paar Wochen später selbst.

An einem Sonntagmorgen – meine Mutter war gerade mit mir aufgestanden – stürzte Emir schweißgebadet in die Wohnung am Schmalzmarkt. Hysterisch rannte er zum Kleiderschrank, stopfte ein paar Klamotten in die Tasche und blieb heftig atmend in der Tür stehen. »Ich muss für eine Weile verschwinden. Es tut mir so leid. Wir haben gespielt. Ich habe sehr viel Geld verloren. Die wissen, wo ich wohne. Das sind Gangster, Smilja. Mit denen ist nicht zu spaßen. Es geht nicht anders. Ich muss abhauen.«

»Was bedeutet das?« Smilja fuhr mir fahrig über die Haare. »Wie viel Geld hast du verloren? Wann kommst du wieder?«

»Ich weiß es nicht, mein Engel. Ich muss jetzt einfach für eine Weile weg.«

»Weshalb sprichst du nicht mit mir? Wohin fährst du?«

»Das sage ich dir lieber nicht. Es ist besser, wenn du so wenig wie möglich weißt.«

»Was bedeutet das alles, Emir?«

Emir umarmte sie lange, gab ihr einen zärtlichen Abschiedskuss, hob mich hoch und sagte: »Mach es gut, mein Sohn. Ich werde dich immer lieben.«

In seinen Worten lag eine Endgültigkeit, die Smilja Angst machte. Sie hängte sich an seinen Arm. »Emir, was hat das alles zu bedeuten?«

Doch er schob sie sanft zur Seite, blickte sich hastig um und verließ die Wohnung ohne ein weiteres Wort. Es war das letzte Mal, dass ich ihn sah.

Smiljas Beine gaben nach, sie setzte sich an den Küchentisch und begann zu weinen. Ich umarmte ihre Beine. »Mami, nicht weinen.« Sie nahm mich in die Arme, drückte mich an ihre Brust, hielt sich an mir fest, wischte sich die Tränen aus den Augen. Mit gespieltem Lächeln sagte sie – mehr zu sich als zu mir: »Mach dir keine Sorgen, mein Kleiner. Alles wird gut werden. Alles wird bestimmt gut werden.«

Am Nachmittag fuhr sie mit Ayşe nach Gerchsheim zur Familie Behrens. Nachdem sie ihre Kinder verabschiedet hatten, sah Ayşe sie mitfühlend an. »Kann ich dir helfen? Das ist doch nicht deine normale Sonntagstraurigkeit, oder? Ist was passiert?«

Smilja schüttelte den Kopf und schwieg.

Auf der Treppe am Schmalzmarkt bemerkte meine Mutter zwei muskulöse Männer in schwarzen Lederjacken vor ihrer Tür. Zum Umkehren war es zu spät: Die beiden Kerle, eindeutig Jugos, hatten sie bereits gesehen. Der etwas größere von ihnen fragte sie in grobem Tonfall: »Wo ist Emir?«

»Keine Ahnung. Ich habe ihn schon seit zwei Tagen nicht mehr gesehen. Wahrscheinlich ist er mal wieder auf Sauftour.«

»Können wir nachschauen, ob er da ist?« Der Kleinere musterte sie abschätzig.

»Ich kenne euch doch gar nicht. Ich lasse doch keine fremden Männer in meine Wohnung.«

»Das war keine Frage.« Der Kleinere nahm eine bedrohliche Haltung ein, die Hand nestelte an der Innentasche seiner Jacke.

»Na gut, aber nur kurz. Wehe, ihr tut mir was. Dann schreie ich.«

Sie schloss die Tür auf, die zwei Männer schauten sich in der kleinen Wohnung um. Der Kleine trat ganz nah an sie heran, sie konnte seinen sauren Atem riechen. »Hör zu. Richte Emir aus, dass er bis spätestens morgen Abend seine Schulden bezahlen muss. Hast du das verstanden?«

»Welche Schulden? Was redet ihr da?«

»Halt die Klappe und tu einfach, was wir dir gesagt haben.« Der Größere tippte ihr hart mit dem Finger ans Brustbein.

Kaum hatten sie die Wohnung verlassen, rief Smilja bei Ayşe an. Der Hörer rutschte ihr immer wieder aus den schweißnassen Händen. Ayşe zögerte keinen Moment. »Pack einen Koffer. Du schläfst erst einmal bei mir. Ich bin in zehn Minuten bei dir.«

Ein paar Tage später fuhr Smilja mit Ayşe zurück zur Wohnung, um noch ein paar Sachen zu holen. Die Eingangstür stand leicht offen, es bot sich ihr ein Bild der Verwüstung. Die fremden Männer schienen nach Wertsachen gesucht zu haben. Alle Schränke standen offen, die Kommodenschubladen waren herausgerissen, die Kleider lagen wild verstreut auf dem Boden, die Küche glich einem Schlachtfeld. Verstört stand Smilja inmitten des Chaos. Ayşe umarmte sie. »Alles halb so schlimm. Dir ist nichts passiert. Das ist die Hauptsache. Wir schaffen das schon. Komm, lass uns ein wenig aufräumen und dann nichts wie weg hier.«

Noch in dieser Nacht beschloss meine Mutter, Würzburg zu verlassen. Sie rief bei den Behrens an und erklärte, dass sie private Probleme habe. Ob es möglich sei, mich ein paar Wochenenden in Gerchsheim zu lassen? Frau Behrens hakte nach. Smilja brach weinend zusammen und erzählte Frau Behrens die Geschichte von Emir und dem Einbruch in ihrer Wohnung.

Frau Behrens war schockiert. »O mein Gott, das ist ja fürchterlich, Frau Grabovac. So etwas kennt man doch nur aus Krimis. Ich kann mir gar nicht vorstellen, wie Ihnen jetzt zumute sein muss. Sie müssen zur Polizei gehen und den Einbruch melden.«

»Das wird nicht helfen.« Smilja schnäuzte sich und blickte ängstlich zum Fenster hinaus. »Die Polizei wird meine Wohnung sicher nicht überwachen, und stellen Sie sich vor, dass diese Typen mich in Würzburg finden.«

»Wahrscheinlich haben Sie recht. Hören Sie zu.« Frau Behrens' Stimme klang fest und resolut. »Wir Frauen müssen zusammenhalten. Natürlich kann Alem unter diesen Umständen auch an den Wochenenden bei uns bleiben. Machen Sie sich keine Sorgen. Und Frau Grabovac, bitte rufen Sie mich an, falls Sie Hilfe brauchen. Haben Sie verstanden, Sie können mich jederzeit anrufen.«

Smilja war Frau Behrens unendlich dankbar, kaufte sich am Wochenende ein paar überregionale Zeitungen, durchkämmte die Stellenanzeigen und fragte am Montag alle ihre Kolleginnen in der Schokoladenfabrik, ob jemand wisse, wo gerade Arbeiterinnen gesucht würden. Ein paar Tage später meldete sich Paulina aus der Kontrollabteilung bei ihr. Eine ihrer Freundinnen arbeitete bei einem Automobilzulieferer für Elektrotechnik in Frankfurt, der Montagearbeiterinnen suchte. Paulina gab ihr die Telefonnummer ihrer Freundin, und bereits acht Wochen später stand Smilja an der Werkbank von VDO in Frankfurt und montierte in Akkordarbeit mit anderen Frauen Autotachometer. Wie schon in der Schokoladenfabrik, wo man ihr zum Glück keine Steine in den Weg gelegt hatte, waren die Gastarbeiterinnen beliebte Arbeitskräfte, billig und zuverlässig, kaum traute sich mal eine, sich krankzumelden.

Meine Mutter rief Frau Behrens an. Eine Stunde lang überlegten die Frauen hin und her, wie es mit mir weitergehen sollte. Ich war noch keine drei Jahre alt. Sie spielten die unterschiedlichsten Szenarien durch. Letztendlich beschlossen sie, dass es das Beste sei, mich zunächst einmal in meiner vertrauten Umgebung in Gerchsheim zu lassen. Smilja würde mich zweimal pro Monat übers Wochenende zu sich nach Frankfurt holen. Sobald sie sich in der fremden Stadt eingelebt hatte, wollten sie weitersehen. Meine Mutter war einfach nur froh, mich in Sicherheit zu wissen.

Anfang November 1976 zog Smilja in eine kleine Erdgeschosswohnung in der Hanauer Landstraße. Von Emir hatte sie nichts mehr gehört. Sie schrieb einen Brief an Esma in Mostar und hinterließ ihre neue Adresse. Im Dezember lag eine Postkarte von Emir aus San Remo im Briefkasten. Er schrieb, dass er sie liebe, mich vermisse und spätestens in ein paar Wochen zu uns nach Frankfurt zurückkehren würde.

Er sollte noch viele Postkarten schreiben, aus Nizza, Cannes, Bordeaux, Neapel, Florenz und Venedig. Emir behauptete, dass er mit einem Zirkus umherzöge und – sobald er genügend gespart hätte – endlich zu uns nach Deutschland kommen würde. Nach anderthalb Jahren kamen keine Postkarten mehr.

7

1980, dreieinhalb Jahre, nachdem Emir die Wohnung am Schmalzmarkt überstürzt verlassen hatte, erhielt Smilja ein offizielles Schreiben der Sozialistischen Republik Jugoslawien. In dem Brief wurde ihr mitgeteilt, dass ihr Ehemann Emir Grabovac wegen krimineller Handlungen und staatsfeindlicher Äußerungen zu drei Jahren Gefängnis in Goli Otok verurteilt worden sei. Nahe Verwandte und die Ehefrau seien bei vorheriger Anmeldung dazu berechtigt, den Gefangenen zweimal im Jahr zu besuchen. Smilja las die Zeilen wieder und wieder und schüttelte den Kopf. Weshalb war Emir ausgerechnet in Goli Otok gelandet, im wahrscheinlich schlimmsten Gefängnis Jugoslawiens? Jeder Jugo kannte Goli Otok, jeder Jugo wusste, dass diese karge Gefängnisinsel – die im Volksmund das »Alcatraz Jugoslawiens« hieß – ein Umerziehungslager für Staatsfeinde, Nationalisten, Stalinisten oder andere sogenannte subversive Elemente in Kroatien war. Es kursierten ein Haufen Gerüchte über das Gefängnis. Es wurde erzählt, dass die Insassen dort jeden Tag bis zur totalen Erschöpfung in Steinbrüchen arbeiten mussten und darüber hinaus nachts von den Wärtern gefoltert würden. Nicht wenige würden diese Strapazen nicht durchstehen, wären an Entkräftung gestorben oder hätten sich, weil sie die Misshandlungen nicht mehr aushielten, in ihrer Gefängniszelle erhängt.

Emir jedoch hatte sich nie für Politik interessiert. Er war ein Trinker und ein Dieb, aber doch kein Staatsfeind. Weshalb zum Teufel hatten sie ihn nach Goli Otok gebracht? Trotz allem war er ihr nicht völlig egal.

Ich hatte schon nach wenigen Monaten aufgehört, nach meinem Vater zu fragen. Smilja hatte längst einen neuen Freund, Dušan. Meine Mutter hatte Dušan auf der Geburtstagsfeier ihrer Arbeitskollegin Perka kennengelernt. Er arbeitete als Schweißer auf dem Bau, wirkte ernst und seriös. Auf diesen Mann, der jenseits des Trubels so in sich gekehrt in einer Ecke stand, würde sie sich im Gegensatz zu Emir verlassen können. Das dachte sie jedenfalls.

Doch Emir war immer noch der Vater ihres Kindes. Sie beschloss, ihn im Gefängnis zu besuchen. Denn eines Tages sollte ich erfahren, was mit Emir geschehen war.

Ein paar Wochen später wurde ihrem Antrag stattgegeben und ein Besuchstag im August bewilligt. Das Schreiben enthielt genaue Instruktionen für die Anreise. Smilja kaufte sich am Bahnhof in Frankfurt ein Zugticket nach Split. Dušan erzählte sie nur, dass sie ihre Eltern Milica und Petar in Maovice besuchen wolle. Die Geschichte mit Emir verschwieg sie lieber. Dušan war ein sehr jähzorniger und eifersüchtiger Mann, der ihr sonst mit Sicherheit die Reise nach Goli Otok verboten hätte. Nach Maovice begleitete er sie ohnehin nicht. Er verbrachte die Sommer immer in Serbien, in seinem Heimatort Kačarevo, wo er ein Haus für seine Eltern und seinen Sohn aus erster Ehe baute.

Nach einer Woche bei ihren Eltern in Maovice behauptete Smilja, für zwei Tage in Rijeka Jelena besuchen zu wollen, eine Frankfurter Arbeitskollegin und Freundin, die dort gerade Heimaturlaub machte. Sie fuhr jedoch am frühen Vormittag mit dem Bus in das kleine Fischerdorf Sveti Juraj, von dort aus sollte sie am folgenden Tag um Punkt 8 Uhr eine Fähre nach Goli Otok bringen. Meine Mutter nahm sich ein Zimmer in dem kleinen Fischerdorf und starrte bis spät in die Nacht mit klopfendem Herzen an die Decke.

Am Morgen lief sie völlig übermüdet zum Hafen, über dem schon jetzt eine schwüle Hitzeglocke hing. Vor dem Boot hatten sich etwa zwanzig Angehörige versammelt. Polizisten mit dunkel getönten Sonnenbrillen und Maschinengewehren dröhnten im Kommandoton: »Bleiben Sie ruhig und folgen Sie unseren Anweisungen. Messer, Alkohol und Drogen sind strengstens verboten. Schmuggelversuche werden hart bestraft. Halten Sie Ihren Pass bereit: Sie müssen ihn bei jeder Kontrolle vorzeigen.«

Alle Kleider und Taschen wurden noch an Land akribisch durchsucht, die Pässe kontrolliert und mit einer Liste abgeglichen. Es dauerte eine Stunde, bis sie endlich ablegten. Smilja sah die Maschinengewehre im Gegenlicht, das glitzernde Meer, die Furcht in den Augen der anderen Passagiere, niemand sprach ein Wort. Obwohl kein hoher Wellengang herrschte, musste sie sich über der Reling übergeben. Niemand kümmerte sich um sie. Die Angehörigen schauten verängstigt aufs Wasser, die Polizisten blieben ungerührt auf ihren Wachposten stehen.

Als sie an der Insel anlegten, mussten sie erneut ihre Pässe vorzeigen. Ein Gefängniswärter in Uniform betrachtete das Passbild meiner Mutter eingehend. »Sind Sie Smilja Grabovac, die Ehefrau von Emir Grabovac?«

Smilja schauderte unwillkürlich. »Ja.«

»Kommen Sie mit. Der Kommandant möchte Sie sprechen.«

»Was möchte der Kommandant denn von mir?« Smilja traute sich kaum, den Beamten anzuschauen, Angst kroch ihr den Rücken hoch.

»Folgen Sie mir einfach.« Der Wachmann geleitete sie über den Hof.

Die Sonne schien gleißend auf die grauen Steine der Gefängnisinsel, kein Baum, kein Strauch spendete Schatten. Eine Eidechse huschte am staubigen Boden entlang. Smilja zitterte.

Der Kommandant ließ meine Mutter dreißig Minuten stehend vor seiner Tür warten. Dann wurde sie von einem Wachmann hineingeführt. Es war ein schönes, geräumiges Büro: Die Wände waren mit dunklem Holz getäfelt, auf dem Boden lag ein kunstvoll handgewebter Teppich, in der Ecke standen zwei vornehme Ledersessel.

Der Kommandant, ein dicker Mann mit Glatze, trug eine Uniform. »Nehmen Sie bitte hier vor meinem Schreibtisch Platz.« Er stand am Tisch, hinter sich das Porträt von Tito, die Arme im Rücken verschränkt und musterte Smilja mit zusammengekniffenen Augen. »Wissen Sie eigentlich, weshalb Ihr Mann zu drei Jahren Gefängnis verurteilt wurde?«

»Ich habe Emir schon seit vielen Jahren nicht mehr gesehen. Mir ist das alles ein Rätsel.«

Meine Mutter war furchtbar aufgeregt, sie schwitzte und schielte ängstlich auf das Porträt des großen Tito in seiner weißen Uniform.

»So, so.« Der Kommandant nahm eine Akte vom Tisch und blätterte umständlich darin. »Na, dann will ich Sie mal aufklären. Steht alles hier drin. Wir sind kein Willkürstaat, in unserer sozialistischen Republik herrscht Ordnung und Gerechtigkeit. Ihr Ehemann Emir Grabovac«, er sah sie über die Akte hinweg von oben herab scharf an, »wurde fünfmal wegen Taschendiebstahls angeklagt und inhaftiert. Ihr Mann ist ein Kleinganove. Aber das ist noch nicht alles, Frau Grabovac. Am 5. Februar dieses Jahres hat er in einer Bar in Belgrad zwei Frauen beleidigt, deren Ehemänner in verantwortungsvollen politischen Positionen für unser geliebtes Vaterland arbeiten. Ihr Mann hat die beiden anständigen Damen zum Geschlechtsverkehr aufgefordert. Und als die Damen sein widerliches Angebot ablehnten, hat Ihr Mann sie als sozialistische Huren beschimpft. Stellen Sie sich das mal vor! Zum Glück gibt es noch ehrenhafte Leute in unserer sozialistischen Republik. Als Ihr Mann von den Umstehenden aufgefordert wurde, sich bei den beiden Frauen zu entschuldigen, hat er einem der Männer mit der Faust ins Gesicht geschlagen. Ihr Mann hat wie wild auf alle Umstehenden eingeprügelt und mehrfach unsere wunderschöne sozialistische Republik Jugoslawien und unseren geliebten Staatspräsidenten Josip Broz Tito beleidigt. Wissen Sie eigentlich, was das bedeutet?«

Der Kommandant legte die Akte zur Seite, presste die Handflächen auf den Schreibtisch und beugte sich weit nach vorn, meine Mutter konnte die Schweißperlen zählen, die ihm die roten Schläfen hinunterliefen.

»Nun, später kam auch die Polizei dazu. Ihr Mann widersetzte sich der Festnahme und beleidigte – das haben mehrere Zeugen bestätigt – unser Land und den großen Marschall Tito mit folgenden Worten.« Der Kommandant nahm die Akte wieder in die Hand. »Ich zitiere: Ich pisse auf euren Sozialismus. Ihr Dreckskommunisten. Ihr seid alles Heuchler und Hurensöhne und der größte und verficktesti Hurensohn von allen ist euer geliebter Führer Tito. Scheiß auf Tito. Hört ihr: Scheiß auf Tito!«

Der Kommandant lief hinter seinem Schreibtisch hin und her. Schweiß rann über sein dickes rotes Gesicht. Dann schlug er mit der Faust auf den Schreibtisch, zeigte mit einem Finger auf das Porträt von Tito und schrie, dass die Adern an seinem Hals hervortraten: »Hat unser geliebter Marschall Tito, der sein Leben im Kampf gegen Nazi-Deutschland riskiert hat, das verdient, frage ich Sie, Frau Grabovac. Ohne Josip Broz Tito, dessen Tod im Mai dieses Jahres das gesamte jugoslawische Volk in tiefe Trauer versetzt hat, wären wir nichts, Frau Grabovac. Druže Tito, unser Genosse Tito, hat die zwei größten Verbrecher der Weltgeschichte, Stalin und Hitler, aus unserem geliebten Jugoslawien hinausgeschmissen. Wir verdanken Genosse Tito alles. Ich frage Sie also nochmals: Hat unser geliebter Genosse Tito solch infame Beleidigungen verdient, Frau Grabovac?«

»Nein, das hat er natürlich nicht verdient«, antwortete Smilja pflichtbewusst und sah dabei an dem Kommandanten vorbei auf das Porträt. Sie dachte daran, wie das Bildnis von Tito sie damals als Kind beobachtet hatte, während sie das Schokoladenpapier im Klassenzimmer wie eine Bettlerin aus dem Mülleimer gezogen hatte.

»Lieben Sie Tito, Frau Grabovac?«, schrie der Kommandant.

»Ja, ich liebe Tito. Und sein Tod schmerzt mich sehr.«

Der Kommandant lächelte zufrieden und entspannte sich. Nie habe er an ihrer Integrität gezweifelt. Dann hielt er ihr mit ausschweifenden Gesten einen langen Vortrag über die Vorzüge des jugoslawischen Kommunismus.

Smilja hörte nicht mehr zu, in ihrem Magen brannte die Wut auf Emir. Sie hatten ihn also wegen einer Frauengeschichte nach Goli Otok gebracht. Gut so, endlich waren er und sein gottverdammter Schwanz eingesperrt. Immer nur hat er mit seinem Schwanz gedacht, dieses verfluchte Arschloch.

Plötzlich schrie der Kommandant wieder: »Sie hören mir ja überhaupt nicht zu, Frau Grabovac. Bratstvo i jedinstvo, Brüderlichkeit und Einheit, dafür steht unser geliebtes Jugoslawien. Aber Ihrem Mann ist das anscheinend alles egal. Er trinkt und säuft und lebt auf Kosten der Gemeinschaft, anstatt seine Pflichten unserem Staat gegenüber zu erfüllen. Ihr Mann ist asozial, Frau Grabovac. So etwas können wir in unserem Land nicht dulden, verstehen Sie. Aber Ihr Mann scheint das alles nicht begreifen zu wollen. Sogar in meinem Gefängnis, Frau Grabovac, hat er jede Arbeit verweigert. Aber in meinem Gefängnis, Frau Grabovac, muss jeder arbeiten. Wir haben Ihren Mann geschlagen, haben ihn in Einzelhaft gesteckt, ihm das Essen entzogen. Aber so etwas Verdorbenes und Unverschämtes wie Ihren Mann habe ich noch nie erlebt. Wissen Sie, was Ihr Mann gesagt hat?«

Jetzt schlug er wieder mit der Faust auf den Tisch. »Ihr Mann hat allen Ernstes behauptet, dass er nicht arbeiten könne, weil etwas in seinem Kopf es ihm verbiete. Und gegen dieses Verbot könne er nichts ausrichten. Ich habe es versucht, hat Ihr Mann gesagt, aber immer bin ich gescheitert. Das ist doch nicht mehr normal, Frau Grabovac. Stimmen Sie mir zu, dass dies nicht normal ist?«

»Ja, ich stimme Ihnen zu, Herr Kommandant.« Smilja knetete ihre schweißnassen Hände.

»Ihr Mann hat ein durch und durch krankhaftes und unmoralisches Wesen, Frau Grabovac. Und wenn er so weitermacht, wird es böse mit ihm enden, das sage ich Ihnen. Tun Sie alles in Ihrer Macht Stehende, um Ihren Mann auf den Pfad der Tugend zurückzubringen, Frau Grabovac. Er muss endlich Teil unserer Gesellschaft werden, sonst wird er Goli Otok nie verlassen.«

Smilja hätte am liebsten laut gelacht. Was redete der da? Wenn der wüsste, was sie schon alles versucht hatte. Der war ja noch verrückter als Emir.

»Sie müssen positiv auf ihn einwirken, müssen ihm erklären, dass jeder Mensch arbeiten muss, müssen ihn mit seinem Sohn an der Ehre packen. Werden Sie das tun, Frau Grabovac?«

»Ja, das werde ich, Herr Kommandant.«

»Dann gehen Sie jetzt bitte. Husch, husch, gehen Sie. Na los, ich will Sie hier nie wieder sehen.« Mit einer arroganten Handbewegung wedelte der Kommandant sie hinaus.

Ein Soldat brachte Smilja zur Besucherbaracke. Emir sah fürchterlich aus. Seine Oberlippe war geschwollen, sie hatten ihm die Haare kurz geschoren, er trug graue Sträflingskleidung, war ganz dünn geworden. Sie setzte sich zu ihm an den Tisch und fing an zu weinen.

»Heul nicht, meine Liebe«, sagte Emir mit sanfter Stimme. »Ich habe nur ein paar kleine Probleme. Mir geht es gut. Wie schön, dass du mir Zigaretten mitgebracht hast.«

Er öffnete eine Packung, sah den Wachmann in der Ecke fragend an und zündete sich, als dieser kaum merklich nickte, eine Zigarette an. Er schloss die Augen und inhalierte tief. »Weshalb bist du später als die anderen gekommen?«

»Der Kommandant wollte mich noch sprechen.«

»Was hat er gesagt, der Kommandant Veljković?«

»Er meinte, dass du ein krankhaftes und unmoralisches Wesen bist, das endlich lernen muss, sich in die Gesellschaft zu integrieren.«

Emir lachte verschmitzt und zeigte ihr den Vogel. Smilja musste gegen ihren Willen schmunzeln.

Dann wurde sie wieder ernst. »Weshalb hast du dich nicht mehr gemeldet? Was ist passiert?«

»Es tut mir so leid, Smilja. Ich habe für diesen Zirkus gearbeitet in Frankreich und Italien. Na ja, sie haben mich gefeuert wegen ein paar Sachen. Ich bin im Gefängnis gelandet und wurde ausgewiesen. Danach habe ich in Belgrad gelebt. Ich hatte zu viel getrunken und dann führte eines zum anderen. Verzeih mir bitte. Sag«, er zog an der Zigarette und sah dem Rauch hinterher, »wie geht es Alem?«

Smilja holte ein paar Fotos aus ihrer Tasche.

Emirs Augen leuchteten, sacht strich er mit dem Finger über die Bilder.

»Ha, mein Sohn! Die gleiche Nase, die gleiche hohe Stirn. Wie hübsch er geworden ist und so groß.«

»Er kommt jetzt in die Schule und spielt Fußball im Verein. Er ist ein richtig guter Fußballer. Das hat er von dir.«

»Ja, ich war auch immer einer der besten. Ach, wie schön. Wohnt er bei dir in Frankfurt?«

»Nein, er ist immer noch bei der Behrens-Familie. Die sind umgezogen und wohnen jetzt in der Nähe von Stuttgart.«

Emir klopfte mit den Fingern auf den Tisch. Seine Augen verengten sich, er spuckte auf den Boden.

»Pass auf, Emir.« Smiljas Stimme bebte vor Wut. »Das lass ich mir von dir nicht gefallen. Du bist der Allerletzte, der mir Vorwürfe machen darf. Du bist einfach abgehauen, hast uns im Stich gelassen. Nachdem du fort warst, haben diese Gangster, denen du Geld geschuldet hast, mich bedroht und meine Tür eingeschlagen. Sie haben die ganze Wohnung verwüstet. Du hast mich und deinen Sohn in Lebensgefahr gebracht. Ich musste fliehen. Verdammt, Emir!«

»Ist schon gut, Smilja. Ist schon gut.«

»Nein, gar nichts ist gut. Du hast dich all die Jahre nicht um deinen Sohn gekümmert. Außerdem geht es ihm gut bei den Behrens. Er ist in einer anständigen Familie und wächst dort behütet auf. Ich telefoniere jeden Tag mit ihm, zweimal im Monat ist er am Wochenende bei mir in Frankfurt. Meinst du, dass mir das alles leichtgefallen ist?«

»Verzeih mir bitte, Smilja.«

»Zum Verzeihen ist es zu spät«, sagte Smilja aufgebracht. »Ich habe auf dich gewartet, habe um dich geweint, habe jeden Tag auf eine Nachricht von dir gehofft. Aber es kam nichts. Ich habe dich gehasst, Emir. Und dann habe ich einen neuen Mann kennengelernt. Es ist vorbei. Ich bin gekommen, um mich von dir zu verabschieden.«

»So läuft der Hase also. Gut gemacht, meine kleine Smilja, das hast du gut gemacht. Ist dein neuer Freund ein Deutscher?« Emir grinste zynisch.

»Nein, er ist ein Jugo, ein Serbe. Du kennst ihn nicht. Das tut auch gar nichts zur Sache.« Es war ein Fehler gewesen, Emir zu besuchen. Sie wollte nur noch weg von ihm.

»Hör zu. Hier ist ein Kuchen, den ich für dich gebacken habe. Darin stecken hundert Mark. Das ist alles, was ich noch für dich tun kann. Ich will dich nie wieder sehen, und ich will auch, dass du niemals Kontakt zu Alem aufnimmst. Er soll nicht so werden wie sein Vater.«

Emir schwieg, zog tief an seiner Zigarette. »Du kleine, verdammte, hinterhältige, verfickte Schlampe. Hau ab zu deinem Serben, hau ab nach Deutschland. Aber eines sage ich dir, du wirst mir niemals verbieten, meinen Sohn zu sehen. Eines Tages werde ich kommen und ihn holen. Er ist mein Sohn, verstehst du? Ich werde kommen, ihn holen und gut für ihn sorgen. Und dein dreckiger Serbe und du werdet nichts dagegen unternehmen können. Hast du mich verstanden? Eines Tages werde ich kommen und Alem holen.«

Das Blut pochte in ihren Ohren, sie schrie ihn an: »Sag so etwas nicht. Weshalb drohst du mir? Was soll Alem bei dir? Soll er ein Dieb und Mistkerl werden wie du? Das werde ich niemals zulassen. Dann musst du mich umbringen. Hast du gehört, du Arschloch? Du darfst mir Alem nicht wegnehmen. Niemals werde ich das zulassen.«

Emir grinste heimtückisch, nahm die Zigaretten und den Kuchen, stand lässig auf und ging.

Smilja legte den Kopf auf die Tischplatte und weinte.

8

Meine Mutter saß auf dem Sofa und starrte vor sich hin, plötzlich stieg ihr beißender Brandgeruch in die Nase. Sie hatte den Gemüseauflauf vergessen. In der Küche wedelte sie den Rauch zur Seite, öffnete alle Fenster und schmiss den verkohlten Auflauf mit Schwung in den Abfalleimer. Seit sie vom Tod meines Vaters erfahren hatte, war sie unkonzentriert und fahrig: Sie hatte sich beim Brotschneiden tief in den Finger geschnitten, ein Glas Milch war ihr auf den Küchenfliesen zerschellt, beim Treppensteigen war sie ausgerutscht und jetzt auch noch dieser verdammte Gemüseauflauf.

Fluchend setzte sie sich auf den Balkon. Eine Blaumeise flog über das Balkongitter, die tiefgrünen Blätter der Hinterhofbäume flatterten sanft im Sonnenlicht. Aber meine Mutter hatte keinen Blick dafür. In ihrem Kopf drehten sich fortwährend dieselben Gedanken: Ich habe solchen Mist gebaut. Das wird Alem mir niemals verzeihen. Vierundvierzig Jahre lang habe ich ihn belogen. Was mache ich jetzt bloß?

Es klingelte an der Wohnungstür. Slavica. Smilja hatte sie zum Mittagessen eingeladen. Slavica war ein wenig kleiner als meine Mutter, hatte eine spitze Nase, schmale Lippen und lebte mit ihrem Ehemann Tomislav auf dem gleichen Stockwerk.

Slavica rümpfte die Nase. »Mein Gott, Smilja, was ist denn hier passiert?«

»Ach, der Gemüseauflauf ist mir verbrannt. Die ganze Wohnung stinkt. Komm, geh schon mal auf den Balkon. Ich mach uns noch schnell einen Tee.«

Als Smilja mit den Teetassen auf den Balkon trat, fragte Slavica:

»Wo ist denn Dušan?«

»Er ist in die Stadt gefahren, um sich für Anfang Oktober ein Flugticket nach Belgrad zu kaufen. Früher hat er immer im Sommer Urlaub in Kačarevo gemacht. Aber die Hitze ist nichts mehr für ihn. Er freut sich jedenfalls schon auf die Heimat.«

»Ach, wie schön. Aber sag mal, hat er immer noch so große Probleme mit seinem Sohn? Sprechen die beiden immer noch kein Wort miteinander?«

»So ist es. Sie sind so unglaublich stur. Was soll man da machen? Es ist einfach zu viel zwischen ihnen vorgefallen.«

Slavicas Gesichtsausdruck verdüsterte sich. »Grausam ist das. Unser Leben lang haben wir uns abgerackert, damit die Kinder es einmal besser haben als wir. Und was ist der Dank? Hat sein Sohn nicht auch eine kleine Tochter?«

»Ja, Svetozar wohnt mit seiner Frau und der kleinen Nina am anderen Ende von Kačarevo in einer winzigen Zweizimmerwohnung. Weißt du, Dušan hat ja mit all seinem Ersparten ein riesiges Haus für seine Familie in Kačarevo gebaut. Doch die Eltern sind schon vor langer Zeit gestorben, und Svetozar möchte nichts mehr mit ihm zu tun haben. Jetzt sitzt Dušan alleine in seinem Haus. Das ist schon traurig.«

Slavica schüttelte verständnislos den Kopf. »Der arme

Dušan. Womit hat er das verdient? Wahrscheinlich hat die Schwiegertochter die beiden gegeneinander aufgehetzt. Das wäre ja nicht das erste Mal.«

O nein, ging das schon wieder los. Slavica hasste ihre Schwiegertochter, und Smilja konnte all ihre Lästereien längst mitsprechen.

»Die Schwiegertochter ist nicht das Problem. Sie ist sogar nett. Die haben ganz andere Probleme.«

Doch Slavica überhörte sie einfach. »Weißt du, was die Jasna sich letzte Woche wieder erlaubt hat?«

Smilja seufzte. »Erzähl, was hat Jasna schon wieder gemacht?«

»Wir waren zu Gast bei ihnen zu Hause, und die weißen Gardinen waren schmutzig. Also sage ich zu meinem Sohn, dass die Gardinen mal wieder gewaschen werden müssen. Da blafft mich die Jasna an und behauptet, dass die Gardinen nicht schmutzig sind. Ich frage meinen Sohn, ob er nicht auch denkt, dass die Gardinen schmutzig sind. Und was macht mein Sohn: Nur um einen Streit mit seiner Frau zu vermeiden, sagt er, seiner Meinung nach müsste man die Gardinen noch nicht waschen. Ach, mein Goran. Ich hätte ihn strenger erziehen müssen. Er ist einfach viel zu gutmütig und lässt sich alles von dieser blöden Kuh gefallen.«

Smilja mochte Slavica wirklich sehr, wenn sie nur endlich aufhören würde, ständig mit ihrer Schwiegertochter zu konkurrieren.

Slavica führte ihren Tee zum Mund. Doch dann stellte sie die Tasse scheppernd auf das Tischchen, noch bevor sie einen Schluck getrunken hatte.

»Und dann erst beim Mittagessen, Smilja. Der kleine Marko hampelt mit den Beinen und stochert im Essen herum.

Da sage ich zu Marko, er soll sich ordentlich hinsetzen und anständig essen. Und Jasna schreit mich an, dass ich mich aus der Erziehung ihres Kindes heraushalten soll. Goran sagt nur: ›Mama, lass gut sein.‹ Das ist doch nicht normal: Die Jasna ist mit dem Haushalt und der Erziehung des Kindes völlig überfordert, und mein armer Goran hat darunter zu leiden. Sie schafft es ja nicht einmal, Marko anständige Tischmanieren beizubringen. Ach, man hat es nicht einfach mit den Kindern. Sag, was macht dein Alem?«

Genau das ist das Problem, dachte Smilja. Aber wollte sie wirklich mit Slavica darüber reden?

»Hör zu, ich werde langsam hungrig und den Gemüseauflauf können wir ja leider vergessen. Lass uns zur Wurst-Ilse in der Kleinmarkthalle gehen, ich lade dich ein. Was hältst du davon?«

Slavica liebte die warme Fleischwurst von der Wurst-Ilse und rieb sich erwartungsfroh die Hände.

Bereits auf der Günthersburgallee sprudelte es nur so aus Smilja heraus: »Alles ist eine Katastrophe. Du weißt doch, dass ich offiziell noch verheiratet bin. Jetzt wollte ich mich endlich von Emir scheiden lassen.«

Slavicas Augen leuchteten. »Hat Dušan dir endlich einen Antrag gemacht?«

»Nein, das nicht. Aber ich dachte, dass wenn ich frei wäre, na ja, dass er mich dann vielleicht fragen würde.«

»Das wird er bestimmt noch machen. Mach dir mal keinen Kopf.«

»Das ist nicht das Problem. Ich habe vor einigen Monaten die Scheidungsunterlagen eingereicht. Mein Anwalt hat Emir monatelang in Bosnien gesucht und schließlich in Belgrad gefunden. Er ist schon seit zwei Jahren tot.«

»O mein Gott, Smilja, wie schrecklich. Mein herzliches Beileid. Gott habe ihn selig, deinen Emir.« Sie bekreuzigte sich.

»Ja, es ist wirklich schrecklich. Aber weißt du, Emir war kein guter Mensch. Man soll ja nicht schlecht über Tote sprechen, aber bei mir hat es alles wieder aufgewühlt. Ich musste an all das denken, was er mir angetan hat. Du kannst dir gar nicht vorstellen, was für ein Scheißkerl er war. Ständig besoffen, hat Brieftaschen geklaut und mich mit anderen Frauen betrogen. Später ist er sogar in Goli Otok gelandet. Kannst du dir das vorstellen? Goli Otok! Im Sommer 1980 habe ich ihn dort besucht. Da waren wir längst getrennt. Ich wollte ihn noch einmal besuchen und mich anständig von ihm verabschieden.«

»Das wusste ich ja alles gar nicht, meine arme Smilja. Weshalb um Himmels willen saß er denn in Goli Otok?«

»Er hat geklaut, Tito beleidigt und sich mit hochrangigen Kommunisten angelegt. Er hat drei Jahre bekommen.«

»Drei Jahre in Goli Otok: Das muss grausam gewesen sein.«

»Ich war also in Goli Otok und habe ihm gesagt, dass ich einen neuen Mann habe und dass es endgültig aus ist mit uns.«

»Du hattest eine Affäre«, fiel ihr Slavica kichernd ins Wort. »War der neue Mann etwa Dušan?«

»Jetzt hör aber auf. Ich habe dir doch gesagt, dass wir bereits getrennt waren. Und ja, es war Dušan. Emir kannte ihn nicht. Dušan habe ich ja erst in Frankfurt getroffen. Ich bin also in Goli Otok und sage Emir, dass es vorbei ist, und dann ist er durchgedreht und hat mich beschimpft: Hure und Schlampe. Aber das war nicht mal das Schlimmste.«

Sie waren inzwischen in die Bornheimer Landstraße abgebogen, und Slavica hakte sich bei ihr unter.

»Aber was war denn das Schlimmste? Jetzt spann mich doch nicht so auf die Folter. Erzähl schon.«

Smilja zitterte am ganzen Leib. »Seine letzten Worte. Er hat mir gedroht und gesagt, dass er irgendwann kommen und mir Alem wegnehmen würde.«

Meine Mutter weinte lautlos. Slavica holte ein Taschentuch aus ihrer Handtasche und legte tröstend den Arm um ihre Schulter.

»Meine arme Smilja.«

In diesem Augenblick kam die Apothekerin Frau Schneiderhahn schnellen Schrittes auf sie zu. Sie trug einen altmodischen, mit Blumen verzierten Hut. »Frau Grabovac, das ist ja ganz wunderbar, dass ich Sie hier treffe. Ich bräuchte mal wieder ein wenig Ihre Unterstützung im Haushalt. Hätten Sie vielleicht nächste Woche Zeit?«

»Ich denke schon«, sagte Smilja und wischte sich verstohlen mit dem Handrücken die Tränen aus den Augen.

»Das freut mich außerordentlich.« Frau Schneiderhahn kramte ihren Terminkalender aus der Handtasche, blätterte in den Seiten herum und sagte mit resoluter Stimme: »Mittwoch, 14 Uhr?«

Smilja nickte. »Das lässt sich einrichten. Ich werde um Punkt 14 Uhr an ihrer Tür klingeln.«

»Ach, wären doch nur alle Menschen so pünktlich wie Sie, Frau Grabovac. Gut, dann möchte ich Sie jetzt auch nicht länger behelligen und wünsche Ihnen und Ihrer Freundin noch einen angenehmen Tag.«

Slavica schnaubte, als Frau Schneiderhahn außer Hörweite war. »Es ist eine Schande, dass du in deinem Alter noch putzen gehen musst. Was für eine eingebildete Dame. Bla, bla, bla, dann möchte ich Sie jetzt nicht länger behelligen. Pah.«

»Ach, die Apothekerin ist doch ganz nett. Obwohl sie neunundsiebzig ist, arbeitet sie immer noch halbtags in ihrer Apotheke in der Berger Straße, die inzwischen eigentlich ihr Sohn leitet. Die Arbeit hält sie jung und gesund, meint sie. Vom Band bei VDO kann man das nicht gerade sagen. Sie hat eine wirklich schöne Altbauwohnung in der Egenolffstraße mit hohen Stuckdecken.«

»Ja, ja, sie ist reich und bezahlt dir wahrscheinlich einen Hungerlohn. So sind die Deutschen.«

»Ich bin zufrieden.« Smilja konnte es nicht leiden, wenn ihre Freundin abfällig über Menschen sprach, die sie gar nicht kannte.

In der Eschenheimer Parkanlage setzten sie sich auf eine Bank in der Nähe des großen Ententeiches. Smilja blinzelte im Sonnenschein, schaute auf die Wasserfontäne und seufzte.

»Es gibt noch etwas viel Schlimmeres, was ich dir verschwiegen habe. Weißt du, das Problem ist, ich habe Alem angelogen. Ich habe ihm erzählt, dass sein Vater ein Bauarbeiter war, uns verlassen hat und 1980 auf Montage bei einem Arbeitsunfall in Jugoslawien gestorben ist.«

Slavica sah sie fassungslos an. »Nein, hast du nicht.«

»Doch, leider schon. Nach Goli Otok war ich so wütend auf Emir. Ich wollte nicht, dass Alem wusste, dass er der Sohn eines Diebs und Alkoholikers ist. Das wäre nicht gut für ihn gewesen. Außerdem wollte ich Emir ein für alle Mal aus meinem Leben entfernen. Ich wollte seine Drohung auslöschen. Wollte, dass Alem und ich nie mehr etwas mit diesem Mistkerl zu tun haben. Verstehst du das? Aber jetzt ist Emir tot, und ich habe ein schlechtes Gewissen. Ich habe den Zeitpunkt verpasst … Ach Slavica, was soll ich jetzt nur machen? Was soll ich Alem nur sagen?« Sie begann wieder zu weinen.

Slavica gab meiner Mutter ein frisches Taschentuch. »Smilja, du musst ihm alles erzählen. Mit dieser Lüge kannst du nicht leben. Du musst reinen Tisch machen.«

Meine Mutter ließ die Schultern hängen, starrte auf den Boden. »Ja, wahrscheinlich hast du recht. Ich habe nur so große Angst vor seiner Reaktion. Er wird mich bestimmt dafür hassen.«

»Ach, meine arme Smilja. Natürlich wird er wütend auf dich sein. Aber er hat ein Recht darauf zu wissen, wer sein Vater war. Es hilft nichts, du musst es ihm erzählen. Und dann wird er dir verzeihen. Er wird es verstehen.«

»Ja, ich muss es ihm erzählen, es geht nicht anders.«

Am Abend holte meine Mutter den Brief mit Emirs Sterbeurkunde aus der untersten Schublade ihres Kleiderschranks, setzte sich auf das Sofa, rief mich an und erzählte mir reumütig und tränenreich die wahre Geschichte meines Vaters.

DAS
BUCH
ALEM

9

Der Kellner des Café Moskau fragte mich, ob ich noch etwas zu trinken wünsche. Ich blickte auf die Uhr: Das Büro der Friedhofsverwaltung würde erst in einer Dreiviertelstunde öffnen. Ich bestellte einen weiteren Espresso, zündete eine Zigarette an und zog, wie schon so oft in den letzten Wochen, die einzigen fünf Fotos, die ich von meinem Vater besaß, aus der Innentasche meines Jacketts. Drei der vergilbten Schwarzweißaufnahmen zeigten Emir in der Wohnung am Schmalzmarkt, auf einem Foto posierte er mit freiem Oberkörper lässig am Meer, auf einem anderen, meinem Lieblingsbild, saß er mit mir – ich muss zwei Jahre alt gewesen sein – in einem Jahrmarkt-Autoskooter, den ich mir immer feurig rot vorgestellt hatte.

Nachdem meine Mutter mir am Telefon erzählt hatte, wer mein Vater wirklich war, konnte ich es zunächst nicht fassen. All die Jahre hatte sie mich angelogen. Ich fühlte mich fremd, fühlte mich verraten. Am darauffolgenden Wochenende fuhr ich zu ihr nach Frankfurt. Sie versuchte sich zu erklären, erzählte mir von den nächtelangen Sauftouren, den unzähligen Frauengeschichten, den Gangstern, denen er Geld schuldete, seiner Flucht nach Südeuropa, der verwüsteten Wohnung am Schmalzmarkt, den Postkarten und schließlich von ihrem letzten Besuch auf der Gefängnisinsel Goli Otok, als er ihr damit gedroht hatte, mich ihr wegzunehmen.

Bis dahin hatte ich angenommen, dass mein Vater ein rechtschaffener Bauarbeiter gewesen war, der uns, nachdem sie sich nicht mehr liebten, verlassen hatte und dann später auf einer Baustelle irgendwo in Jugoslawien verunglückt war. Meine Mutter meinte, sie habe die Geschichte des fleißigen Bauarbeiters nur erfunden, um mir ein schönes Vatervorbild zu geben. Ich sollte nicht unter meiner Herkunft als Sohn eines Alkoholikers und Kriminellen leiden. Sie weinte viel, bat mich um Vergebung und wiederholte immer wieder, dass sein erfundener Tod uns ein für alle Mal von ihm befreien sollte.

Irgendwie konnte ich sie verstehen, aber es war feige von ihr, dass sie mir erst jetzt, nach all den Jahrzehnten, die Wahrheit offenbart hatte.

Ich fuhr zurück nach Berlin und fand keine Ruhe. Mein Vater, dieser fremde Mann auf den fünf Fotos, dessen Abwesenheit mich oft leise und manchmal auch etwas lauter geschmerzt hatte, war ein anderer geworden. Anfang Oktober nahm ich mir ein paar Tage Urlaub, kaufte mir ein Flugticket und flog nach Belgrad, um dort sein Grab zu suchen. Wenigstens einmal im Leben wollte ich mich ihm nahe fühlen.

Die Morgensonne warf goldene Lichtstreifen zwischen die Stuhlreihen des Café Moskau. Vier Jahre zuvor, fünfzehn Jahre nach der Bombardierung durch die NATO, war ich schon einmal nach Belgrad gereist, um eine Reportage über die Stadt und ihre Menschen zu schreiben. Das Café lag im Zentrum, der morgendliche Berufsverkehr auf dem Terazije-Boulevard war chaotisch und ohrenbetäubend laut. Ich fragte mich, ob Emir auch schon hier gesessen hatte, ob ich ihm damals bei meinem Aufenthalt in Belgrad vielleicht zufällig über den Weg gelaufen war. Die Wut auf meine Mutter, die sich in den vergangenen Wochen eigentlich gelegt hatte, stieg wieder in mir auf. Sie hatte mir die Chance genommen, ihn persönlich kennenzulernen.

Auf dem Boulevard rannten schreiende Schulkinder zur Bushaltestelle. Sie waren spät dran. Noch gestern hatte ich um ungefähr die gleiche Zeit Aljosha, meinen sechsjährigen Sohn, zur Schule gebracht. Ein paar Tage vor meiner Abreise hatte ich ihm die fünf Fotos von Emir gezeigt und ihn gefragt, ob er wisse, wer die Person auf den Bildern sei. Aljosha besah sich die Fotos genau, zeigte auf das Bild, auf dem Emir in kurzer Badehose am Meer posierte. »Das bist du, Papa. Damals warst du noch jung.«

»Nein. Das bin nicht ich, sondern mein Papa. Dieser Mann auf den Fotos ist dein Opa.«

Aljosha dachte nach. »Aber warum kenne ich meinen Opa nicht?«

»Hm … Opa musste vor langer Zeit aus Deutschland weggehen und ist dann um die Welt gereist.«

Vor dem Schultor hatte Aljosha dann mit besorgter Stimme zu mir gesagt: »Papa, du darfst uns nicht wie dein Papa verlassen. Du musst aus Belgrad zurückkommen. Schwör, dass du zurückkommst.«

Ich ging in die Knie und nahm ihn in die Arme. »Mach dir keine Sorgen, mein Großer. In ein paar Tagen bin ich wieder da. Ich schwöre es.«

Aljosha hatte gelächelt, mir einen Kuss gegeben und war hüpfend mit seinem viel zu großen roten Schulranzen in der Schule verschwunden.

Wie glücklich war ich damals gewesen, als Marie, meine Frau, mir gesagt hatte, dass sie schwanger sei. Und wie hast du dich gefühlt, Emir? Warst du glücklich, als Mama dir sagte, dass ihr ein Kind bekommen werdet?

Ich schaute auf die Uhr, verlangte die Rechnung, zahlte und fuhr mit dem Taxi zur Friedhofsverwaltung.

Das Verwaltungsgebäude des Belgrader Rathauses war ein ziemlich hässlicher sozialistischer Neubau aus den sechziger Jahren. Die Dame am Empfangsschalter zeigte mir auf einem Plan, wo genau sich das betreffende Büro befand. Ich fuhr mit dem Aufzug in den neunten Stock, lief über dunkle Korridore und klopfte an der geschlossenen Tür an. Der Sachbearbeiter, ein ziemlich großer und korpulenter Mann in schlecht sitzendem, an den Ärmeln viel zu kurzem braunem Anzug, forderte mich gähnend dazu auf, auf dem Besucherstuhl vor seinem Schreibtisch Platz zu nehmen.

»Was hat Sie hierhergeführt? Womit kann ich Ihnen helfen?«

Ich legte meinen Personalausweis und die Sterbeurkunde meines Vaters auf den Tisch. »Ich suche das Grab meines Vaters.«

Der Sachbearbeiter setzte eine Brille auf, überflog die Zeilen und musterte mich neugierig. »Sie sprechen unsere Sprache und haben einen bosnischen Namen. Woher kommen Sie?«

»Ich bin Deutscher.«

»Das sehe ich. Aber woher stammen Ihre Eltern?«

»Meine Mutter ist Kroatin, und mein Vater wurde in Bosnien geboren.«

Er ließ das Blatt auf den Tisch fallen, lehnte sich nach hinten in den Stuhl. »So, so, sie sind also Kroate, Bosniake und

Deutscher. Mutig von Ihnen, hier einfach so hereinzuspazieren.«

»Wie meinen Sie das?«

»Ach, damit meine ich gar nichts.« Er steckte sich einen Kugelschreiber hinters Ohr, blickte gelangweilt auf seinen Monitor. »Hören Sie: Die Bearbeitungsgebühren für Anfragen aus dem Ausland belaufen sich auf 2500 Dinar, das sind ungefähr 20 Euro. Die Bearbeitungszeit beträgt drei Wochen.«

»Entschuldigen Sie, aber ich sitze doch vor Ihnen. So lange kann ich nicht warten. Ich fliege bereits am Freitag zurück nach Berlin. Und wieso soll das überhaupt so lange dauern? Auf der Sterbeurkunde steht doch die Registriernummer. Können Sie nicht einfach diese Nummer in Ihren Computer eingeben und schon haben Sie sein Grab gefunden?«

Er blickte immer noch desinteressiert in seinen Monitor. »Werden Sie nur nicht frech, mein Herr. Sie sind ein Ausländer und somit ist dies eine Auslandsanfrage.« Dann drehte er sich plötzlich zu mir um. »Aber wissen Sie, das Leben hier in Belgrad ist teuer. Ich muss zwei Kinder ernähren. Verstehen Sie, was ich Ihnen sagen möchte?«

Was für ein dummes Arschloch. Ich zog meinen Geldbeutel aus der Hosentasche und legte ihn auf den Tisch.

Über das Gesicht des Sachbearbeiters huschte ein zufriedenes Lächeln. »Na sehen Sie. Wir sind doch keine Unmenschen hier. Die Gebühr für die Expressbearbeitung Ihrer Anfrage beläuft sich auf hundert Euro. Sind Sie damit einverstanden?«

»Puh, hundert Euro dafür, dass Sie eine Nummer in Ihren Computer eingeben?« Er sagte nichts. Ich fuhr mir mit der

Hand genervt übers Gesicht und schob ihm schließlich zwei Fünfzigeuroscheine über den Tisch. Er steckte die Scheine mit einem dreckigen Lächeln in seine Hosentasche, gab die Registriernummer in den Computer ein, füllte ein Formular aus, druckte es aus, stempelte es ab und übergab mir eine Quittung über 2500 Dinar.

»Ich bekomme sogar eine Quittung von Ihnen?«

»Aber natürlich. Wo denken Sie hin. Wir arbeiten in diesem Amt sehr gewissenhaft.«

Auf dem Formular war die Grabnummer und der Friedhof angegeben: »Novo Groblje, Ruzveltova 50, Beograd 11 000. Broj: 7981.«

Ich nickte, steckte das Formular in die Innentasche meines Jacketts, stand auf und verließ grußlos das Büro.

Nichts hatte sich in diesem scheiß Land verändert. »Mutig von Ihnen, hier einfach so hereinzuspazieren.« Du blödes nationalistisches Arschloch. Ich knüllte die Quittung zusammen und warf sie auf dem Gehsteig in einen Mülleimer.

Ziellos lief ich durch die Stadt, drängte mich auf der Knez Mihailova, einer Fußgängerzone mit klassizistischen Gebäuden, durch die Menschenmenge und betrat danach den Kalemegdan, die alte Festungsanlage, die zu einem weitläufigen Park oberhalb der Flüsse Save und Donau ausgebaut worden war. Das Laub raschelte unter den Schuhen, Liebespaare saßen auf der alten Festungsmauer, die Sonne glitzerte auf den Flüssen, ein paar ältere Herren spielten Schach. Die fernen Hochhausschluchten von Neu-Belgrad wirkten von oben nicht ganz so hässlich und brutal wie unten in der Stadt.

10

Es dauerte eine kleine Weile, bis meine Mutter endlich auf dem Bildschirm erschien.

»Erzähl, ich bin so aufgeregt. Hast du herausgefunden, wo sein Grab liegt?«

»Ja, ich war heute Morgen in der Friedhofsverwaltung. War allerdings teuer. Ich musste den Beamten mit hundert Euro bestechen.«

»Diese verfluchten Gauner.«

»Der Typ meinte sogar, dass es für mich als Kroate, Bosniake und Deutscher mutig sei, dort einfach so hereinzuspazieren.«

Mutters Augen wurden dunkel. »Alem, pass auf dich auf. Manche Serben hassen uns noch immer.«

»Ist schon gut, Mutter. Idioten gibt es überall auf der Welt. Ich komm hier schon klar.«

»Warst du schon auf dem Friedhof?«

»Nein, nach dieser Geschichte auf dem Amt war ich zu aufgewühlt. Bin dann einfach ein bisschen durch die Stadt spaziert.«

»Siehst du: Das ist mal wieder typisch für Emir.«

»Wie meinst du das?«

Meine Mutter verzog ihre Mundwinkel. »Emir kann es

einfach nicht lassen. Sogar als Toter macht er uns noch Ärger. Du kannst dir gar nicht vorstellen, wie oft er mich zur Weißglut gebracht hat. Was hat er überhaupt in Belgrad zu suchen gehabt? Und deine dumme Raucherei hast du auch von ihm geerbt. Er ist schuld.«

»Mama!«

»Nichts da. Du musst dir das endlich abgewöhnen.«

»Jetzt hör aber auf. Das ist doch Schwachsinn. Du kannst ihn doch jetzt nicht für alles verantwortlich machen.«

»Hast ja recht. Das war dumm von mir. Entschuldige bitte. Außerdem soll man nicht schlecht über die Toten sprechen. Gott hab ihn selig. Sag, wo liegt er begraben?«

»Auf dem Neuen Friedhof in Belgrad.«

»Versprich mir, dass du ein Foto von seinem Grab machst. Und kauf bitte auch ein paar schöne Blumen. Immerhin habe ich ihn ja geliebt. Ich geb dir auch das Geld dafür.«

»Ja, mache ich. Aber du brauchst mir bestimmt kein Geld dafür zu geben.«

Plötzlich begann sie zu weinen.

»Ach Alem, alles war immer so kompliziert in unserem Leben. Ich habe so viele Fehler gemacht. Ich hätte dich niemals anlügen dürfen. Es tut mir so leid.«

»Ist schon gut, Mama. Du musst dich nicht immer wieder dafür entschuldigen. Du hattest deine Gründe.«

Sie wischte sich die Tränen aus den Augenwinkeln. »Wirst du Svetozar und Dušan in Kačarevo besuchen?«

»Aber das habe ich dir doch schon erzählt. Ich werde sie morgen treffen.« Ich blickte zum Fenster hinaus. »Weißt du, Mama, das ist auch so eine Sache. Ich mochte Svetozar, habe ihn aber nicht mehr gesehen, seit er in Frankfurt angeschossen wurde.«

»Das ist alles so traurig. Die zwei sind so stur. Dušan woll-te doch immer nur das Beste für ihn.«

Ihr gespielt leidender Gesichtsausdruck verärgerte mich. »Das behauptest du immer. Aber damit machst du es dir zu einfach. Du weißt ganz genau, wie mies Dušan uns und auch Svetozar jahrelang behandelt hat.«

Sie blickte beschämt zu Boden. »Ja, das stimmt. Wie dem auch sei. Grüß Svetozar jedenfalls ganz lieb von mir. Sag ihm, dass ich in der Kirche oft eine Kerze für ihn und seine Fami-lie anzünde.«

»Ja, das mach ich. Ich melde mich wieder, Mama.«

Ich war auf dem Sessel vor dem Fernseher eingeschlafen. Als ich aufwachte, war es draußen bereits dunkel. Ich fühlte mich einsam, fühlte mich fremd. Dann fiel mir ein, dass auf der Sterbeurkunde die letzte Wohnadresse von Emir stand. Ich tippte sie in mein Handy ein und machte mich auf den Weg.

Das Haus, in dem mein Vater gewohnt hatte, lag in Stari Grad, in der Altstadt, in einer – jedenfalls dem äußeren An-schein nach – eher gehobenen Wohngegend. Es war ein schönes vierstöckiges Jugendstilgebäude. Auf den Klingel-schildern standen keine Namen, nur anonyme Wohnungs-nummern. Ich kaufte mir an einem Kiosk ein Bier und lehn-te mich an die Steinmauer auf der gegenüberliegenden Stra-ßenseite. Hier hast du also gelebt, Emir. Sieht doch gar nicht so schlecht aus.

Eine elegant gekleidete ältere Dame mit blondierten Haa-ren verließ mit einem Chihuahua an der Leine die Eingangs-tür. Ich musste lächeln: Vielleicht die neue Frau meines Va-ters und somit meine Stiefmutter? Aber nein, das konnte, nach allem, was Mutter über ihn erzählt hatte, nicht sein. Ich zündete mir eine Zigarette an. In der zweiten Etage tollte ein Mann mit zwei kleinen Kindern herum. Durch das geöffnete Fenster hörte ich sie rufen und lachen.

Mein Herz zog sich zusammen. Verdammt noch mal, Emir, weshalb hast du nie versucht, mit mir Kontakt aufzunehmen? Ein Mausklick hätte genügt, um mich, Alem Grabovac, deinen Sohn, im Internet zu finden. Gut, Mutter hat mich angelogen, aber du, du hast mich nie gesucht. War ich dir egal? Hast du eine neue Familie gegründet? Wolltest du mich vergessen? Hast du mich vergessen? Mutter hat mir erzählt, dass sie mich auch wegen dir und all deiner Gaunereien zu den Behrens bringen musste. Robert war mein Vater. Mit ihm und Marianne bin ich aufgewachsen. Und dann gab es da noch Dušan, der mich, wenn er besoffen war, geschlagen hat. War nicht gerade nett von dir, mich so im Stich zu lassen. Ich weiß nicht, wie dein Leben verlaufen ist. Kann mir vorstellen, dass es nicht einfach war. Aber eines sage ich dir: meins auch nicht. Ein seltsames Leben hast du mir da eingebrockt. Ein wirklich seltsames Leben.

11

Marianne und Robert, meine Pflegeeltern, hatten sich Anfang 1943 kennengelernt. Robert kämpfte in der 4. Panzerdivision im Russlandfeldzug, wurde durch einen Granatsplitter schwer verwundet und in seine Heimatstadt Düsseldorf gebracht, wo man ihn im Krankenhaus operierte. Am Tag seiner Entlassung holten ihn seine Eltern Hans und Liselotte ab. Sie fuhren mit der Straßenbahn nach Hause. Marianne arbeitete als Fahrscheinkontrolleurin. Es war wohl Liebe auf den ersten Blick.

Robert erzählte immer mit leuchtenden Augen, dass er sich erst nicht getraut hatte, Marianne anzusprechen. Doch dann war er, kurz vor der Station, an der sein Elternhaus lag, mit zittrigen Knien zu ihr hingegangen und hatte sie gefragt, ob er sie auf eine Tasse Kaffee einladen dürfe. Danach war alles – es war ja Krieg, wie beide immer wieder betonten – ganz schnell gegangen: Sie küssten sich, feierten Verlobung, und schon musste Robert wieder zurück an die Ostfront.

Per Feldpost schrieb er an Marianne.

Geliebtes Mariannchen,

Stalingrad haben wir verloren, in Charkow haben wir gesiegt.
Der Führer wird es schon richten. Wir befinden uns gerade
mitten in der Schlacht um Kursk. Die Russen sind stark, aber
unser Siegeswille ist ungebrochen. Ich trage ein Bild von Dir in
meiner Brieftasche und ich weiß, dass dieses Bild und unsere
Liebe mich auch in dieser Schlacht beschützen werden.
Ach Mariannchen, immer wieder muss ich an unsere unbe-
schwerten Tage in der Heimat denken. Weißt Du noch, wie
wir am Rhein entlangspaziert sind und vor uns plötzlich diese
torkelnde Ente lief, ganz so, als ob sie betrunken sei. Wir haben
so über diese Ente lachen müssen und alles war so federleicht
mit Dir in meinen Armen. Wir werden noch oft den Rhein ent-
langspazieren und wer weiß, vielleicht sehen wir dann ja auch
noch einmal unsere torkelnde Ente.
Die Kameradschaft in der Truppe ist fantastisch. Max, ich habe
Dir bereits von ihm geschrieben, richtet uns mit seiner Lebens-
freude immer wieder auf. Ich weiß nicht, wie er es schafft, aber
während die Kugeln nur so um uns flitzen, macht Max einen
Witz, der uns alle zum Lachen bringt. Du musst ihn einmal
kennenlernen. Ich habe ihm bereits viel von Dir erzählt und
natürlich habe ich ihn auch schon zu uns nach Düsseldorf ein-
geladen.
Ich denke jeden Tag, jede Stunde, jede Minute an dich. Ich kann
es gar nicht oft genug sagen, wie sehr ich Dich liebe. Nach dem
Krieg werden wir heiraten, viele Kinder bekommen und glück-
lich sein. Ich weiß, dass es so kommen wird. Bis bald, geliebtes
Mariannchen!

Dein Dich liebender Robert
Kursk, 8. Juli 1943

12

Ich kam am 11. Februar 1974, sechs Wochen nach meiner Geburt, zu Marianne und Robert. Kleine Gastarbeiterkinder wuselten durch ihr großes Haus in Gerchsheim. Im Amtsdeutsch hießen wir »Kurzzeit-Pflegekinder«.

Auf einem gelbstichigen Foto von 1976 sieht man sechs Babys und Kleinkinder in einem Laufstall. Es ist ein ungewöhnlich großer Laufstall, der das halbe Wohnzimmer einnimmt, vielleicht eine Sonderanfertigung. Mit sehr dünnem Strich hat Marianne den Kindern ihre Namen zugeordnet. Bojan krabbelt mit einer Rassel in der Hand. Ein zweieinhalb oder drei Jahre altes Mädchen mit schwarz gelocktem Haar, Dilek, scheint einem etwa gleichaltrigen Jungen, Jannis, irgendetwas zu erklären. In der linken Ecke sitzt João in einem gelben Strampler, auf dem eine überdimensionierte Maus breit lacht. Er hält einen hellblauen Ball in den kleinen Händen. Ich stehe mit Fatima am Laufgitter. Fatima hat kumpelhaft ihren Arm um meine Schulter gelegt. Ich trage einen weißen Pulli, auf dem ein rotes Motocross-Motorrad durch die Luft segelt. Wir blicken beide konzentriert in die Kamera, wahrscheinlich hatte Robert sie in der Hand. Im Hintergrund steht Marianne. Sie trägt eine weiße Bluse, raucht eine ihrer langen M & M-Zigaretten und blickt leicht amüsiert herab auf ihre kunterbunte Kinderschar.

Da brabbeln und krabbeln wir also im vermeintlich ersten multikulturellen Laufstall der Bundesrepublik Deutschland, wir spielen und hauen uns, lachen und weinen. Wir kommen aus Griechenland, der Türkei, aus Portugal, aus Jugoslawien, Gastarbeiterkinder, Kinder von Männern und Frauen, die ihre Heimat verlassen haben, um in der Fremde ihre Chance auf ein besseres Leben zu suchen. Unsere Eltern haben keine Zeit: Sie arbeiten auf Baustellen, in Putzkolonnen, in Restaurants, in Fabriken oder klauen den Einheimischen die Brieftaschen. Unsere Eltern haben keine Zeit und wir, ihre Kinder, sitzen im Laufstall und betrügen die Stunden und die Tage.

In welcher Sprache haben wir uns damals im babylonischen Laufstall eigentlich unterhalten? War es Deutsch, Serbokroatisch, Portugiesisch, Türkisch oder ein Mischmasch aus allem? Wie sind wir damals in unseren aufgereihten Gitterbettchen fern von unseren Eltern eingeschlafen? Waren wir verunsichert? Hatten wir Angst? War uns alles egal? Wovon haben wir geträumt? Und wie sind wir aufgewacht? Haben wir vergnügt miteinander gequatscht oder standen wir schweigend und in uns gekehrt vor unseren kleinen großen Gitterstäben?

In unserem Kinderzimmer hing eine bunte Wandtapete mit lachenden Tieren, und über den kleinen Bettchen kreisten Mobiles mit lustigen Figuren. Das zumindest hat meine Mutter erzählt. Von alldem weiß ich nichts mehr. Ich kann mich überhaupt nur an zwei Geschichten aus jener Zeit mit den anderen Gastarbeiterkindern erinnern.

Einmal saß ich abends mit Dilek in der Badewanne. Marianne trocknete gerade ein anderes Kind ab, und Dilek kackte in das Badewasser. Wir beide fanden das unglaublich lustig. Als Marianne sich zu uns umdrehte, sagte Dilek freudestrahlend: »Schau, Marianne, ich habe ins Wasser gekackt.« Marianne hievte uns blitzschnell aus dem Wasser und schimpfte mit Dilek. Sie begann zu weinen, und ich fühlte mich mitschuldig, schließlich hatte ich es lustig gefunden. Überhaupt verstand ich nicht, weshalb Marianne plötzlich so aufgebracht war. Diese kleinen, festen Kackhäufchen, das mangelnde Verstehen und die vermeintliche Mitschuld, das ist meine allererste Erinnerung an das Leben.

Dann ist es Sommer. Wir Pflegekinder spielen nackig im Planschbecken, toben auf dem Rasen herum. Marianne hat eine riesige Sonnenbrille auf, raucht eine ihre langen M & Ms, liest mit angewinkelten Beinen eine bunte Zeitschrift im Gartenstuhl. Ich sitze mit der quirligen Dilek und dem gutmütigen Jannis im orangefarbenen Planschbecken. Wir spritzen uns nass, lachen, ich bin vielleicht dreieinhalb Jahre alt. Plötzlich springt Dilek auf. Sie rennt durch den Garten und schreit: »Fang mich doch, du Eierloch, fang mich doch, du Eierloch.« Jannis und ich rennen ihr hinterher. Ich bin schneller als Jannis, als ich Dilek fast eingeholt habe, spüre ich plötzlich einen gewaltigen Schmerz im rechten Fuß. Ich bin auf eine Biene getreten. Ich schreie und weine. Dilek streichelt mich vorsichtig, versucht mich zu trösten.

Jannis aber, der sonst so verschwiegene und friedliche Jannis, nimmt eine Schaufel und schlägt wie wild auf die im Gras liegende Biene ein. Er schreit: »Ich habe sie getötet. Ich habe sie getötet. Schau, Alem, ich habe die böse Biene getötet.« Sein Gesicht voller Kraft und Entschlossenheit verkörperte in diesem kurzem Augenblick die pure Schönheit von

Gewalt. Jannis hatte für mich das vermeintlich Böse in der Welt zerstört. Für immer und ewig werde ich ihm dankbar sein für diesen eingefrorenen Moment der Rache.

Dilek, Jannis und die anderen Kinder sind irgendwann verschwunden. Ich habe keine Ahnung, was aus all den Gastarbeiterkindern geworden ist. Sie waren wie ausgelöscht, und ich war zu klein, um sie zu vermissen, sie spielten keine Rolle mehr in meinem Leben. Und es kamen auch keine kleinen Kinder mehr nach. Ich war der Einzige, der blieb.

13

Kurz nach meinem fünften Geburtstag zog ich mit Marianne und Robert, ihren jüngsten Kindern Heike und Volker sowie Charly, unserem Familienhund, in ein Einfamilienhaus nach Warmbronn in die Nähe von Stuttgart. Wir mussten umziehen, da Robert einen besseren Job als Journalist bei einer größeren Motorradzeitung gefunden hatte. Ich fühlte mich wie ein Behrens, wurde zu ihrem achten Kind, mit dem einzigen Unterschied, dass ich jeden Sonntag mit meiner Mutter telefonierte und sie und ihren Freund Dušan einmal im Monat am Wochenende in Frankfurt besuchte.

Heike, die ich jetzt als meine Schwester betrachtete, war damals neunzehn und holte in der Berufsschule ihr Abitur nach. Volker, mein Bruder, das eigentliche Nesthäkchen der Familie, war vierzehn und ging in die Realschule. Die einhalb Jahre bis zu meiner Einschulung im Sommer 1980 verbrachte ich im unerschütterlichen Gehäuse von Mariannes und Roberts seit Jahrzehnten eingeübten Alltagsritualen.

Robert stand jeden Morgen um Punkt 5.30 Uhr auf. Er legte viel Wert auf Disziplin und eine gute Arbeitsmoral. Nach Dusche und Rasur kam er, lediglich ein Handtuch um die Hüfte gewickelt, die spärlichen Kopfhaare akkurat zu einem Seitenscheitel gekämmt, in mein Zimmer, um zu fragen, was ich mir zum Frühstück wünsche. Danach holte er beim Dorfbäcker Laugenbrötchen, Brezeln oder Hörnchen. Im Kinderzimmer und im Bad hinterließ er den Geruch seines Rasierwassers Old Spice.

Ich mochte den würzig herben Geruch. Neben dem Spiegel stand der Flakon, auf dem ein blaues Segelschiff abgebildet war. Mit dem Duft und dem Schiff reiste ich halb verschlafen beim Zähneputzen um die Welt und stellte mir vor, wie ich eines fernen Tages auf irgendeinem Ozean oder bei den Cowboys in Amerika die wunderbarsten Abenteuer erleben würde. Ich konnte es kaum erwarten, mich rasieren zu dürfen. Dadurch würde ich zu einem richtigen Mann werden.

Robert hatte einen großen, runden Bauch und ein riesiges Loch in der rechten Schulter. Das Loch sah wie ein fleischiger Vulkankrater aus. Er erzählte mir, dass ihn dort ein russischer Granatsplitter getroffen hatte. Wenn er morgens mein Zimmer verließ, blickte ich oft wie gebannt auf das Loch. Die Kriegsverletzung eines Helden, eines tapferen Soldaten, meines Vaters. Ich fühlte mich durch sein Loch in der Schulter mit dem Zweiten Weltkrieg verbunden. Manchmal stellte ich mir vor, wie er im Schlamm oder im tiefweißen Schnee Russlands gekämpft und sich in einer Panzerschlacht dieser russische Granatsplitter tief in seinen Körper hineingebohrt hatte.

Mitunter träumte ich sogar, dass wir zwei, Robert und ich, Seite an Seite gegen die Russen kämpften. Wir lagen mit Stahlhelm und Maschinengewehr im Schützengraben, die Granaten flogen, und in den höllischen Lärm hinein sagte Robert: »Angriff, mein Sohn, Angriff, Alem. Jetzt zeigen wir den Russen mal, was ein guter deutscher Soldat ist.«

Es waren ganz bezaubernde und wunderschöne Träume vom Krieg. Immer in Schwarzweiß, in Farbe konnte ich mir den Krieg nicht vorstellen.

Wenn ich angezogen ins Esszimmer kam, war der Frühstückstisch bereits gedeckt. Es roch nach frischen Backwaren, nach Kaffee und Old Spice. Es gab Mettwurst, Schinken, Salami, Limburger Käse, Marmelade und hart gekochte Eier. Volker und Heike waren immer spät dran, schnappten sich nur schnell eine Brezel. »Tschüss Papi. Tschüss Alem.« Und weg waren sie.

Ich saß allein mit Robert am Frühstückstisch. Stets lief das Radio. Die Weltlage wurde minutiös analysiert. Ich hörte Geschichten über einen Ajatollah Chomeini im Iran und einen Leonid Breschnew in der Sowjetunion.

Robert setzte sich die Lesebrille auf und las die *Frankfurter Allgemeine Zeitung*. Ich war fasziniert von den Weltnachrichten aus dem Radio, von Roberts knisternder Zeitung, aß mein Brötchen und zählte die Medaillen und Pokale, die Robert früher bei Motocross-Rennen gewonnen hatte und die jetzt in unserer Glasvitrine im Esszimmer ganz langsam verstaubten.

Der Morgen war Marianne ein Gräuel. Sie erschien stets später und im weißen Bademantel, ihr Gesicht zerknautscht, ihre Haare noch zerzaust. Sie goss sich schwarzen Filterkaffee ein, begrüßte Robert mit einem Wangenkuss und einem verschlafenen »Guten Morgen, Schatzi«, streichelte mir zärtlich über die Haare, setzte sich in den Wohnzimmersessel und rauchte eine Zigarette. Frühestens eine halbe Stunde später durften wir sie ansprechen.

Nach dem Frühstück ging Robert in sein Arbeitszimmer. Zweimal pro Woche fuhr er in die Redaktion. An den restlichen Tagen schrieb er auf seiner Schreibmaschine Artikel über die neuesten Motorräder, die er selbst getestet hatte. Wenn er sich mit Helm und Ledermontur auf sein Motorrad setzte und mit knatterndem Auspuff in die große weite Welt davonbrauste, winkte ich ihm vom Fenster aus begeistert hinterher.

Unter dem Tisch lauerte derweil Charly, ein sieben Jahre alter Mischling mit schwarz glänzendem Fell, halb Schäferhund, halb Labrador. Ich wälzte mich oft mit ihm im Garten, ging mit ihm Gassi, liebte ihn sehr. Heimlich fütterte ich ihn mit Wurst.

Sobald Marianne ihre Morgenmüdigkeit abgeschüttelt und ihren Kaffee getrunken hatte, machten wir gemeinsam den Haushalt. Ich räumte den Frühstückstisch ab, legte die Wurst- und Käsescheiben zurück in die Verpackung. Marianne schaltete das Küchenradio an und machte den Abwasch. Während ich die Teller abtrocknete, hörte ich von Bombenanschlägen in Belfast und dem Einmarsch der Sowjets in Afghanistan. Danach machten wir die Wäsche, putzten das Bad, staubsaugten das Wohnzimmer.

Zweimal die Woche, immer montags und freitags, fuhren Marianne und ich morgens mit dem metallicroten BMW in ein riesiges Einkaufszentrum. Ich saß angeschnallt hinten, Marianne zündete sich eine Zigarette an und legte eine Kassette ein. Zu lauten romantischen Liebesliedern von Roger Whittaker und Howard Carpendale rasten wir über die Autobahn. Marianne tippte im Rhythmus der Musik auf das Lenkrad.

Im Supermarkt arbeitete sie ihren Einkaufszettel ab. Ich durfte mir einen Schokoriegel aussuchen, während Peter Alexander das kleine Haus am blauen See oder die schönen

Beine von Dolores besang, verspeiste ich ihn genüsslich auf der Rückfahrt.

Am Vormittag kochte Marianne. Ich sah mir währenddessen auf unserem Betamaxrekorder einen Kinderfilm an. Auf dem großen mit floralen Mustern bestickten dunkelroten Teppich sah ich, wie Pan Tau mit seiner Melone zauberte und Biene Maja mit ihrem besten Freund, dem herrlich begriffsstutzigen Willi, die Welt eroberte. Immer wieder spulte ich die Videokassette zurück und sang mit Karel Gott das Anfangslied: »In einem unbekannten Land, vor gar nicht allzu langer Zeit …«

Um Punkt 12.30 Uhr kam Robert die Treppe hinaufgestapft und wehe, das Essen stand noch nicht auf dem Tisch. Dann tigerte er missmutig in der Wohnung herum und fragte Marianne im Minutentakt, wann es endlich fertig sei. Aber im Allgemeinen war das Mittagessen um Punkt 12.30 angerichtet. Mittags wie abends gab es immer eine warme Mahlzeit. Marianne kochte Sauerbraten mit Knödeln, Hühnerragout, Kartoffelpüree mit Sauerkraut oder Rinderroulade mit Gemüse. Während wir schweigend aßen, lief das Radio. Irgendjemandem gelang die Flucht aus der DDR mit einem Heißluftballon, der Papst wurde begeistert in Polen empfangen.

Nach dem Mittagessen ging ich zu den Nachbarskindern Dorothea oder Rudi. Rudi war ein Jahr älter als ich, ein wenig pummelig und sprach in schwerfälligem schwäbischem Dialekt, den ich erst nach Wochen ansatzweise zu verstehen lernte. Ich hatte Rudi dabei beobachtet, wie er vor einer Garageneinfahrt Fußball spielte. Wenige Tage nach unserem Umzug fragte ich einfach, ob ich mitspielen dürfe. Und damit begann meine große Liebe zum Fußball. Rudis 1,90 Meter großer und übergewichtiger Vater Richard, der das gleiche unverständliche Schwäbisch wie sein Sohn sprach, meinte, dass ich ein großes Talent sei. Als Trainer der G-Jugend der Spvgg Warmbronn 1910 lud er mich zum Training ein. Eine Woche später hämmerte ich auf dem Warmbronner Sportgelände einen Ball nach dem anderen ins Tor. Ich wurde enthusiastisch in der Mannschaft aufgenommen, mächtig stolz umdribbelte ich mit meinem neuen dunkelgrünen Trikot leichtfüßig jeden Gegner und wurde schon in der ersten Saison Torschützenkönig.

Unaufhörlich spielte ich Fußball, trainierte jeden Tag, begann mich für die Bundesliga zu interessieren und wurde wegen Karl-Heinz Rummenigge, dessen Torriecher ich bewunderte, Fan von Bayern München. Von da an wurde die *Sportschau*, die ich mir allein auf einem kleinen Fernseher im Dachgeschosszimmer anschaute, am frühen Samstagabend zum Pflichttermin. In der Saison 1979/80 lieferten sich meine Bayern mit dem HSV ein episches Kopf-an-Kopf-Rennen um die Deutsche Meisterschaft. Als die Bayern am letzten Spieltag ihren hauchdünnen Vorsprung verteidigten und Paul Breitner endlich die deutsche Meisterschale entgegennahm, musste ich vor Glück fast weinen.

Wenn ich nicht gerade allein im Garten oder mit Rudi vor dem Garagentor kickte, ging ich mittags zu Dorothea. Die Tochter des Dorfpfarrers war ungefähr im gleichen Alter wie ich, hatte blonde Zöpfe und blaue Augen. Sie wohnte am Ende der Straße in einem prächtigen Haus mit einem riesengroßen Garten, in dem wir oft Fangen und Verstecken spielten. Dorothea und ihre Eltern beteten vor jeder Mahlzeit und sprachen oft von Gottes unermesslicher Barmherzigkeit. Marianne hatte mir erzählt, dass ihr Vater noch kurz vor Kriegsende von einem amerikanischen Bomber in Düsseldorf getötet wurde. Sie meinte, dass es Gott nicht geben könne, da kein Gott der Welt diesen fürchterlichen Krieg zugelassen hätte. Als ich Dorothea und ihren Eltern eines Tages beim Nachmittagskuchen verkündete, dass es keinen Gott gäbe, empfingen sie mich nicht mehr ganz so warmherzig und freundlich wie zuvor. Ich hatte das Gefühl, dass sie mich permanent beobachteten.

Spätestens um 17 Uhr musste ich von meinen Ausflügen zu Rudi oder Dorothea zurückgekehrt sein. Marianne stand in der Küche und kochte. Robert hatte die Arbeit beendet und saß in seinem Wohnzimmersessel unter einem Ölgemälde, auf dem fünf Welpen abgebildet waren. Vor über hundert Jahren hatte es irgendein Verwandter von ihm gemalt. Robert zündete sich gemütlich seine Pfeife an und schaute sich mit mir die Nachrichten an. Alles, was ich zuvor im Radio gehört hatte, sah ich jetzt in Farbe. Den imposanten Bart des Ajatollah Chomeini, hunderttausende fanatische Demonstranten auf Teherans Straßen, die die US-amerikanische Flagge verbrannten, das versteinerte Gesicht von Leonid Breschnew bei einer Militärparade in Moskau, sowjetische Panzer, die im staubigen Hindukusch-Gebirge gegen wilde Mudschaheddin kämpften, ausgebrannte Autos in Belfast, wie der Papst in seinem weißen Gewand niederkniete und den polnischen Boden küsste, einen Militärputsch in der Türkei, wie Fidel Castro eine flammende Rede in Havanna hielt. Ich sah gebannt hin und war fasziniert von der Größe und Gewalttätigkeit der Welt.

Um Punkt 18 Uhr gab es Abendessen. Marianne hatte Rindergulasch, Bratkartoffeln mit Hähnchenbrust, Lachsforelle oder Spaghetti Bolognese gekocht. Volker verschlang das Essen und verzog sich danach sofort in sein Zimmer, um auf seiner heiß geliebten Posaune zu üben. Er spielte in einem Musikverein.

Robert nahm sich immer noch eine zweite Portion und musste sich jedes Mal von Marianne anhören, dass er auf sein Gewicht achten solle. Nachdem alle aufgestanden waren, steckte ich Charly noch ein wenig Essen unter dem Tisch zu und freute mich diebisch über meine kleine Ungezogenheit.

Dann machte ich mit Heike den Abwasch. Heike war ständig sauer auf Volker, weil er sich nie an der Hausarbeit beteiligte – und auch nicht musste. Heike und Volker stritten und bekämpften sich, so lange ich denken konnte. Ich mochte Volker ebenso wie Heike, beide waren lieb zu mir, und konnte nicht verstehen, weshalb sie sich gegenseitig das Leben so schwer machten.

Sobald die Küche sauber war, ging ich ins Bad, zog mir meinen Pyjama an und putzte mir die Zähne. Vor dem Zubettgehen durfte ich im Wohnzimmer *Sandmännchen* schauen. Marianne und Robert saßen in ihren jeweiligen Sesseln, ich hockte auf dem Boden zwischen ihnen. Und manchmal blieb ich sogar ein wenig länger auf, wenn im Fernsehen eine große Spiel- und Rateshow lief.

Einmal sahen Robert und ich uns *Dalli Dalli* an – Robert verpasste nie eine Folge. Hans Rosenthal sprang in die Luft und rief ins Publikum: »Sie sind der Meinung, das war spitze.«

Robert lachte kehlig. »Für einen Juden eigentlich ganz witzig.«

Ich drehte mich zu ihm um. »Wie meinst du das? Was ist ein Jude?«

»Weißt du, Alem, die Juden haben uns, das deutsche Volk,

verraten. Sie sind geldgierig und hinterlistig und verkommen. Das darfst du nie vergessen, mein Junge. Ein degeneriertes Volk, sie heiraten nur untereinander und haben deswegen hässliche Hakennasen und große abstehende Ohren.«

Marianne, die ein Kreuzworträtsel löste, legte den Stift zur Seite. »Robert, hör auf. Das ist noch nichts für Alem.«

Ich schaute genau hin. Hans Rosenthal hatte tatsächlich eine kleine Hakennase und außergewöhnlich große Ohren.

Roberts Miene verdüsterte sich. »Warum soll er das nicht wissen? Hör zu, Alem, du darfst niemals einem Juden vertrauen. Er wird dich reinlegen. Merk dir das.«

»Robert, Schluss jetzt.« Marianne sah ihn streng an. Robert sagte nichts mehr und ich merkte mir, dass man Juden niemals im Leben vertrauen durfte.

Nach dem *Sandmännchen* gab ich Marianne und Robert einen Kuss. Robert fuhr mir durch die Haare. »Gute Nacht, mein Junge.«

Jeden Abend tappte ich allein in mein dunkles Zimmer und zog die Daunendecke bis zum Kinn hoch. Ich hörte Mariannes keuchenden Raucherhusten. Die undeutlichen Fernsehstimmen. Und dachte an Hans Rosenthal und seine großen Ohren.

14

An einem Freitagnachmittag fuhr mich Marianne mal wieder mit unserem metallicroten BMW zum Stuttgarter Hauptbahnhof. Es war Frühling, die Sonne schien, die Winterkälte lag hinter uns. Sie kurbelte das Fenster herunter, rauchte, sang zu den Liedern von Peter Alexander, lächelte mir aufmunternd im Rückspiegel zu. Ich war ein wenig traurig, wollte nicht wirklich nach Frankfurt.

Da ich als Kleinkind nur unter Beaufsichtigung reisen durfte, brachte Marianne mich am Bahnsteig zum Zugpersonal. Schon öfter war ich allein nach Frankfurt gefahren. Der Abschied fiel mir dennoch schwer. Marianne umarmte mich, streichelte mir sanft über die Haare und sagte: »Komm schon, Alemchen, wird schon nicht so schlimm werden. Und schon am Sonntag bist du wieder bei uns.« Ich versuchte stark zu sein, nickte, gab ihr einen Kuss. Sie wartete draußen auf dem Bahnsteig. Der Zug ruckelte los, wir winkten zum Abschied, und dann fuhr ich in mein anderes Leben.

Von den Schaffnern, die erst Schwäbisch und später Hessisch sprachen, bekam ich Malbücher, Comics und Kartenspiele mit dem Logo der Deutschen Bahn geschenkt. Während ich feuerspeiende Drachen und lachende Lokomotiven bunt ausmalte, rauschten im Zugfenster kleine Dörfer und zartgrüne Wälder vorüber, die ein paar Stunden später, kurz vor Frankfurt, durch moderne Industrieanlagen und überfüllte S-Bahn-Stationen abgelöst wurden. Danach tauchten die glitzernden Wolkenkratzer des Bankenviertels auf. Sie waren das Zeichen für meinen Ausstieg. Ich stellte mich mit meinem großen braunen Lederkoffer an die Tür, schaute durch das Fenster auf die riesige Bahnhofshalle mit ihrer dunklen Stahlkonstruktion und dann auch auf Smilja und Dušan, die bereits auf dem Bahnsteig auf mich warteten.

Mutter begrüßte mich mit einer überschwänglichen Umarmung, drückte mich an ihre Brust, knutschte mich ab. Sie trug wie immer zu viel Parfüm und kam mir körperlich viel zu nahe. Dušan klopfte mir auf die Schulter und fragte mich auf Serbokroatisch: »Na, wie geht es dir, Kleiner? Alles gut?«

Nichts ist gut, dachte ich und behauptete das genaue Gegenteil, denn für die Wahrheit gab es hier keinen Platz.

Dušan nahm meinen Koffer in seine starken rauen Hände. Er arbeitete als Schweißer auf dem Bau, ein groß gewachsener Serbe, muskulös, mit schwarzem Haar und sehr tiefer Stimme. Dušan trug wie immer eine seiner dunkelgrünen Bundeswehrjacken, deren vielen Seiten- und Innentaschen gefüllt waren mit kleinen Schraubenziehern, Feuerzeugen, Kräuterbonbons, Tabakbeuteln, Taschentüchern, Klemmzangen, Kugelschreibern, Schweizer Taschenmessern und weiß der Teufel noch was. Einmal fragte ich ihn, weshalb er all diese Dinge ständig mit sich herumschleppte. Ein richtiger Mann müsse auf jede Situation im Leben vorbereitet sein, grinste er. Ich nickte, ohne zu verstehen, was für Situationen er meinte.

Vor der Bahnhofshalle, mit Blick auf die Frankfurter Skyline, stellte Dušan meinen Koffer auf den Boden. Er drehte sich eine Zigarette. Sein blauer Samson-Tabak mit dem gold-schimmernden Löwen auf der Verpackung, seine nikotinver-färbten Finger, die Bettler, Drogenabhängigen, Prostituier-ten und Dealer des Bahnhofsviertels, das unschuldige Lä-cheln meiner Mutter – diese Stadt würde mich gleich mit all ihren fremdartigen Gesichtern verschlingen.

Wir fuhren mit der Tram zu unserer kleinen Erdgeschoss-wohnung in der Hanauer Landstraße. In dem Viertel sah man nahezu nur Ausländer: Spanier, Jugos und Türken, die jetzt, am frühen Freitagabend, ihren Wochenendeinkauf er-ledigten und mit schwer bepackten Aldi-Taschen durch die Straßen liefen. Es gab viele Kneipen, Döner-Imbisse, kleine Gemüseläden, Spielcasinos und Kioske, die Trinkhallen, an deren runden Außentischen zwielichtige Männer in Beglei-tung gemeingefährlicher Hunde Bier tranken. Es roch nach Pisse, nach Alkohol, nach Armut.

Die Eingangstür zum Vorderhaus in der Hanauer Land-straße 56 war glänzend blau, unterdessen im düsteren Hin-terhof der Putz von den Wänden bröckelte. Unsere Erdge-schosswohnung war sehr klein: Küche, Bad und ein Schlaf-zimmer, um die fünfzig Quadratmeter. Wenn wir die Vorhänge nicht zuzogen, konnte jeder vom Hof aus in unser Leben hineinschauen. Mutter öffnete die mehrfach verrie-gelte Tür, und ich stürmte wie immer als Allererstes zu dem weißen Schuhkarton, der unten im Küchenregal stand. Sie hatte ihn für mich mit Süßigkeiten gefüllt. Bei Marianne und Robert bekam ich nur bei unseren Einkaufsausflügen und am Sonntagnachmittag etwas Süßes, aber hier in Frank-furt durfte ich so viel Schokolade essen, wie ich wollte.

Ich saß auf meiner Matratze, die sie vor ihrem Bett ausge-legt hatten, schaute Fernsehen und steckte mir dabei einen

Schokoriegel nach dem anderen in den Mund. Mutter ging in die Küche, um das Abendessen vorzubereiten. Dušan saß am Küchentisch, rauchte und trank Bier. Sie unterhielten sich auf Serbokroatisch, das sich als summendes Grundgeräusch unter die deutschen Fernsehstimmen legte. Mutter kochte Kartoffeln, brutzelte Fleisch in den Pfannen. Die Wohnung roch nach Schweinekoteletts und Zigarettenrauch. Ich kann mich an kaum ein Essen ohne Fleisch in Frankfurt erinnern. Dušan liebte es deftig. Ein Gericht ohne Fleisch, sagte er immer, sei wie ein Mann ohne Eier. Schon wieder verstand ich ihn nicht.

Wir aßen spätabends im Bett. Bei meiner Mutter in Frankfurt gab es keine Tischmanieren, kein *Sandmännchen*, kein *Dalli Dalli* und keine Nachtruhe. Ich durfte aufbleiben, so lange ich wollte. Meine Mutter und Dušan liebten Westernfilme, Boxkämpfe und Krimis, liebten John Wayne, Humphrey Bogart, Columbo und Lino Ventura.

Ich war sechs, und während ich Fleisch und Schokoladenriegel in mich hineinstopfte, tauchten coole sporentragende Cowboys auf dem Bildschirm auf, die sich in Saloons prügelten und Whisky tranken, Indianer, federgeschmückt, die vor ihren Tipi-Zelten seltsame Tänze aufführten, ich beobachtete Columbo dabei, wie er in seinem zerknautschten Trenchcoat die kniffligsten Fälle löste, sah leicht bekleidete Damen und kettenrauchende, wortkarge, mürrische Kommissare, die, umgeben von einer Aura der Melancholie, standhaft gegen das Böse in der Welt kämpften. Ich verliebte mich in die dunklen und gefährlichen Seitengassen von L.A. und Paris und in die weiten Steppenlandschaften Nordamerikas. Irgendwann schlief ich vollgefressen und übermüdet vor dem Fernseher ein.

Samstag war Putz- und Waschtag. Dušan war unter der Woche auf Montage, auf irgendeiner Baustelle in Deutschland. Den Samstagmorgen verbrachte er im Bad, rasierte sich, schnitt sich die Finger- und Fußnägel, badete ausgiebig, schrubbte sich den Baustellendreck der ganzen Woche vom Körper. Im Bad stand sein Seesack voller schmutziger Wäsche. Mutter sortierte seine stinkenden Socken, löchrigen Hemden und langen Unterhosen, schmiss die Waschmaschine an, hängte die Wäsche auf, putzte die Wohnung und bereitete das Essen vor. Mutter hatte unter der Woche im Akkord Verbindungen auf Elektronikplatten zusammengelötet und diese dann Stück für Stück in Gehäuse von Autotachometern montiert. Das interessierte Dušan jedoch nicht: Als Frau war sie für den Haushalt zuständig. Niemals wäre er auf die Idee gekommen, auch nur einen Finger in der Wohnung zu rühren.

Sobald Dušan im Bad fertig war, setzte er sich an den Küchentisch, rauchte, trank Bier und schaltete auf dem schwarzen Kofferradio mit der riesigen Antenne den Jugosender an. Die jugoslawischen Volkslieder waren leichter, zärtlicher, wilder, leidenschaftlicher und auch verspielter als die deutschen Lieder und etwas verbarg sich in dieser Sprache, in diesen slawischen Lauten, das mein Herz zutiefst berührte.

Nach dem Mittagessen schliefen meine Mutter und Dušan. Sie zogen die weinroten Vorhänge zu, und ich ging mit dem Fußball und meiner stattlichen Sammlung an Spielzeugpistolen in den Hof. Unentwegt hämmerte ich den Ball gegen die große graue Brandschutzmauer. Irgendwann schrie ein Mann mit fettverschmiertem weißem Trägerunterhemd aus irgendeinem Fenster, dass ich mit dem Lärm aufhören solle. Dann versteckte ich mich mit meinen Spielzeugpistolen hinter den Mülleimern im Hof und schoss, genauso wie in den Filmen, die ich in der Nacht zuvor gesehen hatte, den Nachbarn und alle, die den Hof durchquerten, einfach tot.

Erst wenn die weinroten Vorhänge geöffnet wurden, durfte ich wieder in die Wohnung. Am Nachmittag spielte ich mit Dušan am Küchentisch *Mensch ärgere Dich nicht*. Nie werde ich dieses Spiel vergessen. Er trank Henninger Flaschenbier, zwischendurch auch ein Glas Schnaps, rauchte seine selbstgedrehten Zigaretten. Ich öffnete den Karton, auf dem ein Mann abgebildet war, der mit roter Krawatte und in schwarzem Anzug sich grübelnd über das Spielbrett beugte. Dušan nahm immer die schwarzen Figuren und ich die grünen, weil Grün die Farbe meines Warmbronner Fußballvereins war. Er hatte schlecht geschlafen, war gereizt, vielleicht auch schon betrunken. Ich hatte einen Lauf, würfelte lauter Sechser, flog über die runden Kreise der Spielfläche, gewann ein Spiel nach dem anderen. Beim vierten Spiel, als ich mal wieder eine seiner schwarzen Figuren hinauswarf, rief ich »Juhuuu«, und als das letzte »u« noch nicht ganz verklungen war, spürte ich seine gewaltige Pranke auf meine rechte Gesichtshälfte niedersausen.

Er schrie: »So gehst du nicht mit mir um. Das lass ich mir von dir nicht gefallen. Du musst lernen, mich mit Respekt zu behandeln. Hast du mich verstanden?«

Meine rechte Gesichtshälfte brannte, ich weinte, blickte fragend zu Mutter, die am Herd vor den Kochtöpfen stand. Mutter tat so, als ob sie nichts gesehen hätte. Ich sagte leise »Entschuldigung«, spielte weiter, machte absichtlich Fehler und hoffte inständig auf die niedrigsten Würfelzahlen.

15

Nach meinen Wochenenden in Frankfurt hatte ich immer zwei bis drei Kilo zugenommen. Wenn Marianne meine pummeligen Bäckchen sah, fragte sie jedes Mal fassungslos: »Was um Himmels willen hast du nur bei deiner Mutter gegessen?«

Ich erzählte ihr von den Bergen an Fleisch und den vielen Süßigkeiten, von den unzähligen Koteletts, Steaks, Ćevapčići, Pralinen und Schokoladentafeln, die ich in mich hineingestopft hatte. Marianne schüttelte verständnislos den Kopf. »Na ja, andere Länder, andere Sitten.«

Als ich ihr auch von der Ohrfeige erzählte, die mir Dušan beim Mensch-ärgere-Dich-nicht-Spiel verpasst hatte, meinte Marianne, es sei bestimmt nur ein Ausrutscher gewesen. Ich glaubte nicht daran, Dušan wurde unberechenbar, wenn er getrunken hatte. Aber ich nickte nur und verdrängte meine Angst.

Ein paar Monate später wurde ich in Warmbronn eingeschult. Mutter war aus Frankfurt angereist und hatte mir die größte Schultüte der Welt gekauft. Ich aß viel zu viel Schokolade und musste mich an meinem ersten Schultag auf dem Pausenhof übergeben. Marianne ging mit festen Schritten zu Mutter. »Frau Grabovac, Sie dürfen ihm nicht so viel Süßes zu essen geben. Sie wissen doch auch, dass zu viel Zucker nicht gesund für ihn ist.«

Mutter schaute schuldbewusst zur Seite. »Ach, Frau Behrens, ich weiß ja. Aber als Kind waren wir so arm, ich konnte damals nur von Schokolade träumen. Aber ich werde in Zukunft versuchen, Alem weniger Schokolade zu geben.«

Marianne legte gedankenversunken den Arm um die Schultern meiner Mutter. »Ich kann Sie ja verstehen. Im Krieg haben wir auch Hunger gelitten. Mein Mann isst immer noch viel zu viel, nimmt sich immer eine zweite Portion, weil er denkt, dass es morgen vielleicht schon nichts mehr geben wird. Das ist natürlich Unsinn. Aber er kann nicht anders, die Erinnerung an diese schlimme Zeit ist einfach zu stark.«

Meine Mitschüler hießen Andreas, Nicole, Thomas, Sandra, Sven und Melanie. Sie alle wohnten in schicken Einfamilienhäusern. Ihre Mütter waren Hausfrauen, ihre Väter arbeiteten für Daimler in Sindelfingen oder für einen der vielen Automobilzulieferer in der näheren Umgebung. Sie machten sich über meinen Namen lustig, nannten mich abfällig Jugo oder Ali, den Döner-Türken. Das machte mich traurig und wütend. Ich erzählte Marianne davon.

Sie ging zu meiner Klassenlehrerin, Frau Kohlgruber, einer älteren Dame mit wetterfester Lockenfrisur, die stets eine Seidenbluse mit dazu passendem knielangen Rock trug. Am nächsten Tag stellte sich Frau Kohlgruber vor die Klasse. »Wer Alem in Zukunft Ali nennt, bekommt von mir einen Eintrag ins Klassenbuch. Verstanden?« Meine Mitschüler nickten unschuldig und nannten mich hinter vorgehaltener Hand auch weiterhin nur Ali, den Döner-Türken.

Ich hasste die Schule und meine Mitschüler, viel lieber war ich zu Hause. Robert hatte für uns einen Atari 2600 und einen Commodore 64 gekauft. Stundenlang spielte ich *Pong*, *Pac-Man* oder *Donkey Kong*. Mit dem Joystick ließ ich einen Ball langsam über die Monitorfläche fliegen, sammelte mit dem gefräßigen Pac-Man, während ich von vier Geistern verfolgt wurde, in einem Labyrinth Punkte oder wich mit dem Jumpman Fässern aus, erklomm Leitern, erreichte verschiedene Level, um schlussendlich das entführte Mädchen aus der Gefangenschaft von Donkey Kong zu befreien.

Marianne spielte selten mit. Sie war dem bunten Zauberwürfel verfallen. Konzentriert drehte und wendete sie die einzelnen Würfelquadrate so lange, bis an allen Seiten die ersehnte Einfarbigkeit wieder hergestellt war – was manchmal einen ganzen Nachmittag dauern konnte. Mitunter war sie so sehr in ihr Spiel vertieft, dass sie vergaß, die Asche von ihrer Zigarette zu schnippen, die dann auf ihre Bluse fiel. »So ein Mist«, sagte sie dann wütend und zog sich eine frische Bluse an.

Robert konnte sich weder für den Zauberwürfel noch für Pac-Man begeistern. An manchen Samstagen fuhr er mich mit dem Motorrad zum Fußballspiel. Ich saß hinten, die Arme fest um seinen großen Bauch geschlungen. Wenn wir mit unserem PS-starken Motorrad am Warmbronner Vereinsgelände ankamen, den röhrenden Motor abstellten, lässig vom Sitz stiegen und unsere Helme abzogen, drehten sich alle anerkennend zu uns um. Robert interessierte sich nicht wirklich für Fußball, las während des Spiels die Zeitung, zündete sich eine Pfeife an und rief, wenn ich ein Tor schoss: »Gut gemacht, mein Junge.« Nach dem Spiel kaufte er mir Cola und Bratwurst mit Brötchen. Eigentlich durfte ich noch keine Cola trinken. Robert zwinkerte mir zu. »Trink, Junge. Ist schon in Ordnung. Du hast etwas geleistet, und wer etwas leistet, hat eine Belohnung verdient. Nur verrate es Marianne nicht. Sonst bekomme ich Ärger.« Die Cola blieb natürlich unser Geheimnis.

Abgesehen vom Fußball sah ich Robert nur zu den Mahlzeiten und später am Abend vor dem Fernseher. Während der *Tagesschau* regte er sich jedes Mal fürchterlich über die Anti-AKW-Bewegung auf, die in Brokdorf und im Wendland gegen die Nutzung der Kernenergie demonstrierte. Er deutete auf die Demonstranten im Fernsehen. »Schau dir nur diese Menschen an. Sie sind schmutzig und faul und haben nur Flausen im Kopf. Ein widerliches und nichtsnutziges Pack ist das.« Ich verstand überhaupt nicht, worum es ging, merkte mir aber, dass Menschen mit langen Haaren und zerschlissenen Klamotten ein widerliches Pack sind.

Neben Fußball und Computerspielen hatte ich noch eine andere Leidenschaft. Robert besaß mehrere Bildbände über Panzer. Ich studierte sie alle, wurde zu einem Panzerexperten. Die Panzer sollten mich vor Dušan und all dem Bösen in der Welt beschützen. In meinen ersten Schuljahren malte ich wie ein Besessener Tausende von Panzern. Die alten und die neuen Panzer, den Amphibienpanzer, den Flugabwehrpanzer, den Infanteriepanzer und den Jagdpanzer. Detailgetreu zeichnete ich Geschütztürme, Einstiegsluken, Kettenräder, Stahllegierungen, Maschinengewehre, Sturmgeschütze, Glattrohrkanonen und Flugabwehrraketen nach. Ich malte französische, britische, amerikanische, sowjetische und deutsche Panzer. Am liebsten mochte ich, natürlich wegen Robert, die Wehrmachtpanzer aus dem Zweiten Weltkrieg. Und manchmal, wenn ich ihm am Abend ein selbst gemaltes Bild vom *Brummbär* oder der *Sturmhaubitze 42* zeigte, nahm er mich auf den Schoß und erzählte mir, wie sie in dieser oder jener Schlacht gegen den sowjetischen *T-34* gekämpft hatten. Ich mochte es, wenn Robert vom Krieg erzählte, denn dann hatte ich seine ganze Aufmerksamkeit und fühlte mich ihm so nahe wie nie.

Meine Liebe zu Panzern war grenzenlos. Robert, Heike und Volker hatten mich angefleht, Marianne wenigstens zum Muttertag Blumen oder Herzen zu malen. Aber ich malte den *Leopard 2*, den damals modernsten Panzer der Welt. Mit stolzgeschwellter Brust übergab ich Marianne mein Leopard-2-Bildnis und konnte gar nicht verstehen, weshalb sie sich nur mit gespielter Höflichkeit bei mir bedankte. Auch meinen verhassten Mitschülern schenkte ich Panzerbilder. Ich malte nahezu jeden Tag eins in der Schule. Sogar in die Poesiealben, die ich zumeist von den Mädchen aus der Klasse bekam, malte ich, trotz Mariannes heftiger Bedenken, unerbittlich einen Panzer nach dem anderen.

Eines Tages sollten wir, ich war acht Jahre alt, im Kunstunterricht unser Traumhaus zeichnen. Ich zog es jedoch vor, einen Panzer zu malen. Mein Kunstlehrer hieß Herr Rieschmüller, war in der Friedensbewegung aktiv, hatte lange Haare und trug eine braune Cordjacke, die an den Ellbogen geflickt war. Er sah genauso aus wie die Typen, die Robert vor dem Fernseher als widerliches Pack bezeichnete. Für mich war Herr Rieschmüller ein Feind. Als er meine Zeichnung bemerkte, beugte er sich über mein Blatt. »Aber mein lieber Alem, weshalb malst du denn Panzer? Panzer zerstören und töten Menschen. Das ist nicht gut.«

»Panzer sind das Schönste in der Welt. Sie sind stark und beschützen uns vor den Russen. Außerdem hat mein Vater im Zweiten Weltkrieg in einer deutschen Panzerdivision gekämpft. In seinem Rücken hat er eine Kriegsverletzung. Er ist ein Held.«

Herr Rieschmüller verzog die Mundwinkel, seine Stirn legte sich in Falten. »Alem, du weißt schon, dass wir Deutschen für die größten Gräueltaten in der Weltgeschichte verantwortlich sind? Du hast doch bestimmt schon etwas über Adolf Hitler und den Völkermord an den Juden gehört.«

Ich sah ihm direkt ins Gesicht und dachte an Robert. »Mein Vater ist kein Verbrecher, und es war auch nicht alles schlecht unter Adolf Hitler.« So hatte ich es tausend Mal von Robert gehört.

Herr Rieschmüller war schockiert. Er benachrichtigte den Rektor und meine Klassenlehrerin Frau Kohlgruber. Am Nachmittag berichtete ich Marianne von dem Vorfall. Sie zündete sich mit ernstem Gesicht eine ihrer langen M&Ms an und meinte, dass ich nichts Falsches gesagt habe. Aber über die Zeit des Nationalsozialismus und erst recht über Adolf Hitler dürfe man in der Öffentlichkeit nichts Gutes erzählen. Das sei verboten. Es hätten nun einmal die anderen den Krieg gewonnen. Und es würden eben die Sieger, unabhängig von den Tatsachen, darüber bestimmen, wie die Geschichte geschrieben werde. Und dann sagte sie noch mit einem leicht entrückten Lächeln, dass sie in der Hitlerjugend sehr viel gesungen und gelacht habe und dass es eine sehr schöne Zeit gewesen sei.

Später, am Abend, bekam ich ein Schokoladeneis. Robert hatte es eigens für mich aus der Kühltruhe geholt. Eigentlich durfte ich nie im Wohnzimmer essen und schon gar kein Eis, einfach so unter der Woche. Aber Robert zündete sich auf der Couch unter dem Welpengemälde seine Pfeife an und sagte in ernstem Ton, dass ich niemandem glauben dürfe. Selbstverständlich sei Adolf Hitler ein großer Führer gewesen, der dem Deutschen Volk, nachdem es durch den Versailler Vertrag verraten und gedemütigt worden sei, seinen Stolz und seine Würde zurückgegeben habe. »Aber davon hat dein Herr Rieschmüller natürlich keine Ahnung.«

Marianne unterbrach ihr Kreuzworträtsel und sah auf. »Papi, lass gut sein. Wir haben schon genügend Probleme wegen deinem ständigen Gerede über Hitler und die Juden. Willst du, dass man Alem von der Schule verweist?«

»Natürlich nicht. Aber es ist doch eine Schande, dass man in diesem Land nicht mal mehr die Wahrheit aussprechen darf.«

Marianne sah ihn streng an. »Robert, hör jetzt endlich damit auf.«

Er zog an seiner Pfeife und schwieg. Im Fernsehen lief die *ZDF-Hitparade* mit Dieter Thomas Heck. Eine Band betrat die Bühne und sang: »Eisbär. Eisbär. Kaltes Eis. Ich möchte ein Eisbär sein. Im kalten Polar. Dann müsste ich nicht mehr schrein. Alles wär so klar.« Wutschnaubend nahm Robert die Fernbedienung und schaltete um. »Dieses Land geht vor die Hunde.«

Marianne traf sich mit Frau Kohlgruber zum Kaffee. Am Tag danach kam Frau Kohlgruber an meinen Tisch, legte ihre Hand auf meine Schulter und sagte, dass Marianne eine ganz wunderbare und intelligente Dame sei, mit der sie sich prächtig unterhalten habe. Dann brachte sie mich zu unserem Rektor Herrn Schneider. Wir alle fürchteten uns vor Herrn Schneider. Wenn wir zu laut oder ungezogen waren, konnte er herrisch und aufbrausend werden.

Mit schlotternden Knien betrat ich sein Arbeitszimmer. Er winkte mich zu sich. Ich setzte mich an sein riesiges Schreibpult und erwartete eine Standpauke. Herr Schneider rückte seine Brille zurecht und sagte mit überraschend nachsichtiger Stimme: »Ich muss dir einen Tadel für deine Äußerungen erteilen, mein Junge. So dürfen wir nicht mehr über die Zeit des Nationalsozialismus sprechen.«

Ich antwortete ihm, dass meine Eltern, dass Marianne und Robert mir bereits das Gleiche gesagt hätten und ich mich ab sofort nicht mehr zu Adolf Hitler äußern werde.

Herr Schneider stand auf, ging um sein Pult herum, lächelte, gab mir einen Klaps auf die Wange und sagte: »Gut gemacht, mein Junge. Das hast du richtig gut gemacht. Und jetzt zisch ab.«

16

Die Sommerferien verbrachten Mutter und ich immer bei Oma und Opa in Maovice. Dušan war nicht dabei: Er besuchte seinen Sohn Svetozar, der in Kačarevo, einer Kleinstadt in der Nähe von Belgrad, bei seiner Oma und seinem Onkel aufwuchs. Ohne Dušan war alles viel einfacher für mich, denn ohne Dušan musste ich mich nicht davor fürchten, geschlagen zu werden.

Die Reise in das Bergdorf meiner Großeltern war ein kleines Abenteuer. Am späten Nachmittag ging es in der Julihitze los. Wir fuhren mit unseren vielen Koffern und Taschen, die mit Geschenken für das halbe Dorf, mit Kleidern, Parfüms, Medikamenten, Kaffee und Süßigkeiten bis zum Bersten gefüllt waren, in der voll besetzten Straßenbahn zum Frankfurter Hauptbahnhof. Von dort nahmen wir den Nachtzug nach Zagreb.

In unserem Sechserabteil saßen nur Jugos, die wie Mutter in Deutschland als Gastarbeiter ihr Geld verdienten. Ihre unzähligen Koffer und Taschen platzten ebenfalls aus allen Nähten. In den überfüllten Waggons war es trotz der geöffneten Fenster heiß und stickig. Während der Fahrt wurde ständig gegessen und getrunken: Es stank nach Käse, hart gekochten Eiern, Schinken, Salami, Bier, Schnaps und Schweiß.

Am Abend wurden die Sitzbänke hochgeklappt, und der Schaffner öffnete mit einem Schlüssel die Betten des Schlafwaggons. Ich lag auf der Pritsche ganz oben. An Schlaf war jedoch nicht zu denken. Ein dicker glatzköpfiger älterer Herr, der bereits eine halbe Flasche Sliwowitz intus hatte, schnarchte schon nach wenigen Minuten so laut wie eine Kreissäge. Mutter schien das nicht zu stören: Seelenruhig lag sie auf der Pritsche gegenüber. Mir war langweilig, ich schaute aus dem Fenster unter dem steten Rattern des Zuges, spürte den Fahrtwind in den Haaren, sah verlassene Bahnhöfe, dunkle Dörfer und die mondbeschienenen Umrisse gewaltiger Berglandschaften. Mitten in der Nacht erreichten wir die grell erleuchteten Grenzbahnhöfe, auf deren Gleisbetten erst deutsche und dann österreichische Grenzbeamte mit ihren Schäferhunden entlangpatrouillierten. Als die Beamten unsere Abteiltür aufrissen und »Passkontrolle« schrien, war ich der Einzige, der sich nicht erschrocken und fahrig den Schlaf aus den Augen rieb.

Am frühen Morgen wurden die Betten hochgeklappt. Wir wuschen uns in der dreckigen Zugtoilette. Unsere Mitreisenden frühstückten: Es stank wieder nach hart gekochten Eiern, Salami und Schnaps. An der jugoslawischen Grenze hielt der Zug lange. Die jugoslawischen Grenzbeamten trugen Maschinengewehre, durchsuchten die Waggons nach Schmuggelware. Einer der Grenzbeamten, ein kräftiger Mann mit einem dunklen Leberfleck auf der linken Wange, fragte Mutter nach unserem Gepäck. Sie zeigte ihm die vielen Koffer und Taschen und gab ihm unsere Pässe, auf deren Vorderseite eine brennende Fackel und ein kommunistischer Stern abgebildet waren. In einen der Pässe hatte sie einen Fünfzigmarkschein hineingelegt. Der Beamte ließ den

Schein unauffällig in seine Hosentasche gleiten. Ohne unser Gepäck zu kontrollieren, sagte er, dass bei uns alles in Ordnung sei. Der dicke glatzköpfige ältere Mann, der bereits am Morgen wieder Schnaps getrunken hatte, schien keinen D-Mark-Schein in den Pass gelegt zu haben. Seine Koffer wurden gewissenhaft durchsucht. Er stritt sich mit den Grenzbeamten, die ihn mehrfach aufforderten, sich zu mäßigen, und musste daraufhin mit all seinem Gepäck unseren Zug verlassen.

Nur noch zu fünft im Abteil fuhren wir nach Zagreb. In der verrauchten Bahnhofshalle warteten wir auf den Anschlusszug gen Süden. Sechs Stunden später erreichten wir Split. Es war sengend heiß. Wir kauften uns ein Busticket nach Vrlika im gebirgigen Hinterland, setzten uns mit unserem Gepäck ans schimmernde Meer, steckten unsere Füße in die kühle Adria, sahen aus der Ferne die Riva, die palmengesäumte Uferpromenade der Stadt, und träumten von einem anderen, leichteren Leben an der Küste.

Der verrostete Linienbus, der in Deutschland schon längst auf dem Schrottplatz gelandet wäre, war bis auf den letzten Platz gefüllt. Die meisten Fahrgäste waren Bäuerinnen aus dem Umland, die am Morgen ihre Ware auf dem großen Marktplatz in Split verkauft hatten. Der Fahrer hatte das Radio mit jugoslawischer Volksmusik bis zum Anschlag aufgedreht. Neben ihm saß der Fahrscheinkontrolleur mit Dienstmütze. Sein blaues Hemd stand offen. Schweiß rann ihm die behaarte Brust hinunter. Er hatte ein dickes Bündel voller Geldscheine zum Wechseln in der Hand. Die Inflation dauerte schon lange an, ein Ticket kostete mehrere Tausend jugoslawische Dinare. Es war sehr schwül, alle Fenster waren geöffnet, die kackbraunen Vorhänge flatterten im Fahrtwind. Die Landschaft wurde mit jedem überwundenen Höhenmeter felsiger und karger, die Luft zusehends dünner und trockener. Nach eineinhalb Stunden über holprige Berg- und Landstraßen, auf denen wir gehörig durchgeschüttelt wurden, erreichten wir endlich Vrlika.

Um nach Maovice zu gelangen, mussten wir weitere vier Kilometer den Berg hinauf. Dorthin fuhr jedoch kein Bus. Während ich an der Haltestelle mit dem Gepäck wartete, ging Mutter in eine Kneipe. Dort saßen ein paar Männer, die rauchten, Bier tranken, Karten spielten. Mutter sagte, dass sie ein Auto nach Maovice brauche. Die Männer wussten, dass wir aus Deutschland kamen, und verlangten viel zu viel Geld. Mutter feilschte um den Preis, gab einen Schnaps aus, verhandelte hart.

Unser Fahrer hieß Zlatko und hatte einen kleinen Lada, die armseligste Karre, die ich je gesehen hatte. Alles war beschädigt, die Fahrertür fehlte komplett, die Bremsen funktionierten nur noch ansatzweise. Wir stiegen trotzdem ein. Zlatko trug ein verschwitztes weißes Unterhemd und stank nach Alkohol. Er drehte das Radio auf und sang die Lieder laut mit. Ich saß eingequetscht zwischen den vielen Koffern und Taschen auf der durchlöcherten Rückbank. In engen Serpentinen ging es die staubige einspurige Schotterpiste steil bergan. Vor jeder Kurve hupte Zlatko wie ein Irrer. In den tiefen Talschluchten lagen Dutzende ausgebrannte Autowracks. Mutter wischte sich den Angstschweiß von der Stirn und klammerte sich an den zerfledderten Haltegriff. Manchmal kam uns ein Bauer mit einem Esel entgegen. Auf der schmalen Schotterstraße kamen wir beim Ausweichen dem Abgrund gefährlich nahe, ich schloss die Augen und stellte mir vor, wie ich einen Freistoß über die Mauer hinweg elegant in den Winkel zirkelte. Wir schraubten uns immer höher und höher und erreichten ungefähr vierundzwanzig Stunden, nachdem wir in Frankfurt aufgebrochen waren, unser Ziel. Kaum hatte Mutter die Beifahrertür geöffnet, übergab sie sich in den Staub vor dem alten wackligen Bauernhaus, das Opa vor vielen Jahrzehnten mit seinen eigenen Händen erbaut hatte.

Unten lag der Stall für die Hühner, den Esel und die Kuh, in den Wintermonaten erwärmte er ein wenig das darübergelegene Zimmer, das einzige des Hauses. Ich stürmte die alte abgewetzte Steintreppe hinauf in die Wohnstube. Deda und Baba saßen am Esstisch und bedeckten mich mit enthusiastischen Küssen. Nachdem wir ihnen alle Geschenke überreicht hatten, wuschen wir uns mit dem Wasser, das wir mit Eimern aus dem Brunnen am Rande des Dorfes heranschleppen mussten, den Schmutz der langen Reise ab.

Die Wohnstube war klein, die Decke mit den Holzbalken sehr niedrig. Es gab nur ein winziges Fenster, durch das kaum ein Lichtstreifen drang. Hunderte Fliegen schwirrten umher. An den rissigen Wänden hing ein vergilbtes Bild der Mutter Maria mit dem Jesuskind in den Armen. Die uralten Bodendielen bogen sich und knarzten bei jedem einzelnen Schritt. Im Vorraum hingen die Kleider von Oma und Opa an Stangen, neben denen der Schinken trocknete. Es gab keine Toiletten: Unsere Notdurft mussten wir im Gebüsch hinter dem Haus verrichten.

In Windeseile hatte sich unsere Ankunft herumgesprochen. Am Abend besuchten uns all die Omas aus der Nachbarschaft. Sie küssten mich auf die Stirn und die Wangen und streichelten mir mit schwieligen Händen über die Haare. Sie trugen genauso wie meine Baba ein Kopftuch um das

Haar und verbargen ihre riesigen Brüste und dicken Beine unter dunklen Strickjacken und langen Röcken. Ihre Gesichter waren von tiefen Furchen durchzogen, ihre Rücken gebeugt und die Gelenke durch die harte Feldarbeit gekrümmt und geschwollen. Doch sie wirkten fröhlich, lachten ausgelassen, sodass man all ihre Goldzähne funkeln sah. Sie tranken guten deutschen Kaffee, aßen gute deutsche Schokolade und tratschten dabei unentwegt über ihre Wehwehchen und vor allem über die neuesten Liebesgerüchte im Dorf. Ich konnte ihnen nicht entkommen, denn unsere kleine Stube war Küche, Schlafzimmer und Wohnraum in einem. Im Bett, das ich mir mit Mutter teilte, hörte ich unablässig die Stimmen der Omas, schlief erschöpft ein und träumte von verwelkten Frauenmündern, die mich kreischend durch unser Dorf verfolgten.

Jeden Morgen holte ich aus dem Stall frisch gelegte Eier zum Frühstück. Im Dorf gab es weder Bäcker noch Lebensmittelgeschäft, das Brot buk meine Oma selbst. Wollten wir etwas einkaufen, mussten wir mit unserem Packesel nach Vrlika laufen. Die vier Kilometer den Berg hinab brannte uns die Sommersonne auf den Schädel, auf dem Rückweg ging es in der sengenden Hitze den steilen Berg wieder hinauf. Unser Esel hieß Debeli, Dicker, obwohl er gar nicht so dick war. Debeli war stur wie alle Esel dieser Welt. Mitunter blieb er einfach stehen. Wie eine Statue erstarrte er und glotzte uns mit seinen großen Augen gelangweilt an. Es half kein Schimpfen, kein Schreien, kein Wasser, kein Futter, kein Streicheln, kein gutes Zureden. Irgendwann lief Debeli einfach wieder los. Mir gefiel dieser arrogante und unbeugsame Stolz unseres Esels.

Auf halber Strecke nach Vrlika stand auf einem Berggrücken ein riesiger Schriftzug aus weißem Kalkstein: Tito. Er war überall. Sein Porträt hing in Cafés, Restaurants, im Lebensmittelgeschäft und im Postamt. Meistens trug Tito eine prachtvolle weiße Uniform. Ich fragte Mutter, weshalb alle Tito verehrten, obwohl er doch schon tot sei. Sie wurde nervös und sah sich um, ob uns jemand zuhörte. »Er war der beste Mensch der Welt. Er war der Vater unserer Nation. Er hat uns im Großen Krieg gerettet. Alle Menschen in Jugoslawien lieben Tito. Du musst ihn auch lieben. Und niemals darfst du ein schlechtes Wort über ihn verlieren. Am besten sprechen wir gar nicht über Politik. Man bekommt hier schnell Ärger. Hast du verstanden? Das ist wichtig: Sprich niemals schlecht über Tito. Versprich mir das.«

Ich versprach es, aber weshalb nur sollte ich einen alten Mann, mit dem ich nichts zu tun hatte, auch noch lieben?

Im Lebensmittelgeschäft von Vrlika trafen wir auf zwei alte Schulkameradinnen von Mutter. Dubravka und Ivanka waren ein wenig mollig, sie trugen bunte Kleider und Schuhe mit hohen Absätzen. Mutter gab nur einsilbig Auskunft über unser Leben in Deutschland – sonst sprach sie immer ausführlich über den Komfort ihrer Wohnung –, fahrig legte sie dabei die halbe Süßwarenabteilung in unseren Einkaufskorb. Als wir allein vor dem Laden standen, zog ich Mutter am Ärmel. »Weshalb hast du denn so viel eklige jugoslawische Schokolade gekauft? Ich mag die nicht, wir haben doch einen ganzen Koffer Süßigkeiten aus Deutschland mitgebracht.«

Mutter verzog grimmig das Gesicht. »Das ist eine lange Geschichte. Ich will nicht darüber reden. Aber eines sage ich dir, diese Dubravka und diese Ivanka sind zwei eingebildete Tussis, denen man in den Arsch treten sollte.«

Ich nickte nur, überrascht von der derben Ausdrucksweise, so aufgewühlt und angriffslustig hatte ich Mutter noch nie erlebt.

An einem anderen Tag telefonierte Mutter im Postamt mit Dušan. Mir war langweilig draußen, also überquerte ich die Straße und sah Jugendliche hinter einem Zaun in einem großen Garten mit hohen Bäumen Fußball spielen. Ein Junge starrte mich plötzlich an und rannte glückstrahlend auf mich zu. »Da bist du ja endlich, Mile. Endlich bist du gekommen, endlich besuchst du mich.« Dann stand er direkt vor mir am Zaun. Er war kleinwüchsig, seine Augen standen schräg im runden Gesicht. Lallend sagte er: »Aber Mile, komm doch rein und umarm mich. Du bist doch mein Bruder.«

»Ich bin nicht dein Bruder. Ich heiße Alem. Ich kenne dich gar nicht.«

Immer wieder wiederholte er, wie glücklich er sei, mich zu sehen.

»Aber ich bin nicht Mile. Ich bin Alem.«

Mutter kam aus dem Postamt, rannte über die Straße und riss mich weg. »Mit denen darfst du nicht sprechen. Das sind Verrückte und Irre. Sie haben das Heim für diese armen Seelen hier gebaut, weil die Luft bei uns so gut und gesund ist.«

Der junge Mann am Zaun schrie: »Mile, geh nicht. Komm zurück, komm in meine Arme. Du darfst nicht gehen. Lass mich nicht allein.«

Ich blickte über meine Schulter, weinend kniete er am Zaun. Ich blieb stehen, wollte ihn trösten, doch Mutter zog mich an der Hand weiter. Er tat mir so leid. So unglaublich leid. Ich verstand nicht, weshalb man ihn eingesperrt hatte. Und wo war sein Bruder? Wann immer ich an dem Zaun vorüberkam, suchte ich ihn mit meinen Blicken. Aber ich sah ihn nie wieder.

Abends spielte ich mit den anderen Dorfkindern Basketball oder Fußball auf einem staubigen Spielfeld direkt hinter dem Dorfplatz auf einer Hochebene, umrahmt von den Höhenzügen des Dinaragebirges. Die zwei besten Spieler und wildesten Jungs, Stipe und Ivo, waren ungefähr in meinem Alter. Sie nannten mich immer *Švabo*, den Deutschen, oder *Bosanac*, den Bosniaken. Švabo o. k., aber ich war ganz bestimmt kein Bosniake.

Zwei Jahre zuvor hatte Mutter mir gesagt, ich müsse ganz stark sein. Mein Vater Emir, den ich nicht gekannt hatte, sei bei einem Unfall auf einer Baustelle irgendwo in Jugoslawien ums Leben gekommen. Sie weinte, umarmte mich lange und übergab mir feierlich fünf Fotos von ihm. Ich stand da und wusste nicht, wie ich mich fühlen sollte. Jedenfalls waren diese fünf Fotos, mein Vorname und das Kürzel BH in meinem Pass die einzigen Dinge, die mich mit Bosnien verbanden. Das interessierte die anderen Dorfkinder, allesamt Kroaten oder Serben, jedoch herzlich wenig. Für sie war ich weiterhin einfach nur Švabo oder Bosanac. Nur gut, dass ich nicht wusste, dass es Schimpfwörter waren.

Švabo stammte ursprünglich von den Donauschwaben, hatte aber während der beiden Weltkriege seine Bedeutung verändert und drückte jetzt so etwas wie »du scheiß Deutscher« aus. Und ein Bosanac galt als faul, dumm, trinkfest und rückständig, stand in der sozialen Hierarchie also weit unter den Kroaten und den Serben.

Nach dem Fußballspiel saßen wir verschwitzt unter einem der großen Bäume. Die Dorfkinder fragten mich Abend für Abend nach meinem Leben in Deutschland, wollten immer haargenau wissen, was ich alles besaß. Ich erzählte ihnen von unserem schönen Haus mit Badewanne, Zentralheizung, Fernseher und Videorekorder, von meinem großen Zimmer, unserem metallicroten BMW, den vielen Motorrädern, die Robert zum Testen mit nach Hause brachte, und natürlich von den Computerspielen, von dem gefräßigen Pac-Man und dem coolen Jumpman aus *Donkey Kong*. Sie hingen mit sehnsuchtsvollen Augen an meinen Lippen, konnten meinen Reichtum kaum fassen. Jeden Abend musste ich Ante, Dragan, Zlatko, Bojan, Stipe, Ivo und all den anderen Geschichten aus meinem fernen reichen Švaboland erzählen.

Manchmal ging ich mit Stipe und Ivo mit, wenn sie frühmorgens die Kühe hoch auf den Berg trieben. Während die Tiere in unserer Nähe grasten, lagen wir unter einem schattigen Baum, aßen Brot, Käse und Schinken, schliefen, spielten Karten oder hörten Radio. Abends trieben wir die Kühe wieder runter ins Dorf, spielten Fußball, kletterten auf Bäume, rauften auf dem Heuboden in der Scheune. Stipe und Ivo wohnten nicht weit von uns. Auch sie besaßen kein fließend Wasser und keine Toiletten, schliefen mit ihren vielen Geschwistern auf dem harten Boden, mussten nach der Schule auf den Feldern schuften. Immer wieder sagten sie zu mir: »Eines Tages gehen wir auch nach Deutschland. Dann sind wir genauso reich wie du.«

Einmal in der Woche besuchten wir Tante Lucia und ihre Familie. Lucia war die jüngere Schwester meiner Mutter und lebte mit ihrem Mann Jozo und ihren fünf Kindern Ivica, Vedrana, Damir, Boris und Božena in Donje, in Unter-Moavice. Zu Fuß brauchten wir von Gorenje, von Ober-Moavice, ungefähr vierzig Minuten zum Haus meiner Tante. Der Weg führte durch dichtes Gestrüpp, über staubige Straßen, lehmige Äcker und holpriges Karstgestein. Mutter schlug mit einem Stock die stacheligen Pflanzen zur Seite und ermahnte mich, immer auf den Boden zu schauen wegen der giftigen Vipern. In Deutschland war sie immer ein wenig verunsichert, hatte Angst davor, einen sprachlichen oder kulturellen Fehler zu begehen. Hier aber schritt sie entschlossen und tollkühn voran. Ich war mächtig stolz auf meine mutige Mutter.

Meine Tante Lucia war eine sehr warmherzige Person, zusammen mit ihren Kindern bestellte sie die kargen Felder. Ihr Mann Jozo hatte sich bei einem Arbeitsunfall das Bein zerquetscht. Bei der Weizenernte war er unglücklich gestürzt und unter das Rad eines Mähdreschers gekommen. Er hinkte so stark, dass er nicht mehr arbeiten konnte, und ertrank seinen Kummer schon in den frühen Morgenstunden mit Schnaps. Während Mutter mit ihrer Schwester das Mittagessen zubereitete, erledigten die zwei Mädchen Vedrena und Božena die Hausarbeiten, machten die Betten, putzten die Zimmer, wuschen die Wäsche. Die Jungs und ich holten Wasser vom Brunnen, misteten den Stall aus, pflückten Maiskolben auf den Feldern oder versorgten die Kühe mit Heu. Abends fiel ich nach solch einem Arbeitsausflug zu Tante Lucia immer hundemüde ins Bett.

Auf dem Rückweg besuchten wir auch Onkel Branko in seinem Haus, das sich ungefähr auf halbem Weg zwischen Donje und Gorenje Maovice befand. Branko war der Bruder meines Opas und betrieb mit seinem Sohn, Onkel Jure, eine illegale Schnapsbrennerei. Keine Ahnung, warum wir sie beide Onkel nannten. In der Scheune hinter ihrem Haus hatten sie ein paar alte Kessel und Rohre zu einem kleinen Schnapslaboratorium zusammengeflickt. Ständig lachten die beiden Männer, wahrscheinlich hatten sie – natürlich nur zur Qualitätskontrolle – bereits das ein oder andere Glas gekippt. Onkel Branko füllte eine Flasche Schnaps ab und drückte sie mir in die Hand. »Für deinen Opa. Möge es ihm gut bekommen und Allah, der Allmächtige, ihn beschützen und er verfickte hundert Jahre alt werden.«

Weshalb wohl ausgerechnet Allah, der Allmächtige, meinen katholischen Opa beschützen sollte? Das mit den verfickten hundert Jahren richtete ich Opa auf jeden Fall aus.

Morgens krähten die Hähne, die Esel riefen mittags und in der Nacht zirpten die Zikaden. Die Sonne schien. Wir blieben vier Wochen in Maovice. Ich vermisste Marianne, Robert und mein Leben in Deutschland.

Am vorletzten Abend malte ich Opa ein Bild. Er saß am Küchentisch, hatte seine Fleischsuppe ausgelöffelt und stopfte sich eine Pfeife. Opa war groß und recht dünn, trug immer den gleichen abgewetzten dunkelbraunen Anzug und einen graumelierten Drei-Tage-Bart. Ungeachtet seiner achtzig Jahre trank er immer noch sehr gerne und sehr viel von Onkel Brankos selbst gebranntem Sliwowitz. Ich schenkte ihm ein Bild der Sturmhaubitze 42, auf die Einstiegsluke hatte ich ein Eisernes Kreuz gezeichnet.

Opa besah sich mein Bild, fluchte, zerriss es vor meinen Augen, warf es auf den Boden und spuckte darauf. Ich stand wie versteinert vor ihm.

Mutter schrie: »Was fällt dir ein? Weshalb zerreißt du das Bild von deinem Enkel? Bist du jetzt völlig verrückt geworden?«

»Scheiß auf die Deutschen, scheiß auf die Nazis. Wir haben gegen dieses Dreckspack gekämpft und jetzt malt mein eigenes Fleisch und Blut ihre verfickten Panzer.«

»Wie drückst du dich hier aus. Lass deine dreckigen Schimpfwörter. Und was weiß Alem schon von Politik. Er hat dir doch nur ein Bild gemalt.«

Woher sollte Mutter auch wissen, dass Robert mir ganz schön viel über den Krieg erzählt hatte. Nur waren in Roberts Geschichten die Partisanen der Feind. Opa stand auf, spuckte noch einmal auf mein Bild und ging nach draußen, um auf dem großen Stein vor dem Haus seine Pfeife zu rauchen. Ich mochte meinen Deda, ich schämte mich, dass ich ihn enttäuscht und verletzt hatte. Ich setzte mich neben ihn auf den Stein. »Tut mir leid, Deda.«

Er sah mich nachsichtig an, nahm einen Zug von seiner Pfeife. »Ist schon in Ordnung, mein Junge. Aber weißt du, diese deutschen Hurensöhne, diese verfickten Nazis, haben schreckliche Gräueltaten begangen und viele meiner Freunde getötet. Es war ein grausamer Krieg. Ich habe Dinge gesehen, die kein Mensch der Welt sehen sollte. Ach, es ist alles viel zu traurig. Erzähl mir doch lieber ein wenig von deinem Leben in Deutschland.«

Ich erzählte ihm von meinem Fußballverein und dass ich als Stürmer sehr viele Tore schoss. Aber von Robert und meinem deutschnationalen Tadel in der Schule erzählte ich ihm lieber nichts. Robert aber würde ich zu Hause nach den schrecklichen Gräueltaten der Nazis fragen.

17

Marianne hatte beschlossen ihren neunundfünfzigsten Geburtstag groß zu feiern, da es ihrer Ansicht nach ab dem sechzigsten nichts mehr zu feiern gab. Wenn Marianne rief, dann kamen: sechzehn Töchter, Söhne und Enkelkinder. Rechnete man Robert, Marianne, Heike, Volker und mich noch hinzu, würden wir einundzwanzig Personen sein. Tausend Dinge mussten von Marianne erledigt werden: Sie erstellte einen ausgeklügelten Speiseplan mit dazugehöriger Einkaufsliste für das Wochenende, grübelte anhand einer Bleistiftzeichnung des Hauses darüber nach, wer in welchem Zimmer schlafen könnte, strickte bunte Wollpullover für die Enkelkinder und suchte Urlaubsvideos heraus, die bei Kaffee und Kuchen für Unterhaltung sorgen sollten.

Während Marianne im Vorbereitungsstress aufgeregt durch das Haus huschte, sah ich mir fasziniert die Olympischen Winterspiele in Sarajevo im Fernsehen an. Die Stadt kam mir seltsam bekannt vor. Als ich mit Mutter am Telefon darüber sprach, erzählte sie mir, wir seien, als ich zwei Jahre alt war, gemeinsam mit Emir in Sarajevo gewesen, und sie habe sich damals ein rotes Kleid gekauft. »Und du hast am Sebilj-Brunnen mit deinen kleinen süßen Trippelschritten die Tauben aufgescheucht.«

Am Tag nach der Eröffnungsfeier hatte es zu schneien begonnen. Die engen Gassen, Marktplätze, Kirchen, Moscheen und Berge der Stadt waren wie in einem Wintermärchen in prächtiges Weiß gehüllt. Das Maskottchen Vučko, ein lustiger Wolf mit rotem Schal, den ich sehr liebte, wurde mit seinen halsbrecherischen Comic-Clips und dem balkanesisch in die Länge gezogenen »Sarajevouuu!«-Ruf zum Aushängeschild der Spiele. Alles schien leicht, schön und fröhlich zu sein. Sogar meine Klassenkameraden, für die Jugoslawien bis dahin nur ein dunkles sozialistisches Land irgendwo im Ostblock war, klopften mir plötzlich anerkennend auf die Schulter.

Ich freute mich über meine unbekümmerten Jugos, die den Skiläufer Jure Franko, den einzigen Medaillengewinner Jugoslawiens, mit einem Transparent anfeuerten, auf dem »Wir lieben Jurek mehr als Börek!« geschrieben stand. Der kleine schnauzbärtige Jens Weißflog flog zu Silber und Gold, die achtzehnjährige Katharina Witt begeisterte mit ihren leichtfüßigen Pirouetten und raffinierten Dreifachsprüngen die dick eingemummten Zuschauer in der Olympiahalle, und die Sowjetunion gewann das Eishockeyturnier mit zwei zu null im Finale gegen die Tschechoslowakei.

Marianne unterbrach ihre Geburtstagsplanungen lediglich für das Paar-Eiskunstlaufen und zündete sich in ihrem Sessel eine Zigarette an. Am Ende des Wettbewerbs, nachdem wir uns bereits ein Dutzend Paare angeschaut hatten, liefen endlich die Favoriten Jayne Torvill und Christopher Dean in ihren funkelnd violetten Kostümen in die Halle ein.

»Schau doch, Alem, wie hübsch sie sind. Ach, so jung müsste man noch einmal sein.«

Dann glitten die beiden Briten zu Maurice Ravels *Boléro* gefühlvoll über das Eis. Nachdem sie ihre Kür spektakulär beendet hatten, glaubte ich gar einige kleine Tränen bei Marianne zu erkennen. Sie nahm ihre Brille ab, rieb sich die Augen und seufzte tief. »Früher bin ich mit Robert auch tanzen gegangen. Mein Gott, wie schnell doch die Zeit vergeht.«

Dann kamen endlich alle zur Geburtstagsfeier angereist. Wir saßen zusammengequetscht am Esstisch. Die Lichter gingen aus, Robert kam in seinem besten Anzug mit einer heimlich besorgten Torte herein, die Kerzen flackerten und wir sangen Marianne ein Geburtstagsständchen. Selten habe ich sie so glücklich gesehen. Sie trug eine elegante weiße Bluse, an der eine mehrfarbige Brosche angesteckt war, die Marianne von ihrer Mutter geerbt hatte und nur zu besonderen Anlässen anzog. Sie blies die Kerzen aus, lächelte gerührt in die Runde. »Ich freue mich so sehr, dass ihr alle hier seid. Es gibt doch nichts Schöneres, als im Kreis der Familie zu feiern.«

Robert streichelte sich aufgeregt über den Bauch und übergab Marianne sein Geschenk. Eine silberne Armbanduhr, die sie sich schon lange gewünscht hatte. Sie öffnete das Etui und küsste den strahlenden Robert kurz auf den Mund. »Ach mein Schatz, du bist und bleibst einfach der Beste.«

Danach erhob sich Bert, der Älteste, und hielt eine kurze Rede. Er war gerade zum Manager der Motorradabteilung von Kawasaki Deutschland aufgestiegen. Bert war mit seiner Ehefrau Juliane, den zwei Töchtern Julia und Katja und dem kleinen Sohn Frank angereist. Bert war klein, dicklich, sah Robert sehr ähnlich und hinkte. Vor vielen Jahren hatte er bei einem Motorradunfall das linke Bein verloren.

Ein einziges Mal sollte ich ihn ohne Prothese sehen. Im Campingurlaub in Italien ein paar Jahre später stand seine Beinprothese an den Tisch gelehnt neben ihm. Ich war zugleich entsetzt und fasziniert von diesem Anblick. Bert saß im Campingstuhl, lächelte mir zu, montierte die Prothese an seinen Beinstumpf, zog sich eine lange Hose über, legte ein paar Doraden auf den Grill und sagte zu mir: »Ist nicht so schlimm, wie es aussieht. Man gewöhnt sich an alles im Leben, mein lieber Alem.« Ich war mir da nicht so sicher, denn ohne Bein hätte ich nicht mehr Fußball spielen können und ein Leben ohne Fußball konnte ich mir nicht vorstellen.

Bert rückte seine Krawatte, auf der lauter kleine Kawasaki-Embleme abgebildet waren, souverän zurecht. »Mami, du warst uns mit deinem Fleiß, deiner Ausdauer und deinem unermüdlichen Einsatz für die Familie immer ein leuchtendes Vorbild. Wir, deine Kinder, können uns keine bessere Mutter vorstellen und sind stolz auf dich.« In diesem Moment brachten Hatto und Volker drei große Geschenke ins Zimmer. »Paps und wir Kinder haben zusammengelegt. Auf dich, Mama.«

Marianne öffnete die Pakete: Sie bekam eine nigelnagelneue Waschmaschine, einen VHS-Rekorder und eine Mikrowelle, der letzte Schrei. »Ihr seid ja verrückt. Das muss doch alles eine Unmenge gekostet haben. Ich weiß gar nicht, was ich sagen soll. Ach, ihr seid alle bestimmt sehr hungrig. Hiermit eröffne ich das Buffet.«

Marianne und Robert gingen als Erste mit ihren Tellern zu der langen Bank, auf der das Essen angerichtet war. Es gab Sauerbraten mit Rosinensoße, Knödel, Nudelsalat mit Ananas, Tomatensalat, Gurkensalat, Bratkartoffeln und mit Küchenschnur umwickelte Kohlrouladen. Für die Enkelkinder, die abseits an einem kleineren Tisch saßen, hatte Marianne zwei riesige Töpfe Spaghetti Bolognese vorbereitet. Während die Männer bereits am Buffet standen, waren die

Frauen noch damit beschäftigt, den Kleinen Nudeln mit Soße auf die Teller zu geben.

Marianne und Robert saßen an den jeweiligen Kopfenden des Tisches, ich war zwischen den beiden jüngsten Kindern Volker und Heike am Erwachsenentisch eingeklemmt. Hatto, der Zweitälteste, saß mir gegenüber und war bereits mit Bert in ein Gespräch über Motorräder verwickelt. Hatto war, zumindest seinem Erscheinungsbild nach, das genaue Gegenteil von Bert. Er hatte ein breites Kreuz, blonde Locken, war einen Meter vierundneunzig groß, fuhr Motocrossrennen und arbeitete wie Robert für eine kleinere Zeitschrift als Motorradjournalist. Mit seiner Frau Brigitte und Tochter Franziska wohnte er nicht weit von uns entfernt in Calw.

Ich war, noch vor Franziskas Geburt, bei der standesamtlichen Trauung dabei gewesen: in einem grauen Zimmer mit niedrigen Decken und billigen Holzstühlen. Es gab Sekt und Blumen. Alles war sehr traurig. Ich hatte mir die Feier viel glamouröser vorgestellt, vielleicht weil ich mir ein paar Monate zuvor zusammen mit Marianne die Hochzeit von Prinz Charles und Prinzessin Diana live im Fernsehen angeschaut hatte. Nach der Trauung gingen wir zu Brigitte. Sie wohnte in einem modernen Bungalow mit Glasfassade, durch die Fenster hatte man eine wunderbare Aussicht auf die im Tal liegende Innenstadt von Stuttgart. In ihrer Wohnung hingen abstrakte Gemälde. Es gab keine Teppiche, keine vollgepackten Vitrinen, keine Holzbänke und keine alten Bilder mit Blumenstillleben oder süßen Hundewelpen wie bei uns. Bei Brigitte war alles glatt, leer, aus Chrom und Stahl. Ihren kühlen Einrichtungsstil empfand ich im Vergleich zu unserem angestaubten Haus als viel eleganter und auch weltläufiger.

Aber Brigitte war auch ein wenig hochnäsig. Marianne mochte sie nicht sonderlich, sagte immer, ihre Schwiegertochter glaube wohl, dass sie aus besserem Hause komme.

Während des Geburtstagsbuffets unterhielt sich Marianne mit Berts Frau Juliane und mit Maxi, ihrer zweitjüngsten Tochter, über die Fernsehserie *Dallas*. »Habt ihr gesehen, wie dieses Scheusal J.R. seine Frau Sue Ellen mit ihrer Schwester betrogen hat? Das ist doch wirklich das Hinterhältigste, was ein Mann seiner Frau antun kann.«

Marianne blickte kühl auf ihre Schwiegertochter Brigitte ein paar Stühle weiter. »Na, Brigitte, *Dallas* ist bestimmt nichts für dich. Du gehst doch lieber abends in die Galerien.« Brigitte nickte ernsthaft, setzte zu einem Gespräch über Kunst an, doch da hatte sich Marianne bereits wieder zu Juliane gedreht. »Und der hübsche Bobby tut mir doch so leid. Ständig führt ihn sein großer Bruder J.R. an der Nase herum. Der hat es auch nicht leicht, der arme Bobby.«

Maxi klopfte unruhig mit den Fingern auf den Tisch. »Mami, ich glaube, dass Juan der Petra auch nicht treu ist. In den letzten Telefonaten klang sie irgendwie traurig und hat so ein paar Anspielungen gemacht. David hat auch schon ein paar Gerüchte gehört. Aber du kennst ja unsere Petra: Sie ist viel zu stolz, um ehrlich über ihre Probleme zu sprechen.«

Mariannes Gesicht verdüsterte sich. »Ach, hätte sie doch nur auf uns gehört. Die Mexikaner ticken doch ganz anders als wir Deutschen.«

Petra, die älteste Tochter, hatte sich sechs Jahre zuvor in Tauberbischofsheim Hals über Kopf in Juan Gonzalez, einen hübschen US-amerikanischen Soldaten, verliebt. Ende 1979 zog sie mit Juan, der mexikanischer Abstammung war, gegen den erbitterten Widerstand ihrer Eltern nach San Antonio.

Marianne und Robert waren der Ansicht, alles gehe viel zu schnell, sie sei noch zu jung und passe nicht zur texanisch-mexikanischen Kultur, die uns Deutschen doch recht fremd sei. Als Petra ein paar Monate später ihren Juan heiratete, beschlossen Marianne und Robert, als Strafe für ihr uneinsichtiges Verhalten, den Kontakt abzubrechen. Erst die Geburt von Markus beendete das große Schweigen. Die Babyfotos von ihm, die Petra per Post über den Atlantik schickte, hatten Marianne und Robert so sehr berührt, dass sie ein paar Tage später zum Telefon griffen, um sich zu versöhnen.

1982 flog Marianne sogar zur Überraschung aller für zwei Wochen zu Petra nach Texas. Zurück zu Hause erzählte sie uns Geschichten vom großen Amerika, dass sie noch nie in ihrem Leben so viele dicke Menschen gesehen habe, da die Amerikaner sich nur mit dem Auto fortbewegen und ausschließlich in Fast-Food-Restaurants speisen würden. Sie zeigte uns Fotos von den zwei Boxerhunden, die sich Petra im Jahr zuvor zugelegt hatte, und berichtete von Juans großer texanischer Familie, die alle ganz liebenswürdig zu ihr gewesen seien. Sie schilderte uns den Geschmack von Enchiladas, Tacos und Burritos, von Gerichten, von denen wir in Deutschland noch nie etwas gehört hatten. Dann gab es da noch die Fotos von Markus Gonzalez, den Marianne natürlich in ihr Herz geschlossen hatte. Er sah wie ein kleiner süßer Mexikaner aus, tiefschwarze Haare, sehr braune Haut und winzige drollige Hände.

Maxi war immer erbost, wenn Marianne wieder einmal alles nur auf die kulturellen Unterschiede schob. »Mami, jetzt hör aber auf. Erstens ist Juan kein Mexikaner, sondern ein amerikanischer Soldat. Und zweitens gibt es auch innerhalb deutscher Ehen Probleme.« Weiter kamen sie nicht, da in diesem Augenblick Maxis Sohn Robert am Kindertisch den kleinen Frank mit Spaghetti bewarf. Maxi sprang auf, ermahnte Robert eindringlich, diesen Unsinn zu unterlassen, kam zurück an den Tisch und sagte vorwurfsvoll zu ihrem Mann David: »Du könntest dich ruhig auch mal um deinen Sohn kümmern.«

David sprach kein Wort Deutsch, hatte einen soldatischen Kurzhaarschnitt und war ein Kamerad von Juan: Sie dienten für die gleiche Kompanie. Maxi war, ungeachtet der vorübergehenden Verbannung ihrer Schwester aus der Familie, heimlich zu Petras Hochzeitsfeier nach Texas geflogen. Dort hatte sie David kennengelernt und noch in der Nacht der Hochzeitsfeier, wahrscheinlich unter erheblichem Alkoholeinfluss, in der Garage von Juans Haus ihren Sohn Robert gezeugt. Als David von Maxis Schwangerschaft erfuhr, ließ er sich nach Deutschland versetzen. Sie wohnten, nur zwanzig Minuten mit dem Auto von uns entfernt, in der US-Military-Base in Böblingen und hatten mittlerweile noch zwei weitere Kinder, Timmy und Frauke.

Einmal hatte ich mitbekommen, wie Maxi sich mit Hatto über David unterhielt. »Glaubst du, unsere Eltern akzeptieren David mehr als Juan, weil er ein weißer Mann aus dem Mittleren Westen ist, der deutsche Vorfahren hat und mit Nachnamen auch noch Meyer heißt?«

»Könnte schon sein.« Hatto zuckte mit den Schultern.

»Das ist dumm«, sagte Maxi. »Aber da ist ja noch etwas anderes. Ich frage mich oft, wie es für sie ist, zwei US-amerikanische Soldaten als Schwiegersöhne zu haben. Es war doch ein amerikanischer Kampfpilot, der mit einer Fliegerbombe Mamis Vater kurz vor Kriegsende in Düsseldorf getötet hat. Denkst du, sie leidet darunter?«

»Mach dir mal keinen Kopf. Das wird sie schon überwunden haben. Sie ist eine starke Frau, die bestimmt nicht deinen David für den Tod ihres Vaters verantwortlich machen würde.«

»Hoffentlich hast du recht.« Maxi war nach diesem Gespräch sehr nachdenklich und in sich gekehrt.

David hatte, da er ja kein Deutsch sprach, Maxis Vorwurf überhaupt nicht verstanden und aß in aller Ruhe weiter Knödel und Sauerbraten. Volker, das Nesthäkchen der Familie, hingegen verschlang sein Essen eilig. Als er den letzten Bissen hinuntergeschluckt hatte, stand er auf und ging zu Marianne. »Du, Mami, sei mir nicht böse, aber ich habe heute Abend noch eine Probe mit meiner Big Band. Darf ich schon gehen?«

Marianne lächelte, streichelte ihn nachsichtig über die Wange. »Na los, hau schon ab.«

Das gefiel Heike, der jüngsten Tochter, überhaupt nicht. »Das ist ja mal wieder typisch. Der darf sich einen schönen Abend machen und ich steh nachher wieder allein in der Küche.«

Volker machte an Heike gewandt eine »Bla, bla«-Geste mit der Hand.

»Ein fauler Sack bist du.«

»Könnt ihr euch nicht einmal an meinem Geburtstag vertragen? Schluss jetzt.«

Während Heike beleidigt mit der Gabel in ihrem Essen herumstocherte, verließ Volker munter pfeifend die Geburtstagsfeier.

Zum Abschluss des Buffets, als alle schon Kuchen aßen, stand plötzlich Frauke, die zweitälteste Tochter, auf, klopfte mit einem Messer gegen ein Glas und sagte mit zitternder

Stimme: »Bitte mal kurz alle ruhig sein. Ich habe euch etwas Wichtiges zu verkünden. Volker ist zwar schon weg. Aber das macht jetzt auch nichts. Also hört zu: Mami, Papi, ihr werdet ein weiteres Mal Opa und Oma. Ich bin schwanger.«

Daraufhin brandete großer Beifall auf. Alle, auch die Kinder, stießen mit ihren Gläsern auf Fraukes und Dieters Familienglück an. Sogar Charly, unser Familienhund, der schon recht gebrechlich war, heulte aus seiner Sitzecke kurz auf.

Marianne umarmte Frauke und Dieter. »Kommt her, ihr beiden. Lasst euch knuddeln. Ein schöneres Geburtstagsgeschenk konntet ihr mir ja gar nicht machen.«

Als die letzten Gäste am Sonntagabend unser Haus verließen, holte Marianne sich ein Schokoladeneis aus der Kühltruhe, lehnte sich zufrieden in ihrem Sessel zurück und sagte zu Robert: »Was für tolle Kinder, was für ein großes Glück wir doch haben, mein Schatz.«

Robert blickte von seiner Zeitung auf, nahm einen Zug von seiner Pfeife. »Ja, das haben wir, Mariannchen. Es war ganz wunderbar, die Familie wieder vereint zu sehen.«

Doch das Familienglück war nur von kurzer Dauer: Zwei Wochen nach Mariannes Geburtstagsfeier starb Charly. Er lag morgens einfach tot in seiner Sitzecke. Marianne nahm mich auf den Schoß, weinte und sagte: »Wenigstens musste er nicht leiden. Er war so ein lieber und guter Hund.«

»Wo ist Charly jetzt?«

Marianne wischte sich die Tränen aus den Augenwinkeln, setzte sich ihre Brille auf. »Das kann ich dir nicht sagen, mein lieber Alem. Niemand weiß, was nach dem Tod geschehen wird.«

Ich war unzufrieden mit ihrer Antwort, auch ein wenig

wütend auf sie. Vielleicht war es doch besser, wenn man wie Dorothea, meine Nachbarin, und ihre Familie an Gott glaubte. Ich war traurig und vermisste meinen Charly.

Jahrelang hatte Marianne uns zusammen zum Zigarettenholen geschickt. Vor dem Abendessen rief sie immer aus der Küche: »Ach, Alem, wärst du bitte so nett, mir eine Packung Zigaretten zu holen? Und nimm Charly mit.«

Ich ging an ihren Geldbeutel, nahm mir vier Einemarkmünzen heraus, pfiff: »Komm, Charly.« Woraufhin das schwarze Fellknäuel mir schwanzwedelnd und fröhlich bellend nach draußen folgte. Manchmal rannten wir um die Wette bis zum Zigarettenautomaten und oft erzählte ich ihm, was mich gerade so beschäftigte. Charly war ein guter Zuhörer, wie ein enger Freund für mich.

Ein paar Tage nach Charlys Tod rief Marianne aus der Küche, ob ich ihr noch schnell eine Packung Zigaretten bringen könne. Ich nahm mir die Münzen aus ihrem Geldbeutel, wollte schon pfeifen, blickte in Charlys leere Sitzecke und verließ allein das Haus. Es war schon dunkel, Sterne funkelten am Nachthimmel. Ich warf die Geldmünzen in den Schlitz, zog eine rote Packung M & M aus dem Automaten, schaute auf dem Rückweg zu den Sternen hinauf und sagte laut: »Ist mir egal, was Marianne behauptet. Ich weiß, dass du jetzt irgendwo da oben im Himmel bist. Ich denke an dich, Charly. Eines Tages werden wir uns, ob mit oder ohne Gott, ganz bestimmt wiedersehen.«

Eine ältere Dame, die auf ihr Fensterbrett gelehnt die Straße beobachtete, sagte in tiefstem Schwäbisch: »Pfui Teufel, mein Junge. Gott darfst du nicht verleugnen. Wer sich an Gott versündigt, wird für alle Ewigkeit in der Hölle schmoren.«

Ich nickte eingeschüchtert. Ob Marianne, weil sie ja nicht an Gott glaubte, wohl eines Tages auch in der Hölle schmoren würde?

Bald darauf überschlugen sich die Ereignisse. Der Hausverwalter teilte uns mit, dass die Eigentümer unseres Hauses, die irgendwo in Spanien lebten, sich durch die gestiegenen Grundhaltungskosten dazu veranlasst sahen, die Miete drastisch zu erhöhen. Marianne und Robert entschieden, dass wir uns etwas weiter entfernt von Stuttgart eine neue günstigere Bleibe suchen mussten.

Während der Wohnungssuche erreichte uns plötzlich ein Anruf aus Texas. Petra erzählte unter Tränen, dass Juan sie mit anderen Frauen betrüge, sie sei verzweifelt und wisse nicht mehr weiter. Es folgten weitere dramatische Telefonate, in deren Verlauf ein Fluchtplan für Petra geschmiedet wurde. Sie war fest entschlossen, Juan zu verlassen. Nur gab es ein Problem mit Markus. Sie befürchtete, dass Juan, falls er etwas von ihren Ausreiseplänen erführe, Markus' Pass einkassieren würde. Und möglicherweise habe er nach texanischem Gesetz sogar das Recht dazu. Dann würde er ihr Markus ganz wegnehmen und vor Gericht, falls es zur Scheidung kommen sollte, das alleinige Sorgerecht für ihn beantragen. Da Juan ein angesehener hochrangiger Soldat war und in San Antonio über Beziehungen verfügte, glaubte Petra, dass sie bei einem Sorgerechtsstreit den Kürzeren ziehen würde. Also musste heimlich geplant werden.

Marianne und Robert schickten ihr Geld für den Flug. Petra kaufte sich ein Flugticket für Samstagmorgen, da sich Juan freitagabends immer mit seinen Kumpels in einer Bar zum Billardspielen traf. Als Juan an jenem Freitag endlich die Haustür hinter sich schloss und sie seinen Wagen von der Hoffeinfahrt wegfahren sah, packte Petra schnell zwei Taschen und rief uns atemlos an. »Mami, Papi, es geht los. Drückt mir die Daumen.«

Marianne, Robert und ich warteten einen Tag später nervös am Frankfurter Flughafen auf Petra. Seit ihrem letzten Anruf aus San Antonio hatten wir nichts mehr von ihr gehört. Der Flieger landete, eine halbe Stunde später verließen die ersten Passagiere mit Gepäckwagen das Terminal. Marianne trippelte nervös auf und ab. »Was, wenn sie es nicht geschafft hat? Ich mache mir solche Sorgen.« Robert nahm sie in den Arm und streichelte ihr über den Rücken. »Wird schon alles geklappt haben. Ich kenne doch unsere Petra, sie ist stark und intelligent. Wirst schon sehen.«

Eine Viertelstunde später kam Petra mit Markus auf dem Arm freudestrahlend auf uns zu. Der Kleine gab mir höflich die Hand und fragte mich mit großen dunklen Augen: »What's your name?«

Im Auto saß ich mit Petra und Markus hinten auf der Rückbank. Markus war sofort eingeschlafen. Als ich die Wolkenkratzer der Frankfurter Innenstadt auf der Autobahn an uns vorbeiziehen sah, war ich überglücklich, nicht zu Mutter und Dušan in die Hanauer Landstraße zu müssen. Es war das erste Mal, dass ich ohne sie in Frankfurt war. Ich fühlte mich frei und irgendwie erhaben.

Auf der Heimfahrt nach Warmbronn erzählte Petra aufgewühlt von ihrer abenteuerlichen Flucht.

»Ihr könnt euch gar nicht vorstellen, wie viel Angst ich hatte. Nachdem Juan weg war, habe ich Markus gepackt und bin mit ihm über die Landstraßen stundenlang nach Dallas gerast. In der Nähe des Flughafens haben wir in einem Motel übernachtet. Aber ich habe natürlich kein Auge zugedrückt. Mein Flieger ging um sieben Uhr morgens. Erst die Passkontrolle. Ich wusste ja nicht, ob mich Juan bereits als vermisst gemeldet hatte. Doch wir wurden einfach durchgewunken, flogen nach New York, wo wir zwei Stunden Aufenthalt hatten. Als ich mit Markus wieder in der Schlange vor der Passkontrolle stand, hatte ich fast einen Nervenzusammenbruch. Ich war mir sicher, gleich ziehen mich die Grenzbeamten zur Seite und verhaften mich. Doch nichts geschah. Ich konnte einfach in den Flieger steigen.

Ich bin so glücklich, wieder bei euch zu sein. Juan hat mich so mies behandelt. Hat mich mit halb Texas betrogen. Einmal hat er mir sogar betrunken eine Ohrfeige verpasst. Ach, ich will gar nicht mehr daran denken. Jetzt ist alles vorbei. Ich bin wieder in Deutschland, wieder zu Hause, wieder bei euch.« Petra seufzte und ließ sich in die Rückbank sinken.

Ich war wie berauscht von ihren Schilderungen, die sich in meinen Gedanken mit all den Bildern, die ich aus den Western und Krimis von Amerika kannte, zu einem famosen Abenteuerfilm durchmischten. Petra war eine Heldin für mich, die im fernen Amerika ihren gemeingefährlichen Verfolger ausgetrickst hatte.

18

Der bevorstehende Umzug traf mich härter als erwartet. Mutter fand, der Ortswechsel in Kombination mit meinem Übergang auf die Realschule sei eine gute Gelegenheit, mich ganz zu sich zurückzuholen. Sie bat Marianne am Telefon, mich zu fragen, ob ich mir ein Leben in Frankfurt vorstellen könne.

Als ich von der Schule nach Hause geradelt kam, wirkte Marianne angespannt. Sie müsse etwas Wichtiges mit mir besprechen. Ich fragte sie, was ich jetzt schon wieder verbrochen hatte. Die Rauferei mit Andreas auf dem Schulhof sei doch schon längst vergessen und vergeben. Sie überhörte meine Frage, zupfte nervös ihre Bluse zurecht, zündete sich eine Zigarette an und wurde ganz ernst. »Setz dich zu mir. Du, Alem, ich weiß nicht, wie du das aufnehmen wirst, aber Smilja hat mich gefragt, ob du zurück zu ihr nach Frankfurt möchtest.«

Vor dieser Frage hatte ich mich mein Leben lang gefürchtet. Ich begann zu zittern, mir wurde schwindelig, alles drehte sich in meinem Kopf. Marianne ergriff meine Hand, streichelte sie behutsam. »Beruhige dich. Ich habe deiner Mutter bereits am Telefon erklärt, dass ich es aus verschiedenen Gründen für keine gute Idee halte. Erstens ist Smilja berufstätig, sie hat kaum Zeit, sich um dich zu kümmern. Zweitens ist da Dušan, der dich geschlagen hat und vor dem du Angst hast. Und außerdem bist du ein Teil dieser Familie geworden. Man kann dich doch nicht einfach nach zehn Jahren aus deiner, aus unserer Familie herausreißen.« Sie rauchte, sah mir fragend in die Augen.

Ich verschränkte meine Arme trotzig vor dem Oberkörper. »Niemals werde ich zu ihr nach Frankfurt gehen. Wenn sie mich holt, renne ich weg. Ich kann nicht in Frankfurt leben. Das ist unmöglich. Das geht nicht. Ihr seid meine Familie.« Ich hielt kurz inne, meine Unterlippe zitterte. »Wenn ihr mich noch wollt und liebhabt, bleibe ich bei euch.«

Marianne drückte schnell ihre Zigarette im Aschenbecher aus, umarmte mich fest. »Ach, Alemchen, wo denkst du hin? Natürlich wollen wir dich. Wir lieben dich.«

Vor Erleichterung fing ich hemmungslos an zu weinen.

»Schon gut. Lass alles raus.« Marianne sah mir direkt in die Augen. »So. Jetzt hör zu. Du bleibst bei uns. Schluss. Aus. Damit ist dieser Vorschlag vom Tisch. Wir werden nie mehr darüber sprechen. Du bist und bleibst unser Kind. Du wirst nicht nach Frankfurt ziehen! Das ist mein letztes Wort in dieser Angelegenheit.«

Trotz Mariannes klarem Bekenntnis zu mir empfand ich die Situation immer noch als bedrohlich. Zwar blieb erst einmal alles beim Alten, doch ich war mir nicht sicher, wie viel Verfügungsgewalt Mutter über mich hatte. Was, wenn sie auf meine Rückkehr bestand? Wäre sie allein gewesen, hätte ich ihren Wunsch, mich zu sich zu holen, ja noch irgendwie verstanden. Aber doch nicht mit Dušan, doch nicht so. Wie stellte sie sich das eigentlich vor? Unser Leben in Frankfurt war eine einzige Katastrophe.

Dušan kontrollierte, beherrschte uns. Wenn er auf Montage war, musste Mutter, egal wie sonnig das Wetter war, abends in der dunklen Hinterhofküche auf seinen Anruf warten. Sie durfte nicht spazieren gehen, nichts unternehmen, sich nicht verabreden. Er hatte ihr sogar verboten, Arbeitskolleginnen zu uns nach Hause einzuladen. Sie hatte keine Freunde mehr, war isoliert, war ihm hörig, hatte Angst vor ihm.

Nie hatte er Mutter vor mir geschlagen, aber ich wusste, dass er sie verprügelte. Manchmal, wenn ich zu Besuch nach Frankfurt kam, trug sie eine Sonnenbrille, um ihr blaues Auge vor mir zu verbergen. Dann hieß es immer, sie sei unglücklich gestürzt oder bei der Arbeit sei ein Missgeschick passiert. Ich glaubte ihr kein Wort. So oft konnte man gar nicht unglücklich stürzen. Aber ich fragte auch nicht nach.

Mutter bekam, wahrscheinlich durch all den Stress, einen geröteten Hautausschlag: Die Ringelflechte befiel großflächig Brust, Bauch und Rücken. Sie traute sich nicht mehr ins Schwimmbad, zog im Sommer langärmlige Blusen und Hosen an und versteckte ihren Körper schamhaft sogar vor meinen Augen. Sie war nur noch ein Schatten ihrer selbst.

Dušan versuchte auch mich zu brechen. Es war nicht bei der einen Ohrfeige geblieben. An einem Sonnabend schauten wir uns im Fernsehen *Für eine Handvoll Dollar* mit Clint Eastwood an. Ich bekam Hunger, ging in die Küche, bestrich eine Brötchenhälfte mit Butter und schnitt mir ein paar Tomaten dazu. Als ich ins Zimmer zurückkam, fiel mir der Teller auf den Teppich. Dušan hatte schon viel getrunken, er sprang vom Bett auf, knallte mir eine und schrie mit hasserfüllten Augen: »Warum passt du nicht auf, du Idiot? Heb das sofort alles auf!«

Ich legte das Brötchen und die Tomaten zurück auf den Teller. »Was ist mit all den Krümeln hier? Hast du die nicht gesehen? Soll ich den Gürtel holen?«

Er ging zum Kleiderschrank, nahm seinen braunen Ledergürtel in die Hand, baute sich breitbeinig vor mir auf. Während er den Gürtel wie eine Peitsche auf seine Handfläche schlug, pickte ich jeden einzelnen Krümel aus dem Teppich. Dušan kam noch einen Schritt näher, schrie: »So, und jetzt isst du das alles auf.«

Ich weinte und stopfte die Tomaten und das Butterbrot, an denen eklige Teppichfasern hingen, in mich hinein. Mutter konnte uns aus der Küche hören, doch sie kam nicht, stand einfach schweigend am Herd.

»Sei ein Mann. Hör sofort auf zu heulen. Wenn du weiter rumflennst, bekommst du was mit dem Gürtel. Dann hast du einen Grund zum Heulen.«

Ich rang die Tränen nieder, steckte angewidert das letzte Tomatenstück in den Mund. Dušan war zufrieden, legte sich zurück ins Bett. Ich lag verängstigt auf meiner Matratze und sann auf Rache. Wenn ich einmal groß bin, dachte ich, während ich Eastwood dabei zusah, wie er all seine Rivalen kaltblütig erschoss, werde ich dich einfach töten.

Wenn Dušan mich geschlagen hatte, versuchte er sich am nächsten Tag von seinem schlechten Gewissen freizukaufen. Dann gingen wir ins Schwimmbad, ins Kino, in den Zoo oder auf die verdammte Dippemess, auf das Volksfest vor der Eissporthalle in der Nähe des Ostparks. Die Dippemess gab es zweimal im Jahr, einmal im Frühling um Ostern herum und dann noch einmal Ende September im Spätsommer. Ich hasste den Jahrmarktslärm und das Gewimmel in den engen Gassen. Wir blieben am Schießstand stehen. Die Plastikhüllen zerplatzten, Dušan gewann für mich einen riesigen blauen Plüschbären, erzählte stolz, dass er als junger Mann in der jugoslawischen Armee schießen gelernt habe. Danach holte er ein Bündel Geldscheine hervor, steckte mir einen Zwanziger in die Hosentasche, kaufte mir das größte Eis, die größte Zuckerwatte, fuhr mit mir in der Geisterbahn, spielte den fürsorglichen Vater. Manchmal fuhren wir auch Autoskooter. Die Musik war sehr laut, die Lichter sehr grell. Ich besaß ein Foto, auf dem ich als kleines Kind mit meinem Vater, mit Emir, in solch einem Boxauto saß. Dušan und ich steckten die Chips in den Schlitz, fuhren los und während wir uns lachend anrempelten, wünschte ich mir, dass Emir jetzt hier wäre, aus dem Auto springen, ihn packen und erbarmungslos verprügeln würde. Aber Emir konnte mich nicht beschützen, würde auch nie kommen, da er auf einer Baustelle tödlich verunglückt war.

An einem Tag im November stand Dušan besoffen in seiner Armeejacke an einem Kiosk unten am Main. Mutter bat ihn flehentlich, endlich mit uns nach Hause zu kommen. Er trank Henninger Bier und schrie lallend die ganze Zeit, dass wir uns verpissen sollten. Nebel hing über dem Fluss, ein eisiger Wind wehte, die Möwen kreischten, es wurde dunkel. Ich zog Mutter am Arm. »Lass ihn hier. Ich friere. Ich kann nicht mehr. Lass uns endlich nach Hause gehen.«

Aber wir blieben, mussten uns von ihm anhören, dass wir Idioten seien. Ich sah Mutter in die Augen und verachtete sie.

Dušan wollte mich fertigmachen, mich kleinkriegen, drohte mir mit Prügel, verglich mich ständig mit seinem Sohn Svetozar. In meinen Zeugnissen standen lauter Zweier und Dreier, aber Svetozar im fernen Kačarevo habe nur Einser und sei Klassenbester. Als ich schwimmen lernte und im Freibad kraulte, lachte Dušan mich aus, Svetozar habe bereits vor vielen Jahren die schwierigsten Schwimmprüfungen mit Auszeichnung bestanden. Wenn ich ihnen stolz einen Zeitungsausschnitt aus dem *Mitteilungsblatt Warmbronn* zeigte, in dem ich als Torschütze erwähnt wurde, sagte er nur, dass Fußball ein Sport für Dummköpfe sei.

Aber einmal bot ich ihm mit Fußball die Stirn. Dušan hatte mir als Bestrafung für irgendein belangloses Vergehen mein Panini Sammelalbum für die Weltmeisterschaft 1982 in Spanien weggenommen. Bis zur WM waren es nur noch wenige Wochen. Nahezu jeden Tag war ich zum Kiosk gerannt, hatte erwartungsfroh die Päckchen aufgerissen, jene Bilder, die ich doppelt besaß, in der Schule mit meinen Klassenkameraden getauscht und all die anderen behutsam in mein Album geklebt. Mein gesamtes Taschengeld hatte ich dafür ausgegeben, hatte Monate gebraucht, um das Album zu füllen. Jetzt fehlte mir nur noch ein einziger Stürmer aus Honduras.

Wütend wie nie zuvor fuhr ich ohne Panini Sammelalbum zurück nach Warmbronn. Der Fußball war mein heiliges Refugium, das niemand, schon gar nicht er, zerstören durfte. Er konnte mich schlagen, mich demütigen, sonst was mit mir machen, aber mein Panini Sammelalbum durfte er mir nicht nehmen. Als ich die Woche darauf mit Mutter telefonierte, sagte ich ihr, dass ich sie nie wieder besuchen würde, falls ich mein Panini Sammelalbum nicht zurückbekäme. Mutter war schockiert, ich solle nicht so ungezogen mit ihr reden. Ich legte den Hörer einfach auf. Es folgten weitere erbitterte Anrufe zwischen Mutter und mir. Marianne redete ihr ins Gewissen. Eines Tages lag mein Panini Sammelalbum in unserem Briefkasten. Marianne schwenkte einen großen Umschlag. »Schau mal, was ich hier habe.« Ich nahm das Kuvert an mich, riss es auf, sah das Cover, auf dem *España 82* stand, drückte das Sammelheft gegen meine Brust und weinte vor Glück.

Wenigstens einmal hatte ich mich gegen Dušan durchgesetzt. Aber das half mir natürlich nicht weiter. Er blieb so brutal und unberechenbar wie zuvor.

Zwei Tage nach meinem elften Geburtstag, ich besuchte bereits die Realschule, eskalierte die Situation. Mutter und er mussten zur Arbeit. Ich hatte noch Weihnachtsferien. Wir standen um fünf Uhr morgens auf. Es war noch dunkel. Nach dem gemeinsamen Frühstück zogen sie ihre dicken Jacken und Schuhe an. Mutter stand an der Tür, lächelte mir zu. »Mach dir einen schönen Tag zu Hause. Es gibt genügend Essen im Kühlschrank. Schau fern. Lass es dir gut gehen. Um Viertel nach vier bin ich wieder hier.« Sie verließen die Wohnung. Während Mutter in die Fabrik fuhr, lief Dušan zur nahe gelegenen Sonnemannstraße. Seine Zeitarbeitsfirma hatte gerade keinen Job für ihn. Also wollte er sich auf dem Arbeiterstrich vor der Markthalle als Tagelöhner ein paar Mark dazuverdienen.

Ich legte mich wieder schlafen, später duschte ich und setzte mich mit einem Nutellabrötchen vor den Fernseher. Ein Skiabfahrtsrennen in den Alpen. Während Pirmin Zurbriggen den Hang mit atemberaubender Geschwindigkeit hinuntersauste, hörte ich ein Rascheln am Türschloss. Ängstlich schlich ich zur Tür, und dann stand er plötzlich vor mir. Schlecht gelaunt schüttelte er den Schnee von der Jacke, schmiss seine Schuhe in die Ecke und setzte sich an den Küchentisch. »Scheiß verficktes Drecksleben. Stundenlang habe ich mit den anderen draußen in der Kälte gestanden und keinen Job bekommen.« Er stank nach Alkohol, nach Zigaretten, nach Kneipe. Er nahm sich eine Flasche Wodka, füllte das Glas randvoll und trank es in einem Zug leer.

Ich ging zurück zu meinem Skirennen. Er schaltete in der Küche das Radio ein. Im Spiegelbild des Röhrenfernsehers sah ich, wie er am Küchentisch ein Bier und einen Schnaps nach dem anderen in sich hineinkippte. Unheil lag in der Luft, ich ging nicht in die Küche, nicht auf die Toilette, machte mich klein, machte mich unsichtbar, drehte den Fernseher leise, tat alles, um nur ja nicht seine Aufmerksamkeit auf mich zu lenken. Doch irgendwann schrie er: »Alem, komm in die Küche und setz dich zu mir.«

Ich saß ihm gegenüber mit eingezogenen Schultern. Auf dem Tisch all die leeren Bierflaschen, das Schnapsglas, die Wodkaflasche, der überquellende Aschenbecher, sein offener blauer Samson-Tabakbeutel, seine nikotinverfärbten Finger, seine rauen Hände. Er rauchte und lallte. »Das Leben ist ein einziges Stück Scheiße. Du musst schuften und schuften, und irgendein dummes Stück Scheiße kommandiert dich dabei auch noch herum. Alles ist dreckig, stinkt und ist verhurt. Das Leben ist nichts weiter als ein verficktes Scheißloch.«

Dann sah er mir plötzlich direkt in die Augen. »Warum lachst du? Was fällt dir ein, mich auszulachen, du kleines Stück Scheiße.«

Ich hatte keine Miene verzogen, geriet sofort in Panik. »Ich habe nicht gelacht. Ich habe wirklich nicht gelacht.«

Er beugte sich über den Tisch, schmiss dabei eine Bierflasche um und scheuerte mir seine Hand mit solcher Kraft ins Gesicht, dass ich von der Sitzbank auf den Boden flog. Er stand auf, lief zum Kleiderschrank, holte seinen braunen Ledergürtel und schrie: »Werden ja gleich sehen, wie mutig du bist, du kleines Stück Scheiße.«

Er kam zurück. Ich lag noch immer auf dem Boden. Dann sauste der Gürtel auf mich nieder. Ich hielt die Arme vor das Gesicht, drehte mich um, er schlug mich auf den Rücken, auf den Hintern, auf die Beine. Immer und immer wieder knallte der Gürtel auf meinen Körper. Meine Haut brannte höllisch, ich weinte. »Hör auf. Bitte hör auf.«

Aber mein Flehen störte ihn nicht. Wie ein Irrer schlug er einfach weiter. »Niemals wieder wirst du mich auslachen, du kleines Stück Scheiße. Ich mach dich fertig. Hast du gehört: Ich mach dich fertig. Wolltest dich wohl lustig über mich machen, du kleines Stück Scheiße. Na, wie findest du das? Wie gefällt dir das?«

Dann setzte er sich auf den Stuhl, trank ein Glas Schnaps, schrie »Du kleines Stück Scheiße«, riss das Telefonkabel aus der Wand und schmiss den Apparat mit voller Wucht auf mich. Ich lag immer noch zusammengekauert am Boden. Das Telefon traf mich im Rücken, der Schmerz fuhr wie ein krachendes Gewitterdonnern durch meinen Körper.

Ein Stück Plastik war aus der Wahlscheibe gesprungen, die Ohrmuscheln hingen lose an Drähten herab. »Sammel alles ein und reparier das verfickte Telefon.«

Mit zittrigen Händen schraubte ich die Ohrmuscheln an den Hörer, auf Knien steckte ich das Kabel in die Buchse und stellte das Telefon zurück an seinen Platz. Er knallte mir einen Zwanzigmarkschein auf den Tisch und schrie: »Los, zieh dich an und hol mir beim Spanier einen Kasten Bier.«

Ich nahm das Geld, zog meine Jacke an und lief über den verschneiten Hof zum Spanier, dessen kleines Lebensmittelgeschäft sich im Nachbarhaus befand. Der Bierkasten war sehr schwer. Ich stellte ihn an die Kasse und begann zu weinen. Der Inhaber, ein junger Mann aus Madrid mit freundlichen Augen, mit dem ich mich schon oft unterhalten hatte, fragte, was geschehen sei. Ich erzählte schluchzend von all den Schlägen. Er nahm mich in den Arm, ob er die Polizei holen solle? Ich schüttelte den Kopf, meine Mutter würde bald wieder nach Hause kommen. Er fragte mich noch ein paar Mal, ob er die Polizei holen solle. Ich würde es schon schaffen.

Ich lief über den verschneiten Hof, musste den schweren Bierkasten mehrmals absetzen. Als ich in die Wohnung kam, lag er bewusstlos auf dem Boden. Er war einfach besoffen vom Stuhl gekippt. Ich setzte mich auf meine Matratze im Schlafzimmer, sah durch das Fenster in den Hof und wartete zitternd auf Mutter.

Endlich lief sie fröhlich winkend am Fenster vorbei, eine Packung Weihnachtsplätzchen in der Hand. Als sie die Wohnung betrat und die leeren Bierflaschen, das kaputte Telefon und ihn auf dem Boden liegen sah, entglitten ihr die Gesichtszüge. Sie blickte mir verängstigt in die Augen, nahm mich in die Arme und begann zu weinen. Wir gingen ins Schlafzimmer. Ich erzählte ihr, was geschehen war. Sie weinte, schüttelte immer wieder verzweifelt den Kopf, schlug sich ins Gesicht. »Es tut mir alles so leid. Ich weiß nicht, wie ich das je wiedergutmachen soll. Ich bin ein schwacher Mensch und keine gute Mutter. Aber ich schwöre dir, das wird nie wieder passieren. Ich werde dich nie wieder mit ihm allein lassen. Ich schwöre dir, nie mehr lasse ich dich mit ihm allein. Alles tut mir so leid, mein Sohn. Bitte verzeih mir.«

Zurück in Warmbronn am Sonntag erzählte ich Marianne und Robert von den Schlägen. Sie waren erschüttert und ein wenig hilflos. »Und letzten Sommer wollte sie dich auch noch ganz nach Frankfurt holen. Die spinnt doch, deine Mutter. Und dieser Dušan ist ein gemeingefährlicher Verbrecher. Was für ein Mensch muss man sein, um so etwas Schreckliches einem Kind anzutun.« Marianne schüttelte den Kopf und verzog das Gesicht zu einer Grimasse. »Pass auf, Alem, wenn du das willst, ziehen wir vor Gericht. Wir werden dich adoptieren, dann musst du nie mehr nach Frankfurt.«

Ich weinte. »Ja, nie mehr nach Frankfurt. Ich will nicht noch mal geschlagen werden. Ich halte es nicht mehr durch.« Aber dann dachte ich an Mutter. »Das kann ich ihr nicht antun. Ich glaube, dann bringt sich Mutter um. Ich will das nicht. Eigentlich mag ich sie doch.«

Marianne nahm mich nachdenklich in den Arm. »Wahrscheinlich hast du recht. Wahrscheinlich würde sie das nicht überleben. Du bist tapfer, mein Lieber. Aber sie muss etwas ändern. Ich werde nicht zulassen, dass so etwas noch einmal geschieht.«

Marianne zündete sich eine Zigarette an, blies langsam den Rauch aus und sagte dann mit fester Stimme: »Ich werde mit Smilja und Dušan sprechen. Sie müssen mir versichern, dass er dich nie wieder schlagen wird. Das ist ihre letzte Chance. Auch deine Mutter muss verstehen, dass sie nicht unschuldig an der Situation ist. Sie muss Verantwortung übernehmen. Wenn er dich noch einmal schlägt, fährst du nie wieder nach Frankfurt. Sollen wir es so machen, Alem?«

Ich wischte mir die Tränen aus den Augen und nickte. »Ja, so machen wir es.«

19

Im Sommer 1984 zogen wir nach Kuppingen, ein Dorf im Korngäu am Rande der Schwäbischen Alb, ungefähr eine halbe Stunde entfernt von Warmbronn. Unser neues Haus lag in einer Neubausiedlung in der Dachsteinstraße und hatte einen großen Garten, in dem ich bei nahezu jedem Wetter Fußball spielte.

Eigentlich sollte Petra zusammen mit Markus mit uns umziehen, doch Robert hatte ein paar Anrufe getätigt, seine Beziehungen in der Motorradbranche spielen lassen und ihr sehr rasch einen Job als Sekretärin bei BMW in München besorgt. Aber was sollte mit Markus geschehen? Nach nächtelangen Diskussionen entschieden Petra und ihre Eltern – ähnlich wie bei mir, als Smilja nach Frankfurt gegangen war, Marianne zog diesen Vergleich –, dass es das Beste sei, Markus erst einmal bei seinen Großeltern zu lassen. So würde sich Petra ohne die Schwierigkeiten einer alleinerziehenden Mutter leichter an ihr neues Berufsleben in München gewöhnen können.

Markus zog also zu uns nach Kuppingen. Ich teilte mir ein Zimmer mit ihm. Er war fast vier Jahre alt und sprach nur sehr wenig Deutsch mit amerikanischem Akzent. Wir hatten ein Hochbett, er schlief unten und ich oben. In unserem Zimmer hing ein Poster von Bayern München. Das Erste, was er in Deutschland lernte, war die Aufstellung der Mannschaft in der Saison 1984/85. Jeden Tag stellte ich mich mit ihm vor das Poster. »Das ist Raimund Aumann, unser Torhüter, der hier Klaus Augenthaler und die dort hinten Lothar Matthäus und Ludwig Kögl.«

Markus wiederholte die Namen, sprach sie falsch aus, insbesondere die deutschen Umlaute bereiteten ihm große Schwierigkeiten, so nannte er zum Beispiel Dürnberger Durnburger und Matthäus Matthaus. Tagelang lachten wir uns krumm und schief vor dem Poster. Markus lernte jedoch sehr schnell, konnte die Spieler bereits nach wenigen Wochen wie im Schlaf aufsagen. Noch heute, viele Jahrzehnte später, begrüßt er mich jedes Mal, wenn wir uns sehen, schmunzelnd und auch ein wenig vorwurfsvoll, da er mittlerweile ein Blauer, ein Löwen-Fan geworden ist, mit der kompletten Aufstellung der Bayern aus jener lang zurückliegenden Saison.

Marianne hatte ihm einen Pyjama gekauft, auf dem die Zeichentrickfigur Speedy Gonzales mit Poncho und übergroßem Sombrero abgebildet war. Markus sah im Fernsehen die Zeichentrickserie, imitierte Speedy Gonzales, rannte mit einer Spielzeugpistole durch unser Wohnzimmer und schrie dabei unentwegt: »¡Arriba! ¡Arriba! ¡Ándale! ¡Ándale! Ich bin die schnellste Maus von Mexiko.« Gonzalez traf auf Gonzales: Das war dumm und lustig zugleich.

Nach ein paar Monaten schickte sein Vater Juan ihm ein Paket. Darin befanden sich ein Poster und ein Wimpel in den kastanienbraunen Farben der Footballmannschaft von Texas A & M. Juan schrieb, die Aggies seien die Collegemannschaft seiner ehemaligen Universität, und Markus dürfe seinen Vater und Texas niemals vergessen. So hing schon bald in unserem Zimmer neben dem Poster von Bayern München das Poster der Footballmannschaft von Texas A & M, deren breitschultrige Spieler wir allerdings nicht kannten. Das machte aber nichts: Die Bayern und die Aggies waren von nun an unsere Teams.

Ich schenkte Markus meine alten Matchboxautos, gab ihm meine Kinderbücher, spielte mit ihm im Garten Fußball und las ihm manchmal abends eine Gutenachtgeschichte vor. Ich atmete auf, ich hatte einen kleinen Bruder hinzugewonnen, war der Rückkehr nach Frankfurt entkommen, kickte jetzt für die TSV Kuppingen, vermisste nur Rudi und seinen Vater, ein wenig auch Dorothea und natürlich meinen geliebten Charly.

Im Gegensatz zu mir war Heike und Volker der Umzug nach Kuppingen recht schwergefallen. Heike machte mit vierundzwanzig eine Umschulung zur kaufmännischen Angestellten und musste jeden Tag eine Stunde mit ihrem Auto nach Böblingen pendeln. Sie verdiente noch nicht genug, um sich eine eigene Wohnung leisten zu können, war am Abend erschöpft von der Arbeit, hatte kaum soziale Kontakte, verkroch sich in ihrem Zimmer und lauschte stundenlang den Liebesliedern von Simon & Garfunkel. Manchmal hörte ich sie in ihrem Zimmer weinen. Ich fragte sie, weshalb sie so traurig sei. »Das verstehst du doch nicht, mein kleiner Spatz. Ist auch alles gar nicht so schlimm. Mach dir keine Sorgen um mich.«

Während sich Heike immer tiefer in sich selbst zurückzog, entwickelte sich Volker zum schwarzen Schaf der Familie. Er war neunzehn, arbeitslos, ein Hallodri und Träumer, der sich nur für seine Musik interessierte. Er spielte Posaune in einer Big Band in Leonberg, hatte seine Freunde noch in Warmbronn. Nahezu jeden Abend fuhr er mit dem Moped zu seinen alten Kumpeln, kam oft erst spät in der Nacht zurück, was insbesondere Robert erboste. Sie stritten sehr oft. Robert beschimpfte Volker als faulen Herumtreiber, er sei enttäuscht von ihm, und Volker müsse endlich Verantwortung für sein Leben übernehmen.

»Falls du weiterhin glaubst, dass nur Idioten arbeiten müssen«, schrie Robert ihn immer wieder an, »werfe ich dich hochkant aus dem Haus. Dann kannst du sehen, wo du bleibst.«

Volker schienen diese Drohungen nicht sonderlich zu beeindrucken. Er hatte immer eine Ausrede parat, erfand abstruse Geschichten, die belegen sollten, weshalb dieser oder jener Job wieder nicht geklappt hatte. Er kaufte sich eine sündhaft teure Stereoanlage, deren Raten er schon bald nicht mehr abbezahlen konnte. Volker flehte Marianne und Robert an, die Rechnungen für ihn zu begleichen, gelobte Besserung und schwor, sich schon bald einen Job zu suchen. Aber nichts dergleichen geschah. Alles wurde sogar noch viel schlimmer.

An einem Sonnabend, wir schauten gerade *Wetten, dass …?* mit Frank Elstner, klingelte das Telefon. Volker war am Apparat. »Mami, werd jetzt nicht sauer, aber ich habe unseren BMW in den Graben gefahren.«

Er hatte Marianne den Autoschlüssel aus der Handtasche gestohlen und war, obwohl er keinen Führerschein besaß, mit unserem metallicroten BMW nach Leonberg gerast.

»Bist du verletzt? Geht es dir gut?«

»Mir ist nichts passiert. Aber die verdammte Karre springt nicht mehr an.«

Robert rief Hatto an. Gemeinsam fuhren sie zur Unfallstelle. Robert blieb beim Auto, verständigte den ADAC. Hatto fuhr Volker nach Hause. Der Schaden war nicht allzu groß. Robert behauptete, dass er den Unfall verursacht habe. Die Versicherung würde später die Kosten übernehmen. Als Strafe bekam Volker einen Monat Hausarrest.

Unterdessen zündete sich Marianne eine Zigarette nach der anderen an, schlug sich immer wieder die Hände vors Gesicht. »Was soll nur aus dem Jungen werden?«

Obwohl es mir nicht gefiel, dass er Marianne und Robert so viele Sorgen bereitete, bewunderte ich Volkers nahezu grenzenlose Unbekümmertheit. Er war locker, lebte in den Tag hinein, spielte mir auf seiner Posaune hin und wieder ein cooles Jazzstück vor und manchmal, wenn die anderen nicht zu Hause waren, sahen wir uns mit Chips und Cola auf Video *Die Glenn Miller Story* an. Volker lag auf der Couch, mampfte zufrieden, klopfte vergnügt seine Finger im Takt zur *Moonlight Serenade* oder zu *Chattanooga Choo Choo*. »Was für ein genialer Rhythmus. Und hör: Jetzt gleich kommt der Einsatz der Posaune. Das ist einfach nur geil, Alem.«

Der Film handelte von Glenn Miller, der als junger Posaunist und Arrangeur recht erfolglos war, aber immer an sein Talent glaubte und schließlich in den neunzehnhundertvierziger Jahren mit seiner Band weltberühmt wurde. Volker träumte davon, ebenso wie Glenn Miller eines Tages den großen Durchbruch im Musikgeschäft zu schaffen. Dafür drückte ich ihm die Daumen.

Ansonsten verlief unser Familienleben wie eh und je. Marianne kümmerte sich um den Haushalt, kochte, rauchte und schaute sich abends im Fernseher *Dallas*, *Denver-Clan* oder *Das Traumschiff* an. Robert tippte, inzwischen auf einem Computer, seine Motorradartikel und regte sich ständig über irgendetwas im Zusammenhang mit dem Nationalsozialismus auf. Langsam regte sich in mir Widerstand.

Am vierzigsten Jahrestag des Stauffenberg-Attentats auf Hitler schmiss Robert mal wieder die Zeitung wutentbrannt auf den Frühstückstisch. »Jetzt schreibt sogar meine *FAZ* solch einen Unsinn.«

»Was ist denn?«, fragte ich.

»Dieser Idiot von Schreiber behauptet, dass Stauffenberg ein Held sei, weil er versucht hat, Hitler zu töten. Aber Stauffenberg und all seine Mitverschwörer, all diese Grafen, diese Barone und anderen feinen Herren waren alles andere als Helden. Die wollten doch nur ihre verdammten adeligen Privilegien und Schlösser zurück. Verräter waren die! Das deutsche Volk haben sie heimtückisch verraten und werden jetzt auch noch dafür als Helden gefeiert.«

Ich wagte es zum ersten Mal, ihm vorsichtig zu widersprechen, mein Opa habe in Jugoslawien auch gegen Hitler-Deutschland gekämpft und mir grausame Dinge über die Nazis erzählt.

Robert winkte ab, das sei etwas anderes. Im Krieg würden auf allen Seiten nun einmal abscheuliche Dinge geschehen. »Aber dieser Stauffenberg, der war nichts weiter als ein feiger und dreckiger Verräter.«

Ich schwieg, aus Angst vor Streit. Aber über die Jahre hatte ich lauter Filme und Dokumentationen im Fernsehen gesehen, die Roberts Ansichten über Hitler und die Nazis fundamental widersprachen. Ich wusste nicht mehr, auch wegen Deda, was ich ihm noch glauben durfte.

Nach den Sommerferien kam ich in die Jerg-Ratgeb Realschule. Je nach Wetter fuhr ich morgens entweder mit dem Bus oder mit meinem BMX ins vier Kilometer entfernte Herrenberg. Meine neue Klasse war die 5c, meine Lehrer waren freundlich und meine Klassenkameraden – jedenfalls in popkultureller Hinsicht – viel weiter entwickelt als ich. Tanja, Stephanie, Jonas, Erik und Sven lasen bereits die *BRAVO*, trugen grellbunte Klamotten, schauten sich *La Boum*, *Knight Rider* oder die Musikvideosendung *Formel 1* im Fernsehen an, hörten auf SWF3 die *Elmi Radio Show*, schwärmten für Madonna, Modern Talking oder Billy Idol. Ich malte zwar schon lange keine Panzer mehr, war aber von Jugomusik, dem *Kicker*, Peter Alexander, Glenn Miller und Westernfilmen geprägt worden.

Ich holte jedoch schnell auf, besuchte bereits nach wenigen Wochen meinen Sitznachbarn Jonas bei ihm zu Hause in Jettingen. Jonas besaß einen Doppelkassettenrekorder, mit dem man Lieder überspielen konnte. Wir hörten uns den ganzen Nachmittag durch seine imposante Sammlung. Ich suchte mir ein paar der angesagtesten Hits aus. Auf meiner ersten Musikkassette landeten: *Wake Me Up Before You Go Go* von Wham, *Relax* von Frankie Goes to Hollywood und *Like A Virgin* von Madonna.

Ich trat in ein neues Zeitalter ein, hängte mir ein Poster von meiner Lieblingsband Duran Duran ins Zimmer, zum Verdruss von Marianne, die die langmähnige Föhnfrisur des Sängers Simon Le Bon abscheulich fand, bekam zum Geburtstag einen Walkman geschenkt, kaufte mir von meinem Taschengeld die *BRAVO*, fieberte jeder *Formel 1*-Sendung entgegen und regte mich schon bald wie meine Mitschüler darüber auf, wenn Elmi mal wieder vor Ablauf eines Songs irgendeinen Blödsinn ins Mikrofon plapperte und damit das Lied ruinierte, das wir gerade aufnahmen. Mit Jonas, Sven und Stephanie verabredete ich mich öfter am Sonntag fürs Kino. Wir sahen uns *Police Academy*, *Zurück in die Zukunft*, *Beverly Hills Cop* und *Ghostbusters* an.

Das Kino wurde – ähnlich wie der Fußball – zu einem Zufluchtsort für mich, hier konnte ich für ein paar Stunden all meine Sorgen und Ängste vergessen.

20

Nachdem Dušan mich im Winter 1985 so schlimm verprügelt hatte, war Marianne allein zu Mutter und ihm nach Frankfurt gefahren. Sie saß am Küchentisch in der Hanauer Landstraße und machte ihnen bei Kaffee und Kuchen unmissverständlich klar, dass sie keine weiteren Schläge akzeptieren würde. Mutter und Dušan versuchten sich herauszureden, es seien nur Einzelfälle gewesen, ich würde mit meinen Schilderungen übertreiben. Marianne aber glaubte ihnen kein Wort und blieb hart, sollte es erneut Schläge geben, würde sie das Jugendamt einschalten und mich notfalls adoptieren. Dušan saß regungslos auf dem Stuhl. Smilja weinte.

Mutter schien kapiert zu haben, dass es so nicht weitergehen konnte. Im Sommer zogen sie vom Osten in den Westen der Stadt. Unsere neue Wohnung lag in Bockenheim, in der Schloßstraße 13, im siebten Stock eines Neubaus aus den Sechzigerjahren. Die Wände waren hellhörig, die Decken niedrig. Links neben der Eingangstür, wo wir unsere Schuhe auszogen, befand sich das kleine fensterlose Badezimmer. Es gab einen langen schmalen Flur, an dessen Ende ein Wandregal mit Essensvorräten stand. Rechts von der Tür ging die kleine Küche ab. Vor der Küche stand im Flur der Esstisch, an dem, weil alles so schmal war, immer nur zwei Personen gleichzeitig Platz nehmen konnten. Das Schlafzimmer, in dem ein Bett, ein großer Fernseher und ein weißer Wandschrank standen, lag gegenüber der Eingangstür. Aus dem Fenster konnte man wie in meinem Zimmer Richtung Taunus blicken.

Mein Zimmer, in das ich mich nunmehr zurückziehen konnte, wenn ich zu Besuch kam, sollte eigentlich das neue Wohnzimmer werden. Mutter hatte tief in die Tasche gegriffen, ein paar Tausend Mark ausgegeben, einen riesengroßen dunkelbraun lackierten Eichenschrank mit Glasvitrinen und eine schwarz gepolsterte Ledersitzgarnitur gekauft, die auf einem flauschig weißen Teppich stand. In der rechten Ecke gab es noch eine ausziehbare braune Couch sowie einen Nachttisch mit kleinem Fernseher. Mutter und Dušan benutzten das Zimmer nahezu nie. Alles sah sehr bieder aus. Als Innenarchitektin hatte Mutter versagt. Doch der Neuanfang war ihr gelungen.

Ich saß mit Dušan am Esstisch im schmalen Flur vor der Küche, in der Mutter das Fleisch brutzelte. Er rauchte so viel wie zuvor, öffnete aber erst am Abend seine erste Bierflasche. Er war ruhiger, dicker und umgänglicher geworden, während im Radio der Jugosender lief, sprach er mit mir über die Schule, Fußball und das Wetter. Beim Essen lobte er Mutter für ihre Kochkünste. Wenn er furzte, was er relativ häufig tat, meinte er, niemand könne das so schön wie er. Er sei, betonte er, geradezu ein Meisterfurzer. Er fand das lustig. Ich schwieg dazu.

Nach dem Abendessen legten Mutter und Dušan sich ins Bett und schauten Fernsehen. Ich leistete ihnen noch ein wenig Gesellschaft. Sie sahen sich amerikanische Sitcoms auf

RTL an, in denen bei jedem Gag das Gelächter des Studiopublikums eingespielt wurde. Sie hatten Spaß daran, und ich tat so, als ob es mir auch gefallen würde. In der Werbepause las Dušan uns den Witz des Tages aus der *BILD*-Zeitung vor und fragte Mutter, während er das Fernsehprogramm durchging, was sie sich anschauen wollten. Er schien wie ausgewechselt zu sein. Ich traute dem neuen Frieden nicht, glaubte, dass er nur eine Rolle spielte, die jederzeit wieder ins Gewalttätige kippen konnte. Nach der Sitcom verzog ich mich in mein Zimmer.

Bevor sie schlafen gingen, klopften sie an meine Tür, lächelten und sagten *laku noć* zu mir. Das ist die Serbokroatische Entsprechung für Gute Nacht, übersetzt bedeutet es aber *Leichte Nacht*. Meine Nächte waren zwar nicht leicht, aber immerhin viel angenehmer als noch in der Erdgeschosswohnung in der Hanauer Landstraße. Häufig stand ich am Fenster, sah die flirrenden Großstadtlichter in der Nacht, bei Mondschein auch die Umrisse der Bergketten des Taunus, fühlte mich oft einsam, hörte Dušans bedrohliches Schnarchen und beobachtete die junge Frau, die in der Dachgeschosswohnung in der gegenüberliegenden Friesengasse wohnte. Ich konnte einen Teil ihres Wohn- und Schlafzimmers einsehen. Manchmal tanzte sie mit einem Glas Wein in der Hand, manchmal lief sie nackt durch die Zimmer. Ich folgte ihr fasziniert und stellte mir vor, wie es wäre, sie zu küssen. Wenn sie das Licht ausknipste, legte ich mich auf die Schlafcouch vor den Fernseher, sah mir bis spätnachts Krimis an und schlief, während vor meinen Augen jemand kaltblütig ermordet wurde, mit unruhigen Bildern ein.

Ich versuchte, so wenig Zeit wie möglich mit meiner Mutter und Dušan zu verbringen, ging tagsüber allein nach draußen in die Stadt. Es war eine Befreiung, nicht mehr im grauen Hinterhof der Hanauer Landstraße von Nachbarn angeschrien oder am Wochenende mit ihnen zum Ostpark spazieren zu müssen.

Wie sehr hatte ich diese Spaziergänge gehasst: Ich lief immer ein paar Schritte hinter ihnen, sie quatschten auf Serbokroatisch, kümmerten sich nicht um mich. Ich hatte Angst vor Dušan, traute mich nicht einmal zu sagen, dass ich auf die Toilette musste. Weil er mich dann anschreien würde. Einmal habe ich mir sogar in die Hose gepinkelt.

Am Kiosk im Ostpark kaufte Dušan sich immer eine Flasche Bier. Mutter aß eine Bockwurst und ich ein Eis. Auf den Grünflächen spielten Männer Fußball, Liebespaare flanierten durch den Park und Großfamilien picknickten auf bunten Stoffdecken. Es brach mir beinahe das Herz, die anderen Menschen so unbeschwert und glücklich zu sehen, während ich mich fürchtete und zu Hause geschlagen wurde.

Aber das war alles vorbei. Stattdessen erkundete ich allein unser Viertel. In der Fleischergasse stand eine Trinkhalle, in der ich mir oft eine Cola oder einen Schokoladenriegel kaufte. An der U-Bahn-Station Kirchplatz konnte man den Fernsehturm sehen, der wie ein gigantischer Pilz in die Höhe ragte. In der engen Friesengasse gab es eine Kneipe, einen italienischen Eisladen, einen türkischen Gemüseverkäufer und einen Jugendtreff, an dessen Hauswänden Graffiti aufgesprüht waren, die dazu aufriefen, das kapitalistische System zu zerstören. Die Friesengasse ging nahtlos über in die Leipziger Straße. Dort gab es einen Woolworth, eine Apotheke, moderne Neubauten, alte Gründerzeithäuser, mehrere Pizzerien und Bäckereien, eine Metzgerei und einen asiatischen Imbiss. Am Ende der Leipziger Straße befand sich die erst wenige Jahre zuvor errichtete und ziemlich hässliche Laden-galerie Bockenheimer Warte, eine Einkaufspassage mit pastellfarbenen Säulen und dunkel verschachtelten Gängen, in denen sich ein Geschäft an das andere reihte.

Ich war schon dreizehn, als dort eine Videothek eröffnete. Es waren die Winterferien, draußen war es sehr kalt. Tag für Tag lief ich zur Videothek, da man erst ab achtzehn hinein-durfte, stellte ich mich stundenlang vor den Eingang, sah durch die Schlitze zwischen den verheißungsvollen Filmplakaten im Inneren die vielen Regalreihen mit all den Filmen, die mir wie eine funkelnde Schatzkammer vorkamen, und beobachtete sehnsüchtig die Kunden, die mit ihren ausgeliehenen Kassetten erwartungsfroh nach Hause liefen.

Am fünften Tag meiner Videotheksbelagerung kam der Besitzer, ein junger hübscher Mann mit glattem schwarzem Haar und freundlichen dunklen Augen, zu mir nach drau-ßen. »Junge, was machst du hier? Hast du keine Freunde? Weshalb stehst du bei dieser eisigen Kälte den ganzen Tag vor der Videothek? Was soll das?«

Ich zögerte keine Sekunde. »Ich habe keine Freunde in Frankfurt. Ich bin einsam. Und ich liebe Filme. Deshalb stehe ich hier.«

Der Besitzer war sichtlich irritiert. »Wieso? Du siehst doch eigentlich ganz normal aus. Weshalb hast du keine Freunde? Was ist dein Problem?«

Ich erzählte ihm von Marianne und Robert, von Herren-berg und Kuppingen, von Smilja und Dušan, erzählte ihm kurzerhand mein Leben.

Javad, so lautete sein Name, schien gerührt zu sein. »Schei-ße, mein Junge, du hast es auch nicht leicht. Ist doch viel zu kalt hier. Na, komm schon rein. Wenn sie uns erwischen, muss ich zwar ein Bußgeld bezahlen. Aber ist egal. Komm rein.«

Hinter der Eingangstür waren Tausende Filme in Regalreihen nach Genres aufgereiht, ich fühlte mich wie im Paradies.

Javad und ich wurden Freunde. In den Schulferien ging ich immer zu ihm in die Videothek. Ich durfte die zurückgebrachten Videokassetten einsortieren und manchmal, wenn keine Kunden kamen, was leider sehr häufig der Fall war, sahen wir uns gemeinsam alte Klassiker wie den *Paten* oder *Dirty Harry* oder die neuesten Hollywood-Blockbuster wie *Rambo* und *Full Metal Jacket* an. Das waren alles Filme, die ich eigentlich wegen der Altersbeschränkung noch gar nicht schauen durfte. Das machte sie gleich umso reizvoller.

Es ging mir verdammt gut in Javads Videothek: Er teilte mit mir sein Lunchpaket, das ihm seine Mutter Naika, um ein wenig Geld zu sparen, jeden Tag mit zur Arbeit gab. Die persische Küche eröffnete mir eine neue kulinarische Welt. Wir aßen Tschelo Kebab, Lammfleisch, das in einer Marinade aus Zwiebeln, Knoblauch, Joghurt, Limonensaft, Salz und Safran eingelegt und dann im Holzkohleofen gegrillt und mit Reis serviert wurde; Chorescht, eine Fleischsoße mit Duftreis, gemahlenen Walnüssen, Hühnerwürfeln und Granatapfelsirup, oder Polo, ein süßes Reisgericht mit Hühnerfleisch, Berberitzenbeeren, Safran, gemahlenen Pistazien und Walnüssen.

Die VDO-Werke, in denen Mutter tagsüber in Akkordarbeit Autotachometer montierte, lagen nur fünf Gehminuten von der Videothek entfernt in der Gräfestraße. Javad stellte morgens immer frische Blumen in den Laden, und bevor ich losging, um Mutter am Nachmittag vor dem Fabriktor abzuholen, sagte er stets: »Nimm dir eine mit. Deine Mutter wird sich bestimmt darüber freuen.«

Hunderte von Frauen, alle Ausländerinnen, strömten mir am Fabriktor entgegen. Eine Armee von Arbeiterinnen, die am Fließband den ganzen Tag über *Made in Germany* produziert hatten. Mutter freute sich immer riesig über die Blumen. Der Wohnungswechsel hatte ihr gutgetan. Sie wirkte entspannter und zufriedener, doch glücklich war sie nicht. Sie erzählte mir wenig von sich, sobald ich sie etwas fragte, wich sie aus. Dušan trank zwar nicht mehr so viel, schlug mich nicht mehr, war lustiger und liebevoller geworden, aber immer wieder spürte ich in einem Wort oder einer Geste von ihm etwas Bedrohliches aufblitzen, das nur darauf zu warten schien, endlich ausbrechen zu können. Wir hatten beide immer noch Angst vor ihm. Wer weiß, wie er Mutter behandelte, wenn ich nicht da war. Sie sprach nicht darüber.

Im Gegensatz zu Mutter erzählte mir Javad oft Geschichten aus seinem Leben. Seine Eltern waren Anhänger des Schahs gewesen und mussten, als er fünfzehn war, mit ihm und seinem jüngeren Bruder während der Islamischen Revolution fliehen. Ich erinnerte mich, wie ich als kleines Kind im Fernsehen gemeinsam mit Robert in den Nachrichten die Rückkehr des Ajatollah Chomeini aus seinem Pariser Exil in den Iran gesehen hatte und Hunderttausende fanatische Demonstranten auf Teherans Straßen die US-amerikanische Flagge verbrannten. Javad wurde wütend, wenn er über Ajatollah Chomeini sprach, bezeichnete ihn als skrupellosen Demagogen, der sein Volk ins Verderben geführt hatte. Nur wenn es um seine Kindheit in Teheran ging, leuchteten seine Augen. Immer wieder sagte er: »Alem, eines Tages muss ich dir den Großen Bazar von Teheran im Stadtzentrum zeigen. Ein riesiger Markt mit kilometerlangen Korridoren, in denen das Leben pulsiert. Dort findest du alle Gewürze der Welt. Du würdest nicht mehr aus dem Staunen herauskommen: die Düfte, die Händler, das Essen, die alten Gemäuer. Alles ist einfach nur wunderschön.«

Seit acht Jahren lebte er in Frankfurt. Die Familie hatte gespart, damit er die Videothek eröffnen konnte. Aber die Lage in der Einkaufspassage war nicht günstig, er hatte kaum Kunden und große finanzielle Probleme, die ihn zusehends belasteten. Zwölf Monate, nachdem wir uns kennengelernt hatten, musste er die Videothek schließen. Dieses eine Jahr mit Javad war mein glücklichstes in Frankfurt.

Danach ging ich wieder allein spazieren, erweiterte jedoch meinen Radius, lief die Bockenheimer Landstraße entlang zwischen Männern mit zurückgegelten Haaren und Frauen in eng anliegenden Businesskostümen über das Westend und die Alte Oper Richtung Innenstadt. An der Hauptwache und auf der Zeil, mit Blick auf die Wolkenkratzer des Bankenviertels, lungerten arabische Jugendliche herum, die mich mit Zischlauten fragten, ob ich Drogen kaufen wolle. Ich aber ging in die Plattenläden und ins Kino, fuhr die Rolltreppen in den großen Einkaufshäusern hinauf und hinab und langweilte mich zu Tode. Aber das sollte nicht lange so bleiben: Denn im darauffolgenden Sommer holte Dušan seinen Sohn Svetozar, der in Jugoslawien auf die schiefe Bahn geraten war, zu uns nach Frankfurt.

21

Auf den Gipfeln der Alpen lag noch Schnee, während weiter unten, in den Talschluchten, ein angenehm frischer Sommerwind wehte. Marianne, Heike, Markus und ich fuhren in unserem vollgepackten metallicroten BMW, an dem ein Campinganhänger hing, über den Brennerpass nach Cavallino in die Nähe von Venedig. Es war meine erste gemeinsame Reise mit den Behrens in den Süden. Auf meinen Wunsch hin hatte Marianne in dem Gespräch mit Mutter und Dušan durchgesetzt, dass meine Sommerferien ab sofort in zwei Hälften aufgeteilt wurden, in drei Wochen Italien und drei Wochen Jugoslawien.

Heike saß auf dem Beifahrersitz, studierte ab und zu die Landkarte, schaute auf die Wegschilder und dirigierte Marianne. Markus saß mit mir hinten auf der Rückbank und fragte alle fünf Minuten: »Omi, wann sind wir endlich da?«

Marianne drehte sich schmunzelnd zu uns um. »Manche Dinge ändern sich nie. Deine Mami und all die anderen Kinder haben mich früher auch schon mit dieser Frage nahezu in den Wahnsinn getrieben.«

Ich genoss die Fahrt, blickte die meiste Zeit wie gebannt aus dem Fenster, mochte die kilometerlangen dunklen Tunnel mit ihren hallenden Motorengeräuschen und goldenen

Deckenlichtern, betrachtete fasziniert die sattgrünen Wiesen, die reißenden Flüsse in den Tälern und die gigantisch gezackten Bergketten, von denen einzelne Gipfel über die Schönwetterwolken hinausragten.

Auf einer Brücke, die über ein tiefe Schlucht führte, zeigte Marianne nach rechts. »Siehst du diese enge Bergstraße dort drüben, Alem? Früher, in den Fünfzigerjahren, als wir mit den Kindern auch schon nach Italien fuhren, gab es hier keine Autobahn. Da mussten wir uns noch hinter LKWs langsam in Serpentinen die Alpen hinaufquälen. Abenteuerlich war das, sage ich dir, richtig abenteuerlich. Manchmal kam es zu schlimmen Unfällen, manchmal versperrte Steinschlag die Straßen. Ach, jetzt ist es so viel schöner und angenehmer.«

Ich blickte auf die gegenüberliegende Straße und stellte mir vor, wie Marianne als junge Frau rauchend am Steuer eines Kleinwagens den Geröllmassen auf der Straße auswich, aufs Gaspedal drückte, um einen LKW auf einer Geraden zu überholen, und gleichzeitig den kleinen Kindern Bert und Hatto, die sich gerade auf der Rückbank stritten, mit einem strengen Blick zum Schweigen brachte. Ich sah Marianne am Lenkrad und wünschte mir, Mutter wäre ebenso stark und selbstbewusst wie sie.

Nach den Alpen ging es hinab in die Venezianische Tiefebene, die Luft wurde mediterraner, feuchter, die Häuser pastellfarben zwischen all den zurechtgestutzten Baumalleen und dicht bewachsenen Gewässern der Lagune, die Polizisten hießen so schön klingend Carabinieri. Bis dahin kannte ich Italien nur aus den Urlaubsvideos, die wir uns zu Hause, sobald es draußen kalt und nebelverhangen wurde, an Familienwochenenden anschauten. Während ich die anderen im

Fernsehen so sorglos und lebhaft am Strand oder im Meer spielen sah, fühlte ich ein Brennen in der Brust, diese gemeinsame Zeit mit ihnen fehlte mir, ich gehörte nicht richtig zur Familie dazu. Aber das war jetzt vorbei: Endlich war auch ich in Italien.

Hatto war mit seiner Familie und Volker bereits einen Tag zuvor angereist. Als wir eintrafen, war sein Campingwagen samt Vorzelt bereits aufgebaut. Wir fuhren auf den Stellplatz neben ihm. Marianne setzte sich in einen Campingstuhl, trank Kaffee, rauchte ihre langen M & M-Zigaretten und erklärte uns, wo genau alles stehen sollte. Wir steckten die Zeltstangen zusammen, rammten die Heringe schräg in den Boden, befestigten die Planen, schlossen die Herdplatte an, richteten die Küche ein, räumten die vorgekochten Dosen in die Regale. Als alles nach mehreren Stunden schweißtreibender Arbeit schließlich nach Mariannes Wünschen eingerichtet war, rannten wir um die Wette zum Strand und sprangen überglücklich mit einem Kopfsprung in die blau schimmernde Adria.

Ich schlief mit Markus auf einer großen Luftmatratze in einem kleinen Igluzelt neben dem Campingwagen. Morgens krabbelten wir aus unserer Minibehausung hinaus und liefen barfuß und nur mit Badehose bekleidet zum Supermarkt des Campingplatzes. Marianne hatte uns einen Einkaufszettel und mehrere Tausend Lire mit auf den Weg gegeben. Wir kauften Brötchen, Croissants, Nutella, Käse, Schinken und Tomaten. Als wir zurückkamen, war der Frühstückstisch bereits gedeckt. Marianne trank Kaffee und wir heißen Kakao. Im Radio, das auf dem dunkelgrünen Messingtisch stand, spielten sie italienische Schlager, die Sonnenstrahlen blinzelten durch die Baumwipfel hindurch, die

Luft war noch frisch und die Brötchen noch warm. Marianne warf den Spatzen ein paar Brotkrümel zu. »Schaut doch, wie süß sie sind. Und dort drüben, da nehmen sie gerade ihr morgendliches Staubbad, um ihr Gefieder von den lästigen Insekten zu befreien. So goldig.«

Sobald wir zu Ende gefrühstückt und im Waschraum das Geschirr abgespült hatten, ging es mit Liegestuhl, Kühlbox, Wasserpistolen, Sonnenschirm, Handtüchern, Schaufeln und Eimern zum Strand. Marianne lag im Liegestuhl, las Bücher oder löste Kreuzworträtsel. Sie ging nie schwimmen, streckte ihre Füße nur alle paar Stunden zur Abkühlung in das anschäumende Meer. Ich suchte mit Markus Muscheln, tobte mit ihm im Wasser oder vergrub ihn so tief im Sand, dass er sich nicht mehr bewegen konnte und ich ihn wieder ausbuddeln musste. Später, als die anderen Kinder zu uns stießen, bauten wir mit Julia, Katja, Frank, Franziska, Robert, Frauke, Timmy oder Susanne riesige Sandburgen, die im Verlauf des Tages von der Flut wieder weggespült wurden. Danach spielten wir Fangen, bespritzten uns mit oder ohne Schwimmflügel im Wasser oder wurden vom großen Hatto Hals über Kopf ins Meer geworfen.

Mittags, wenn die Hitze kaum auszuhalten war, aßen wir im Strandcafé Sant'Angelo riesige Eisbecher. Am Nachmittag spielten wir unter den schattigen Bäumen Boccia, warfen gelbe, grüne und blaue Kugeln geschmeidig durch die Luft. Wenn der Sand sich abends wieder ein wenig abgekühlt hatte, trafen wir uns zum Fußballspielen an der Promenade.

Einmal spielte Theo mit uns mit. Theo, der neue Mann von Petra, arbeitete ebenso wie sie für BMW, hatte einen Schnauzer, war schlaksig, in München geboren, sprach bairisch, trank sehr gerne und sehr viel Weizenbier und neigte zu cholerischen Anfällen. An diesem Abend spielten die Italiener gegen uns Deutsche. Wir jagten dem Ball im tiefen Sand hinterher, das Spiel stand auf Messers Schneide. Dann schoss Theo ein Tor. Der Schiedsrichter, ein Italiener, war jedoch der Ansicht, dass der Ball über die Baumzweigpfosten hinweggeflogen sei, und erkannte das Tor nicht an. Theo, der schon das ganze Spiel mit den Entscheidungen des Schiedsrichters gehadert hatte, bäumte sich mit hochrotem Gesicht vor dem Schiedsrichter auf, zerriss sein Hemd und bezeichnete ihn auf Italienisch als Arschloch, woraufhin die italienischen Spieler angerannt kamen, ihn schubsten und bedrängten. Hatto, dessen gewaltige Größe den Italienern Respekt einzuflößen schien, zog Theo zur Seite. »Mensch, jetzt beruhige dich mal wieder. Das ist doch nur Fußball.« Das Spiel wurde abgebrochen. Theo lief wutschnaubend zurück zum Zeltplatz, echauffierte sich über die Italiener.

Marianne schüttelte nur befremdet den Kopf und Petra schien sich gar für Theo zu schämen. In meiner deutschen Familie waren alle immer sehr darauf bedacht, in der Öffentlichkeit Haltung zu bewahren. Theo war der Erste, der einen Scheiß auf diese Haltung gab. Dafür mochte ich ihn sehr.

Abends konnte man sich zumeist aussuchen, bei wem man essen wollte. Bei Marianne gab es klassische deutsche Küche, Rinderbraten mit Knödeln und Rotkohl oder Eisbein mit Sauerkraut. Brigitte und Hatto experimentierten gerne, kochten auch asiatische Reisgerichte mit Sojasoße und mariniertem Hähnchenfleisch. Bert war ein Fischliebhaber und bei David und Maxi, meinen absoluten Favoriten, gab es Steaks, Hamburger, Maiskolben und Rippchen. David, der unangefochtene Grillmeister aus den Vereinigten Staaten von Amerika, briet die saftigsten Hamburger und Steaks.

Nach dem Abendessen trafen sich einige aus der Familie an irgendeinem Zeltplatz und spielten Karten oder *Risiko*. Unsere Plätze lagen dicht beieinander, die Behrens-Familie bildete im abgeschlossenen Campingplatz ihren ganz eigenen Kosmos. Die *Risiko*-Spiele waren nahezu episch: Bis spät in die Nacht hinein verschoben wir auf dem Brett unsere Armeen und versuchten, ganze Kontinente zu erobern. Manchmal waren wir so leidenschaftlich ins Spielgeschehen vertieft, dass uns die italienischen Parkwächter mit ihren Taschenlampen dazu auffordern mussten, die Nachtruhe einzuhalten. Was dann natürlich auch sofort geschah.

Robert besuchte uns immer nur für eine Woche in Italien, hatte kaum Zeit, da er zusätzlich zu seiner journalistischen Tätigkeit damit begonnen hatte, Bücher über die historischen Entwicklungen in der Motorradbranche zu schreiben. Auf dem Campingplatz war er ein genügsamer Stubenhocker, ging nie an den Strand, nie schwimmen, saß den ganzen Tag über in kurzer Sporthose am Zeltplatz, streckte seinen dicken Bauch in die leichte Meeresbrise, trank Kaffee, rauchte Pfeife und las Bücher über den Nationalsozialismus.

Ab und zu fuhren wir mit dem Auto auswärts essen. Marianne und Robert hielten ihrer Lieblingspizzeria in Cavallino seit über dreißig Jahren die Treue. Michele, der Besitzer des Ladens, ein netter älterer Herr mit Halbglatze, der zu dunklem Anzug eine bunte Krawatte trug, begrüßte uns wie alte Freunde. »Da ist ja meine deutsche Lieblingsfamilie. Wie geht es euch? Wie war euer Jahr?«

Wir saßen auf der großen Außenterrasse des Lokals. Drinnen stand ein riesiger Holzkohleofen, um den herum die Pizzabäcker – allesamt junge Männer in weißen T-Shirts – den Teig blitzschnell durch die Luft wirbelten und die belegten Pizzen mit langen Schaufeln in die Gluthitze des Ofens schoben. Sie strahlten eine ansteckende Lebensfreude aus mit ihren geschickten Bewegungen, die alles so federleicht aussehen ließen. Darüber hinaus schmeckten ihre Pizzen einfach nur himmlisch.

Gleich neben Michele's Pizzeria befand sich ein Geschäft für Muranoglas, in dem ich für Mutter Jahr für Jahr ein Urlaubsgeschenk kaufte. Alles war sehr hell ausgeleuchtet, die kunstvoll modellierten Figuren erstrahlten in ihrer ganzen Pracht. Marianne machte immer den gleichen Witz: »Alem, benimm dich jetzt nur ja nicht wie ein Elefant im Porzellanladen.« Grinsend stellte ich mir jedes Mal vor, wie ein Elefant vorsichtig versuchte, sich durch all die zerbrechlichen Glasregale hindurchzuschlängeln. Behutsam nahm ich die Gläser in die Hand, suchte für Mutter jedes Jahr eine andere bunte kleine Tierfamilie aus, mal waren es Papageien, dann Giraffen, dann Zebras und Delfine, die noch heute in ihrem Wandschrank in der Rothschildallee in Frankfurt stehen.

Der Höhepunkt des Urlaubs war für mich der Tagesausflug nach Venedig. Der Markusplatz, die Rialtobrücke, der Canal Grande, die engen Gassen und kleinen Brücken, die Paläste, Glockentürme, Kirchen und Kathedralen, einfach alles in dieser Stadt, die auf kroatischem Holz errichtet worden war, bezauberte mich durch ihre formvollendete Schönheit. Egal, wer von unserer Familie gerade nach Venedig fuhr, ich war immer dabei, trieb meine Leute immer tiefer in die Gassen hinein, kannte schon bald die hintersten Winkel und verborgensten Plätze. Nach einigen Jahren war nicht mehr ich es, der Hatto, Bert, Petra oder Maxi darum bitten musste, mit nach Venedig zu dürfen, sondern sie fragten mich, ob ich mitkommen und ihnen die Stadt zeigen würde.

Die Tage und Wochen in Italien vergingen sorgenfrei wie im Flug. Nur gegen Ende des Urlaubs wurde ich ein wenig melancholisch, denn während die anderen noch bleiben durften, musste ich ins karge Gebirgsdorf zu Oma und Opa nach Jugoslawien fahren. Meine Reisen dorthin waren nicht nur für meinen Magen ein unschönes Abenteuer.

Im ersten Jahr fuhr ich allein mit dem Schiff von Venedig nach Split. Marianne hatte mich zum Hafen gebracht. Ich winkte ihr zum Abschied mit schwerem Herzen von der Reling. In der Nacht zog ein Sturm auf, ich lag im Gemeinschaftsraum auf einer harten Pritsche. Der Wellengang war hoch, der Boden schwankte, mehrfach übergab ich mich, an Schlaf war nicht zu denken. Frühmorgens fuhren wir bei strahlendem Sonnenschein in den Hafen von Split ein. Die Palmen, die alten Steinhäuser, der Diokletianpalast im Zentrum der Stadt und dann auch Mutter, die fröhlich winkend im Hafen auf mich wartete. Ich war kreidebleich und übergab mich gleich noch einmal.

Da Schiffe nichts für mich zu sein schienen, fuhr ich das nächste Mal mit dem Zug von Venedig nach Split. Ohne Sitzplatzreservierung musste ich im Gang stehen, die Abteile waren voll. In Triest, an der Grenze, wurde alles noch schlimmer. Hunderte Menschen standen am Bahnsteig, drängten sich mit ihren vielen Taschen in den bereits überfüllten Zug hinein. Die Leute fluchten und stritten. Als der Zug weiterfuhr, stand ich eingezwängt im Gang, in der Hitze gab es kaum Luft zum Atmen. Die neuen Fahrgäste schienen allesamt Händler und Schmuggler zu sein, die in Italien, im Westen, Produkte eingekauft hatten, die es im sozialistischen Jugoslawien nicht gab. Nahezu jeder versuchte in den verborgenen Ecken des Zuges, in Mülleimern, abgeschraubten

Wandverkleidungen, in Lüftungsklappen oder den Übergängen zwischen den Waggons noch schnell etwas zu verstecken. Mit drohenden Blicken machten sie mir klar, dass es ein Fehler wäre, sie bei den Zollbeamten zu verraten. Ich schaute auf den Boden und tat so, als ob ich nichts gesehen hätte. Als die Zöllner unseren Waggon betraten, sah ich aus den Augenwinkeln, wie die Schmuggler ihnen haufenweise Geldscheine in die Hemdtaschen steckten. Manchmal durchsuchten die Beamten trotzdem Taschen und Verstecke, schrien herum, beschlagnahmten Güter und ließen vereinzelt Personen abführen. Erst eine geschlagene Stunde später verließen sie endlich unseren Waggon.

Wenig später erschienen die Grenzpolizisten. Ich holte meinen Pass aus der Tasche. Ein kleiner Junge, vielleicht sieben oder acht Jahre alt, riss ihn mir plötzlich aus der Hand und rannte weg. Verwirrt stand ich einfach nur da und schaute dem Kind hinterher. Eine ältere Dame schrie: »Haltet den Dieb. Haltet den Jungen auf. Er hat einen Pass gestohlen.« Das Kind sprang über Taschen, rempelte Leute weg, versuchte aus dem Waggon auf das Gleis zu entkommen. Doch ein kräftiger Mann mit großen Händen warf ihn zu Boden und zog ihn am Ohrläppchen zu mir zurück. Der kleine Junge jaulte vor Schmerz. »Bitte, dein Pass. Ich habe ihn dort hinten gefunden.« Das Kind sah mich unterwürfig an.

Der Mann hielt ihn immer noch am Ohrläppchen fest. »Einen Scheiß hast du gefunden, du dreckiger Zigeuner. Du hast ihn gestohlen, wolltest ihn auf dem Schwarzmarkt verkaufen. Abschaum wie dich sollte man ein für alle Mal wegsperren.« Dann ließ er das Ohrläppchen des kleinen Jungen los, spuckte auf ihn, gab ihm einen Tritt in den Hintern. »Hau ab, du verfickter Zigeuner.«

Der Junge rannte davon, sprang aus dem Zug. Ich stand immer noch wie betäubt da. Der Mann und die ältere Dame redeten auf mich ein, ein anständiger Junge wie ich müsse besser auf seine Sachen aufpassen. Mir tat der kleine Junge trotzdem leid. Seine Klamotten waren zerschlissen, seine Schuhe löchrig, er hatte Schmerzen, die rohe Gewalt und Verachtung des Mannes, die Angst in den Augen des Kindes. Als der Grenzpolizist meinen Pass kontrollierte, fragte er mich, ob es Probleme gegeben habe. Ich schüttelte den Kopf.

Wir ruckelten durch die Nacht. Ich stand zwischen all den fremden Menschen, es stank nach Schweiß und Alkohol, ängstlich umklammerte ich meine wenigen Habseligkeiten. Dann bekam ich Durchfall, Pisse und Scheiße verklebten den Boden und die Kloschüssel in der Zugtoilette. Italien und die sichere Ordnung meiner deutschen Familie schienen sehr weit weg zu sein.

Als wir frühmorgens in Zagreb ankamen, war ich am Ende meiner Kräfte. Für die Dauer der zwei Stunden Aufenthalt legte ich mich am Rand der Bahnhofshalle hin, schlief sofort ein und erwachte erst fünf Minuten vor Abfahrt meines Zuges nach Split. Wie schon zuvor waren alle Abteilplätze belegt. Ich setzte mich zwischen den Waggons auf den Boden, der quietschende Schienenlärm fuhr mir in die Glieder, ich hatte immer noch Durchfall, mir war schlecht, ich übergab mich mehrfach.

Am Hauptbahnhof in Split konnte ich Mutter in den Menschenmassen nicht entdecken. Sie sollte mich doch eigentlich abholen. Es war sengend heiß, ich wuchtete meinen schweren Koffer vor das Bahnhofsgebäude, stellte mich unter einen schattigen Baum mit Blick auf das Meer, die Palmen, die Stadt, die in alle Richtungen Jugoslawiens abfahrenden Busse. Ich wartete zwei Stunden. Doch Mutter kam einfach nicht. Die Frau am Schalter sagte mir, dass der letzte Bus nach Vrlika in fünfundzwanzig Minuten abfahren würde. Ich hatte keine jugoslawischen Dinare, die Wechselstube war geschlossen, aber Mutter hatte ihr Geld immer auf dem nahen Obst- und Gemüsemarkt schwarz eingetauscht. Ich bat die Frau hinter dem Schalter, auf meinen Koffer aufzupassen, und rannte los. Die Frau schrie mir hinterher, ich könne meinen Koffer nicht einfach dort stehen lassen. Ich rannte einfach weiter. Ein paar Minuten später erreichte ich völlig durchgeschwitzt den *Stari Pazar*, den Marktplatz im Zentrum. Ich ging zum Gemüsestand einer alten Bäuerin mit Goldzähnen und fragte, ob sie Deutsche Mark wechseln würde. Sie schaute sich hektisch um. »Psst. Nicht so laut, mein Junge. Wie viel hast du?«

Ich gab ihr einen Zehnmarkschein, den sie eine kleine Ewigkeit hinter ihrem Stand auf seine Echtheit prüfte.

»Der ist echt. Ich komme aus Deutschland. Ich hab wirklich keine Zeit. Mein Bus fährt gleich ab. Bitte, gib mir einfach das Geld.«

Sie schaute mich prüfend an, kramte in ihrer Schürze das Geld hervor und drückte mir unauffällig ein Bündel Scheine in die Hand – wegen der grassierenden Inflation wusste ich nicht einmal, wie viel sie wert waren. Ich rannte zurück zum Busbahnhof. Mein Koffer stand glücklicherweise noch dort. Ich fragte die Frau am Schalter, wie viel das Ticket nach Vrlika kostete. Ihr Blick wanderte zu den Geldscheinen in meiner Hand. »Lass mal sehen, wie viel du da hast.« Ich legte alles in das Drehfach. Sie blätterte das Bündel durch und behielt alles ein. Ein Busticket konnte niemals zehn Mark kosten, das war viel zu teuer. Entweder die Marktfrau oder die Ticketverkäuferin hatten mich hereingelegt, aber das war mir jetzt auch schon egal.

Eineinhalb Stunden später stellte ich mich in Vrlika mit meinem Koffer unten an den Berg. Ein Bauer nahm mich hinten auf seiner Ladefläche mit. Wir tuckerten gemächlich die Serpentinen hinauf. Die Sonne brannte, die Schluchten wurden immer tiefer, mir war immer noch schlecht. Wir bogen in unser Dorf ein.

Mutter saß mit Oma auf dem großen Stein vor dem wackligen Bauernhaus. »Alem, was machst du denn hier? Du solltest doch erst morgen kommen.« Sie rannte auf mich zu und umarmte mich fest. Sie entschuldigte sich tausend Mal, dass sie sich den falschen Tag gemerkt hatte. Nach meiner vierundzwanzigstündigen Odyssee wollte ich einfach nicht mehr reden, hundemüde fiel ich ins Bett und wachte erst am nächsten Tag wieder auf.

Nach den schlechten Erfahrungen mit Schiff und Zug entschieden Smilja und Marianne, dass ich nicht mehr allein nach Jugoslawien reisen sollte. Im darauffolgenden Jahr fuhr Robert mich mit einer brandneuen Honda Gold Wing, einer Testmaschine, die er sich extra für diesen Urlaub organisiert hatte, nach Maovice.

In jenem Sommer las Robert *Der Faschismus in seiner Epoche* von Ernst Nolte und *Der Untergang Dresdens* von David Irving. Er saß in seinem Liegestuhl auf dem Campingplatz, als ich tropfnass vom Meer kam. Ich blickte auf seine Kriegsverletzung, das riesige Loch in der Schulter, auf das ich als Kind so unglaublich stolz gewesen war. Doch das Loch hatte sich verändert, war schattiger und dunkler geworden, hinter seiner tiefen Ausbuchtung verbarg sich etwas, vor dem ich mich zunehmend fürchtete.

Ich setzte mich neben Robert. »Und, wie sind deine Bücher? Sind sie spannend?«

Er nahm seine Lesebrille ab, blickte mich freundlich an, streichelte sich über den großen Bauch, nahm einen Schluck Kaffee, zündete sich seine Pfeife an. »Ja, sogar sehr spannend.« Dann deutete er auf das Cover, auf dem einige zerstörte Häuserreihen zu sehen waren. »David Irving, ein Brite, ein Engländer, beweist in diesem Werk, dass die Luftangriffe der Alliierten auf Dresden, bei denen Zehntausende unschuldiger Zivilisten ums Leben kamen, dass dieser Bombenholocaust auf diese wunderschöne Stadt ein grausames Kriegsverbrechen gewesen ist. Ein Engländer spricht aus, was kein Deutscher mehr zu sagen wagt. Eine Schande ist das, mein Junge.«

Nachdenklich zog Robert an seiner Pfeife. »Angeblich haben wir wegen der Vernichtung des jüdischen Volkes ja kein Recht mehr auf die Wahrheit. Aber da mache ich nicht mit! Das lasse ich mir nicht gefallen!«

Schon wieder war er bei den Juden. Immer dieselbe Leier: Am Ende waren für Robert die Juden an allem schuld.

»Alem, du brauchst gar nicht so zu schauen. Ich war selbst in Dachau, das war nur ein Durchgangs- und Arbeitslager. Wir wollten die Juden aus dem Land haben, aber doch nicht vernichten. Es waren auch keine sechs Millionen Juden, sondern höchstens ein paar Zehntausend, die in den Lagern an Seuchen oder anderen Krankheiten und ganz gewiss nicht durch Giftgas starben. All diese Lügen über uns Deutsche haben die Juden doch nur erfunden, um damit ihre dreisten Reparationsforderungen zu legitimieren. Das ist die Wahrheit, mein Junge. Das ist die Wahrheit.«

»Was hast du in Dachau gemacht?«

Er lächelte. »Ich war ein junger Bursche, habe vor dem Krieg als Journalist gearbeitet und eine Reportage über das Lager geschrieben. Dort saßen vor allem politische Gegner, die anständig behandelt wurden. Das habe ich mit eigenen Augen gesehen. Dachau war kein Vernichtungslager.«

»Keine Ahnung, was genau in Dachau passiert ist. Aber Auschwitz hatten wir im Geschichtsunterricht. Es gibt Dokumentarfilme, die beweisen, dass die Juden dort systematisch vernichtet wurden.«

»Ach, diese Filme.« Robert machte eine wegwerfende Handbewegung. »Die wurden doch nur zu Propagandazwecken gedreht. Die haben alles arrangiert, nichts davon ist wahr. Du darfst nicht alles glauben, was du im Fernsehen siehst.«

»Robert, hast du jemals einen Juden getötet?«

Roberts Augen blitzten, erregt beugte er sich vor. »Natürlich nicht. Wie kannst du mich nur so etwas Dummes fragen?«

»Na gut, aber was ist mit mir? Ich bin kein Deutscher, bin ein Jugoslawe mit einem muslimischen Namen.«

»Was meinst du damit? Was soll das?«

»Für die Nazis wäre ich kein richtiger Deutscher gewesen, ich wäre jemand gewesen, der kein Recht darauf gehabt hätte, in Deutschland zu bleiben. Genau wie die Juden.«

»Alem! Was soll der Unsinn. Der Nationalsozialismus war eine internationale Bewegung, die gegen den Bolschewismus und gegen den jüdischen Finanzkapitalismus gekämpft hat. Die Kroaten, die Italiener, die Finnen, die Bulgaren, die Japaner und viele andere Völker haben an unserer Seite gestanden. Auch mit dem türkischen Volk waren wir freundschaftlich verbunden. Junge, bezieh nicht immer alles auf dich. Und nimm die Sachen nicht so schwer. Schluss damit.«

Er klopfte mir aufmunternd auf die Beine. »Na komm, ich lade dich auf ein Eis ein. Das wird uns auf andere Gedanken bringen.«

In diesem Moment kam Marianne mit ein paar Enkelkindern vom Strand zurück. Sie schmissen die Schaufeln, Eimer und Schwimmflügel in eine Ecke. Marianne sah uns aufmerksam an. »Alles in Ordnung bei euch? Ihr wirkt so ernst.«

Nichts war in Ordnung, rein gar nichts. Um die Stimmung nicht noch mehr zu vermiesen, behauptete ich das genaue Gegenteil. Mein Italien sollte ungetrübt bleiben.

Robert war doch eigentlich ein herzensguter Mensch, der immer für mich da war. Warum verteidigte er so vehement eine Ideologie, die sechs Millionen Menschen vernichtet hatte? Die anderen Behrens-Kinder meinten, ich solle seine abstrusen Ansichten über den Nationalsozialismus einfach nicht weiter beachten, Robert würde sich nur nach seiner Jugend zurücksehnen. Ich konnte das nicht glauben, aber gleichzeitig wollte ich auch nicht weiter nachbohren, wollte ihn nicht hassen, sondern vielmehr lieben. Er war doch mein Vater.

Wir sprachen nicht mehr darüber und stiegen ein paar Tage später gemeinsam auf die Gold Wing. Dieses Motorrad, das sogar eine Harley wie ein kleines Kinderspielzeug aussehen lässt, war eine imposante Höllenmaschine auf zwei Rädern: Sechszylinder-Viertakt-Boxermotor, tausendfünfhundertzwanzig Kubikzentimeter Hubraum, achtundneunzig PS, dreihundertneunzig Kilo schwer, Fünfganggetriebe mit Overdrive, Doppelschleifen-Stahlrohrrahmen, weinrot lackiert und ein Motorengeräusch, das einem tief fliegenden Kampfjet glich. Marianne stand im Badeanzug vor dem Motorrad, gab uns beiden einen Kuss. »Fahr vorsichtig, mein Schatz.«

Wir klappten die Visiere herunter, Robert startete die Maschine, wir winkten, fuhren im Schritttempo über den Campingplatz und jeder, wirklich jeder Campingplatzbewohner drehte sich mit ungläubig bewundernden Blicken nach uns um.

Wir brausten die adriatische Küstenstraße entlang, lagen geschmeidig in den Kurven, fuhren vorbei an tiefen Abhängen, verborgenen Badestränden, idyllischen Fischerdörfern, aßen frisch gegrillten Oktopus, ließen uns im Fahrtwind treiben, wurden von den klapprigen Jugoautos fröhlich angehupt. Wir hatten keine Eile, übernachteten in einem luxuriösen Strandhotel, genossen das reichhaltige Frühstücksbuffet, verließen die Küstenstraße, stiegen immer höher im schroffen Karstgebirge bis nach Vrlika, fuhren den letzten Berg hinauf und erreichten die staubige Schotterpiste vor Maovice. Robert parkte die Gold Wing schließlich vor unserem alten wackligen Bauernhaus.

Was für ein Ereignis: Die Dorfbewohner strömten herbei, umringten uns, bestaunten die Maschine wie ein außerirdisches Raumschiff. Dragan, einer unserer Nachbarn, ein lustiger Kerl, sagte: »Du bekommst mein ganzes Vieh für dieses Motorrad. Ich besitze einen Hahn und siebenundzwanzig Hühner, zwölf Schweine, zwei Esel und sechs Kühe. Bist du einverstanden?«

Alle lachten.

Wir gingen die Stufen zum Haus hinauf. Smilja machte für Robert einen Kaffee in der Wohnstube. Er versuchte, sich nichts anmerken zu lassen, war jedoch sichtlich erschüttert von den Verhältnissen, in denen wir hier lebten. Zwar hatte ich ihm davon erzählt, doch er hatte es sich wohl nicht so ärmlich vorgestellt. Er saß verkrampft in seiner Lederbekleidung auf dem wackeligen Stuhl, wippte nervös mit dem rechten Fuß auf dem Holzboden. Opa sprach ein paar Fetzen Deutsch, holte seine Pfeife und seinen Tabak hervor. »Du rauchen?« Robert nickte, sie stopften sich ihre Pfeifen, zündeten den Tabak mit Streichhölzern an und bliesen den Rauch genüsslich in die Wohnstube.

Da saßen sie nun gemeinsam an einem Tisch, mein Vater, der deutsche Journalist und Nazi, und mein Opa, der jugoslawische Bauer und Partisan. Ich sah Robert mit seiner Panzerdivision durch Osteuropa wüten und Opa, wie er in einem Hinterhalt in den Bergen mit seinen Kameraden darauf lauerte, ein paar deutsche Soldaten zu erschießen. Was hätte Opa wohl getan, wenn er gewusst hätte, wem er da gerade gegenübersaß? Ich hatte weder ihm noch Mutter jemals von Roberts Vergangenheit erzählt.

Robert winkte mich zu sich heran und sagte leise: »Alem, ich müsste mal auf die Toilette. Wo ist sie denn?«

»Tut mir leid, wir haben gar kein Klo. Dafür musst du in den Busch hinter das Haus gehen.« Er, der peinlich genau auf Hygiene achtete, würde niemals in einen dreckigen Busch gehen, um dort seine Notdurft zu verrichten. »Aber unten in Vrlika gibt es ein Restaurant mit Toilette. Ist zwar auch nicht das sauberste, aber immerhin.«

»Du, Alem, wärst du mir böse, wenn ich jetzt gleich abzischen würde?«

Ich musste über seine vorsichtige Frage schmunzeln. »Quatsch. Komm, ich bring dich noch nach unten.«

Inzwischen stand das halbe Dorf um das Motorrad herum. Robert stieg auf die Gold Wing, umarmte mich fest. »Lass dich nicht unterkriegen. Halt die Ohren steif, mein Junge.«

»Werde ich tun. Ich komm hier schon klar. Mach dir keine Sorgen um mich.«

Dann zog Robert seinen Helm auf, rückte das Motorrad in die Waagrechte, schob mit dem Stiefel den Ständer nach oben, drehte den Zündschlüssel um, ließ den Motor unter heftigem Beifall der Dorfbewohner aufheulen und verschwand hinter einer riesigen Staubfahne aus meinem kleinen Bergdorf Maovice.

Ein Jahr später war es Marianne, die mit unserem nagelneuen metallicroten BMW den Staub auf der Dorfstraße in Maovice aufwirbelte. Dieses einzige Mal reiste ich nicht von Italien nach Jugoslawien, sondern in umgekehrter Richtung von Jugoslawien nach Italien.

Marianne war mit Maxi, deren ältestem Sohn Robert sowie Markus von Cavallino nach Maovice gefahren. Ich strahlte, als ich ihr Hupen vor dem Haus hörte, rannte hinunter, umarmte sie alle. Marianne strich mir sanft durch die Haare. »Endlich haben wir dich gefunden. War gar nicht so einfach, gibt ja keine Straßennamen und Schilder. Wir sind ein paar Mal falsch abgebogen, haben uns durchgefragt. Aber jetzt sind wir ja da.« Dann blickte sie sich um. »So, so, das ist also dein kleines Maovice.«

»Dahinten siehst du das Dinara- und das Svilaja-Gebirge. Und dieser Baum dort in der Mitte des Dorfplatzes ist ein Maulbeerbaum. Wenn man rechts von ihm den kleinen Weg hinuntergeht, kommt man zu dem Brunnen, wo wir jeden Tag Wasser holen. Und das hier ist unser Haus. Opa hat es vor vielen Jahren selbst gebaut.« Ich freute mich, Marianne endlich all das zeigen zu können, wovon ich ihr all die Jahre so viel erzählt hatte.

Wir gingen hoch in die enge Wohnstube. Es war sehr heiß, Marianne trug nur knappe Shorts. Da es nicht genügend Stühle gab, setzte ich mich auf ihren Schoß.

Später erzählte Mutter mir, dass die anderen Omas im Dorf über Marianne gelästert hatten. »Du weißt doch, bei uns tragen alle älteren Frauen lange Röcke und Kopftücher. Als sie Marianne mit ihren entblößten Beinen aus dem Auto aussteigen sahen, wären sie fast in Ohnmacht gefallen. Noch Wochen später haben sie sich darüber das Maul zerrissen. Auch Oma war von Mariannes kurzer Hose schockiert. Ein solches Auftreten gehört sich nicht für eine ältere Dame. Ich dachte schon: O nein, und jetzt auch noch das. Du weißt, dass Oma mir jahrelang vorgeworfen hat, dass es eine Sünde ist, sein Kind in die Arme einer fremden Frau zu geben. Ich befürchtete das Schlimmste. Doch am Abend, da wart ihr schon weg, sagte sie zu mir: Weißt du, Smilja, es war schön, wie Alem auf dem Schoß dieser deutschen Frau saß. Ich konnte spüren, dass die beiden sich lieben. Jetzt mache ich mir keine Sorgen mehr um ihn. Du kannst dir gar nicht vorstellen, wie erleichtert ich über ihre Worte war.«

Opa lag damals schon blind im Bett. Mutter und Oma standen am Herd, kochten Kaffee. Robert schaute sich um und sagte laut zu Maxi: »Das sieht hier aber alles ganz schön scheiße und heruntergerockt aus.«

Maxi ergriff Roberts Arm. »Wirst du wohl still sein.« Robert zuckte mit den Schultern und verdrehte die Augen. Maxi schickte ihn mit Markus raus zum Spielen.

Maxi entschuldigte sich bei Mutter. Obwohl sie so tat, als ob ihr das nichts ausmachen würde, schämte Mutter sich für unser armseliges Leben, wie schon ein Jahr zuvor, als der andere Robert in seiner Motorradkleidung in der Wohnstube gesessen hatte. Aber diesmal war sie vorbereitet, sie wollte nicht noch einmal in die Verlegenheit kommen, ihren Gästen keine anständige Toilette anbieten zu können. Unten in Vrlika, im Restaurant, hatte sie deshalb eine riesige Balkanplatte für uns vorbestellt.

Ich packte meinen Koffer, verabschiedete mich von Oma und Opa. Als wir das Haus verließen, kamen uns Robert und Markus schreiend auf der Treppe entgegen. Sie wurden von ein paar Hühnern verfolgt, die mit pickenden Schnäbeln die beiden von ihren Küken wegscheuchten. Ein paar Kinder und Dorfbewohner, die den metallicroten BMW bewunderten, hatten die Szene mitbekommen und konnten gar nicht mehr damit aufhören, sich über diese komischen Deutschen halb totzulachen. Robert und Markus versteckten sich ängstlich hinter Marianne und Maxi und huschten so schnell sie nur konnten in den Wagen hinein.

Mutter hatte für die aberwitzige Summe von hundert Mark das Restaurant ganz für uns allein gemietet. Drei Kellner mit Jackett und Fliege kümmerten sich ausschließlich um unser leibliches Wohl, unter der strengen Beobachtung von Mutter und Marschall Tito, dessen übergroßes Porträt an der Wand hing. Als Vorspeise wurde Suppe, Käse, Brot und Schinken gereicht. Als Hauptspeise gab es gemischten Salat, Pommes, gefüllte Paprika, Lammbraten, Ćevapčići, Pljeskavica und Schweinekoteletts. Und zum Dessert wurde auch noch eine dicke Cremeschnitte mit Vanillepudding aufgetischt. Marianne bedankte sich überschwänglich bei Mutter. »Aber Frau Grabovac, das wäre doch nicht nötig gewesen. Das können wir doch niemals alles aufessen.« Mutter sagte nichts und war zufrieden.

Nach dem Festmahl stiegen wir vollkommen überfressen

ins Auto. Mutter stand allein auf dem Bürgersteig, winkte zum Abschied und weinte. Ich winkte zurück und freute mich auf Italien.

Viereinhalb Stunden später erreichten wir die jugoslawische Grenze. Der Beamte nahm unsere Pässe entgegen. Er runzelte die Stirn, ging mit den Pässen zur Grenzbaracke und kam ein paar Minuten darauf mit seinem Vorgesetzten zurück. Der Vorgesetzte, ein großer junger Mann mit glatt rasierten schönen, ebenmäßigen Gesichtszügen, blätterte lässig in unseren Ausweisen herum. »In diesem Auto befindet sich ein minderjähriger jugoslawischer Staatsbürger. Ohne die beglaubigte Einverständniserklärung seiner Eltern kann ich die Weiterfahrt nicht genehmigen.«

Marianne wirkte fahrig und antwortete auf Englisch: »Einen Augenblick bitte, irgendwo im Handschuhfach müsste dieses Schreiben sein.«

Maxi durchwühlte mehrfach das Handschuhfach, öffnete alle kleineren Taschen, vergeblich.

»Wo ist dieser verdammte Schrieb, ich weiß doch noch ganz genau, dass ich ihn vor dem Urlaub ins Auto gelegt habe.« Marianne langte hinüber und durchsuchte selbst noch einmal das Fach. Der junge hübsche Grenzbeamte verlor die Geduld und bat uns, auf die Seite zu fahren.

Wir krempelten das Auto um, suchten im Kofferraum, unter den Sitzbänken, in jedem Winkel – doch das Dokument wollte einfach nicht auftauchen. Nach einer Viertelstunde blickte mir der junge hübsche Grenzbeamte tief in die Augen. »Du kommst jetzt mit.«

»Wo bringen Sie ihn hin? Weshalb darf er nicht hierbleiben?« In Mariannes Stimme schwang Angst mit.

Der Grenzbeamte legte seinen Zeigefinger an den Mund.

»Suchen Sie das Dokument. Es wäre besser für Sie, wenn Sie es noch finden.«

Ich wurde in ein kleines Zimmer geführt. In der Mitte stand ein Holztisch, links und rechts davon ein Stuhl. Auf dem Tisch drehte sich ein Ventilator, an der Wand hing eine Uhr und ein gerahmtes Foto von Tito in weißer Uniform. Ich setzte mich auf einen der Stühle, durch das Fenster sah ich Marianne und Maxi, die von einem anderen Grenzbeamten bewacht wurden, fieberhaft das Auto durchsuchen.

»Bist du durstig?«

Obwohl ich verneinte, brachte der junge hübsche Grenzbeamte mir ein Glas Wasser und legte freundschaftlich seine Hand auf meine Schulter. »Junge, du brauchst keine Angst zu haben. Wir kommen aus dem gleichen Land, aus dem gleichen Volk, wir sind Brüder. Erzähl, Junge, bist du verschleppt worden, oder haben deine Eltern Geld bekommen, damit du für diese Leute dort draußen in Deutschland arbeitest?«

Ich begriff überhaupt nicht, wie er mich so etwas Absurdes fragen konnte. »Nein, nein, ich bin nicht verschleppt worden. Marianne ist meine Pflegemutter. Maxi ihre Tochter und Robert und Markus sind ihre Enkelkinder. Wir sind auf dem Weg zum Campen in Italien. Da machen wir jedes Jahr Urlaub.«

Der junge hübsche Beamte hob seine Augenbrauen. »Wo sind deine Eltern?«

»Mutter ist bei Oma und Opa in Maovice. Da kommen wir gerade her. Vater ist schon lange tot. Er ist auf einer Baustelle gestorben.«

»Wo soll dieses Maovice sein?«

»Das ist ein kleines Dorf in der Nähe von Vrlika, bei Knin.

Mutter und ich besuchen in den Sommerferien immer da *baba* und *deda*.«

»Du lebst also in Maovice?«

»Nein, habe ich doch gerade gesagt, wir besuchen Oma und Opa da nur in den Sommerferien.«

»Weshalb nur besuchen?«

»Mutter arbeitet in Frankfurt als Gastarbeiterin für VDO, ich gehe in Deutschland zur Schule.«

»Hör auf mit deinen Lügen. Sag mir die Wahrheit. Dir wird nichts geschehen. Sollst du für diese Leute dort draußen in Deutschland arbeiten?«

»Nein, nein. Das ist meine Pflegefamilie. Ich bin im Alter von sechs Wochen zu ihnen gekommen. Ich lebe schon immer bei ihnen in Deutschland. Ich gehöre zu ihnen. Lass mich endlich gehen.«

Der junge hübsche Beamte setzte sich, tippte mit seinen Fingern auf die Tischplatte, beugte sich vor und schrie unvermittelt: »Ich weiß, dass du lügst. Das ist nicht deine Familie. Sag mir endlich die Wahrheit.«

»Aber das ist meine Familie. Alles ist in Ordnung. Lass mich einfach gehen. Wir wollen Urlaub in Italien machen.«

»Einen Scheiß werde ich tun!« Sein hübsches Gesicht verzerrte sich. »Pass auf, Junge, wenn du mir nicht die Wahrheit sagst, werde ich dich und diese Leute dort draußen ins Gefängnis stecken. Hast du mich verstanden? Willst du ins Gefängnis?«

»Nein, auf gar keinen Fall.« Verunsichert sah ich nach draußen, suchte Mariannes Blick. Sie lächelte leicht, gab mir mittels Handzeichen zu verstehen, dass sie den Schrieb schon noch finden würde und ich ruhig bleiben sollte.

Der junge hübsche Grenzbeamte hatte mich genau beobachtet und befahl einem seiner Mitarbeiter, die Rollläden herunterzuziehen. Es wurde dunkel im Zimmer, er knipste die Tischlampe an. »In deiner Zelle wird es noch dunkler sein. Sag mir endlich die Wahrheit, Junge.«

»Das ist die Wahrheit. Lass mich in Ruhe. Was soll das?«

Er schlug mit der Faust auf den Tisch. »Schluss mit den Spielchen. Wenn du mir nicht sofort die Wahrheit erzählst, werden wir hier gleich andere Saiten aufziehen.«

Ich war verzweifelt und schluckte die Tränen herunter, die mir in die Augen schossen. »Wie oft soll ich es noch wiederholen: Diese Leute da draußen, das ist meine Familie. Weshalb glaubst du mir nicht?«

Er sprang auf, trat mit seinen Stiefeln den Stuhl um, packte mich am Hemd und schrie direkt in mein Ohr: »Verdammt noch mal, Junge. Ich will doch nur dein Bestes. Sag mir endlich die Wahrheit.«

»Das ist die Wahrheit.« Meine Stimme war leise, fast nur noch ein Flüstern.

Ständig wiederholte er die gleichen Fragen. Wieder und wieder. Dann kam ein Beamter mit einem Zettel in der Hand ins Zimmer. Sie flüsterten. Der andere Beamte trat zurück. Der junge hübsche Beamte klopfte wieder mit seinen Fingern auf die Tischplatte. »Heißt dein Vater Emir Grabovac?«

»Ja, wieso?«

»Jetzt habe ich dich, Junge. Du lügst. Dein Vater ist ein Dieb, ein Kleinkrimineller. Die Akte seiner Straftaten füllt einen ganzen Ordner.«

»Nein, nein, das stimmt nicht. Das muss eine Verwechslung sein. Mein Vater war ein Bauarbeiter und ist vor vielen Jahren gestorben.«

»Halt die Schnauze, Junge. Du lügst. Dein Vater ist ein

Ganove. Hat er dich an die Deutschen verkauft? Sag mir endlich die Wahrheit. Dir wird nichts passieren. Ich frage dich noch einmal: Hat dich dein Vater an die Deutschen verkauft?«

»Aber ich habe doch schon gesagt, mein Vater ist tot.«

»Ein Scheiß ist dein Vater. Er lebt und hat dich an die Deutschen verkauft. Gib es endlich zu.«

»Nein, nein.« Meine Stimme überschlug sich. »Mein Vater ist tot. Das muss eine Verwechslung sein. Ich kann nicht mehr. Lass mich in Ruhe.«

Er lehnte sich im Stuhl zurück, sah mir lange in die Augen, wandte sich an seinen Kollegen. »Lasst uns essen gehen.«

Sie gingen hinaus. Ich saß allein am Tisch, zitternd, ich fror, die Wanduhr tickte. Ich wartete eine Viertel-, eine halbe, eine Dreiviertelstunde, wurde zunehmend nervöser, blickte auf das fahl angeleuchtete Porträt von Tito an der Wand. »Du und dein scheiß Jugoslawien. Immer gibt es nur Probleme mit euch. Ich hasse euch. Ich hasse euch abgrundtief.«

Nach einer Stunde kamen sie zurück. Der junge hübsche Beamte sagte erneut: »Wie sieht es aus? Willst du mir nun endlich die Wahrheit erzählen?«

Ich war müde, war zermürbt und antwortete: »Alles, was ich dir gesagt habe, ist wahr. Lass mich bitte gehen. Ich kann nicht mehr. Ich will zurück zu Marianne.«

Er grinste. »Nein, du bleibst hier und wirst, wenn du weiter lügst, in einer Gefängniszelle übernachten.«

Dann ging die Fragerei wieder von vorn los: »Wo ist dein Vater? Wo ist deine Mutter? Wo gehst du zur Schule? Wovor hast du Angst? Wie viel Geld haben sie für dich bekommen?«

Ich war am Ende, lag mit meinem Kopf auf dem Tisch.

Die Tür ging auf, noch einmal betrat ein Beamter mit einem Zettel in der Hand das Zimmer. Der junge hübsche Grenzsoldat, der mich seit zweieinhalb Stunden verhörte, schüttelte den Kopf. »Das kann nicht sein. Habt ihr das überprüft?«

Der Beamte nickte. »Ja, Chef, ist überprüft. Das Dokument ist echt.«

Der junge hübsche Beamte fluchte lautstark, sah mich an. »Hau ab, Junge. Los, du kannst gehen. Hau endlich ab.«

Ich stand vorsichtig auf, der andere Beamte führte mich am Arm nach draußen, das grelle Sonnenlicht blendete mich.

Marianne kam auf mich zu, nahm mich in ihre Arme. »O Alem, geht es dir gut? Wir haben die Einverständniserklärung deiner Mutter endlich gefunden. Sie war zwischen das Handschuhfach und das Armaturenbrett gerutscht. Ich weiß auch nicht, wie das passieren konnte. Alem, es tut mir so leid. Was haben sie mit dir gemacht? Haben sie dich geschlagen? Bist du o. k.?«

Ich fühlte mich benommen, leer, zittrig. »Lass uns bitte schnell fahren. Ich will weg.«

Wir stiegen ins Auto. Der junge hübsche Grenzbeamte salutierte lässig mit dem Zeigefinger zum Abschied. Wir fuhren los, befanden uns im Niemandsland zwischen Jugoslawien und Italien. Als wir den italienischen Grenzposten erreichten, begannen meine Hände zu zittern. Der Beamte kontrollierte unsere Pässe, gab sie uns zurück und sagte nur: »Benvenuti in Italia.«

Wir überquerten die Grenze. Doch anstatt erleichtert zu sein, hatte ich plötzlich das Gefühl, keine Luft mehr zu bekommen. Marianne öffnete die Fenster, sodass der Fahrtwind Markus' Hörbuchkassetten, die auf der Rückbank lagen, in einem Zug aus dem Auto riss.

Marianne lenkte den Wagen mit einer ruckartigen Bewegung auf den Randstreifen. Markus, Robert und Maxi versuchten die Kassetten wiederzufinden, die verstreut in der Landschaft lagen. Marianne umarmte mich fest. Ich begann zu weinen. »So ist es gut. Lass alles raus. Das war mein Fehler. Das wird mir nicht noch einmal passieren. Es tut mir leid.«

Ich wischte mir die Tränen aus den Augen, atmete tief durch, fühlte mich wieder freier.

Die anderen kamen mit ein paar Kassetten zurück, aus denen die Magnetbänder herausgerissen waren. Markus, in den Händen einen riesigen Bandsalat, begann verzweifelt zu weinen. »Omi, die sind kaputt.«

Marianne nahm auch ihn in die Arme. »Ach, mein Schatz. Ist schon gut. In Italien kaufe ich dir so viele neue Kassetten, wie du nur willst.«

Zurück in Deutschland fragte ich Mutter nach der seltsamen Begebenheit an der Grenze. »Warum hat dieser Grenzbeamte behauptet, dass mein Vater ein Krimineller ist?«

Nachdenklich sah sie zum Fenster hinaus, ihre Hände zogen die Tischdecke glatt, zupften an der Bluse herum. »Ach, das war eine dumme Verwechslung. Weißt du, in Jugoslawien gibt es viele Grabovac und in Bosnien heißen viele Männer Emir. Sie haben diesen Emir mit unserem Emir verwechselt. Anders kann ich mir das nicht erklären.«

Irgendetwas an ihrer Antwort gefiel mir nicht, ich schob den Gedanken weg. So musste es gewesen sein. Einfach eine dumme Verwechslung.

22

Das erste Mal traf ich Svetozar im Herbst 1988. Bis dahin war er für mich nur der perfekte Sohn aus Dušans Erzählungen. Aufgeregt zappelte ich während der Zugfahrt auf dem Sitz herum, konnte mich kaum auf etwas konzentrieren.

Sie holten mich zu dritt in Frankfurt am Bahnhof ab.

Mutter hatte mich am Tag zuvor am Telefon vor Svetozar gewarnt, er habe die Schule geschwänzt, seiner Oma in Kačarevo Geld geklaut und sich nachts in Kneipen herumgetrieben. Sie klang besorgt. »Er wird jetzt hier bei uns leben. Pass auf dich auf, mein Sohn. Lass dich nicht von ihm beeinflussen. Er hat nur Dummheiten im Kopf. Er ist kein guter Junge mehr.«

Svetozar trug eine verwaschene blaue Jeans und eine coole schwarze Lederjacke. Er war sechzehn, knapp zwei Jahre älter, strich sich seine glatten schwarzen Haare lässig aus der Stirn und begrüßte mich mit einer warmherzigen Umarmung.

Mein Zimmer in der Schloßstraße erkannte ich kaum wieder. Svetozar hatte Poster von Iron Maiden, Metallica und roten Ferraris aufgehängt. Es gab einen neuen Kleiderschrank, ein richtiges Bett und einen Schreibtisch. Er schlief im Bett und ich auf der ausziehbaren Couch. Es war jetzt sein Zimmer und das gefiel mir, da Frankfurt dadurch noch weiter von mir wegrücken würde.

Am Mittag spazierten er und ich ohne Dušan und Smilja in die Innenstadt. Svetozar war erst wenige Wochen zuvor nach Frankfurt gekommen und besuchte eine Sprachschule, er war noch nie im Ausland, nie in Deutschland gewesen, sprach kein Wort Deutsch. Wir liefen die Leipziger Straße hinunter, die Sonne kämpfte sich durch den Morgennebel hindurch, ein Kehrtrupp fegte das bunte Laub auf, ein türkischer Gemüseverkäufer bot lautstark seine Waren an.

Ich musterte ihn von der Seite. Es war seltsam, ihn erst jetzt, nach all den Jahren, all den Geschichten, kennenzulernen. »Und, wie gefällt dir Frankfurt?«

»Ist sehr reich, sehr sauber.« Mit einer ausschweifenden Armbewegung deutete er auf die Straße, die Häuser, dann verzog er die Mundwinkel nach unten. »Aber ich hätte nicht gedacht, dass Vater in einer so schäbigen Wohnung in einem Hochhaus lebt.«

»Was hast du denn gedacht?«

»Dass er in einem schönen Haus mit großem Garten lebt.«

»Hat er dir denn nie Bilder von uns und Frankfurt gezeigt?«

»Nein.« Svetozar klang gleichgültig. »Er hat euch immer nur beiläufig erwähnt. Fotos habe ich nie gesehen.«

Dušan hatte sich wohl zeitlebens für Mutter und mich geschämt.

Wir überquerten die Kreuzung zur Bockenheimer Landstraße, auf mehrspurigen Fahrbahnen rauschten luxuriöse Autos mit getönten Fensterscheiben an uns vorbei. Svetozar blieb vor einem Zigarettenautomaten stehen, warf die Münzen ein, zog eine Schachtel Camel heraus, zündete sich in aller Ruhe eine Zigarette an. »Willst du auch eine?«

»Nein, nein. Ich rauche nicht.«

Er nahm mich prüfend in Augenschein. »Du wirst mich doch nicht verraten? Wenn Vater erfährt, dass ich rauche, flippt er bestimmt aus.«

»Nein, natürlich nicht.«

Svetozar klopfte mir auf die Schulter. »Na, dann ist ja alles gut.«

An der Hauptwache, dort, wo die Skateboardfahrer mit Blick auf die Hochhäuser des Bankenviertels ihre Bahnen drehten, fragte ich: »Kannst du das auch?«

»Nein. Ich bin ein verdammt schlechter Skateboardfahrer.«

»Das beruhigt mich.«

»Weshalb?«

»Na ja, Dušan hat mich immer mit dir verglichen. Du warst immer hübscher, sportlicher, intelligenter und fleißiger als ich. Egal, was ich gemacht habe, du warst immer besser.«

»War das schlimm für dich?«

»Ein wenig.«

Er schmunzelte. »Das tut mir leid. Das war dumm von ihm. Außerdem ist nichts davon wahr. Na ja, am Anfang vielleicht, als ich noch klein war. Aber später nicht mehr. Wir, Oma, mein Onkel und ich, haben ihm jahrelang was vorgemacht. Mutter ist ja schon sehr lange tot, sie ist an einer seltenen Lungenkrankheit verstorben.«

Er hielt inne, zog die Camel-Packung aus seiner schwarzen Lederjacke, zündete sich eine neue Zigarette an, kickte unbeherrscht eine Kastanie auf die Straße. »Er war ja immer nur in den Sommerferien in Kačarevo und dann hatte er nie Zeit für mich, weil er ja das neue Haus gebaut hat. Ich habe ihn kaum gesehen, fast nie mit ihm gesprochen. Wenn er gefragt hat, wie es läuft, haben wir behauptet: alles super. Wir haben sogar mein Zeugnis gefälscht. Verstehst du, wir wollten keine Probleme mit ihm haben. Er sollte glauben, dass alles in Ordnung ist. Na ja, hat geklappt bis vor Kurzem. Aber dann kam alles raus.«

»Was ist rausgekommen?«

»Ach«, Svetozar grinste kokett. »Dass ich sitzengeblieben bin und sie mich beim Stehlen erwischt haben. Und noch so ein paar andere Dinge. Jetzt denkt er, er muss mich erziehen und den strengen Vater spielen.«

Ein paar arabische Jugendliche kamen auf uns zu und fragten, ob wir Gras, Marihuana oder Koks kaufen wollten. Svetozar zögerte einen Moment, schüttelte dann doch den Kopf.

Ein paar Tage später liefen wir die Zeil entlang. Svetozar hatte sich bei McDonald's einen Big Mac gekauft, warf die Salzgurken achtlos auf den Boden und biss herzhaft in den Burger. »Sag mal, Alem, wie ist mein Vater so? Wie war euer Leben mit ihm?«

Ich dachte kurz nach. »Er war sehr oft besoffen. Und dann hat er mich verprügelt. Ich weiß auch, dass er Mutter geschlagen hat.«

Svetozar blieb stehen, irritiert zog er die Augenbrauen hoch. »Er hat dich als Kind geschlagen?«

»Ja. Und zwar nicht nur einmal.«

»Er hat dich verprügelt?«

»Ja.«

Wir setzten uns auf eine Bank. Während die Passanten mit ihren vollen Einkaufstüten von einem Geschäft zum anderen hetzten, erzählte ich ihm von jenem Tag im Winter, als Dušan mich mit dem Gürtel geschlagen und das Telefon auf mich geworfen hatte. Svetozar hörte mir aufmerksam zu, trat dann plötzlich nach den Tauben, die am Boden die heruntergefallenen Krümel seines Big Mac aufzupicken versuchten. »So ein mieses Arschloch ist er also in Wirklichkeit. Weißt du, Alem, bei uns war er streng, ich habe mich immer vor ihm gefürchtet, aber geschlagen hat er mich nie. Er hat sogar den lockeren Typen gespielt, hat die Nachbarn zum Grillen eingeladen. Er konnte auch echt lustig sein. Ich war eifersüchtig auf dich, weil er sich mehr um dich gekümmert hat als um mich, seinen eigenen Sohn. Nie hätte ich gedacht, dass er dich schlägt.«

Dann spuckte er auf den Boden, sah mir mit seinen großen dunklen Augen direkt ins Gesicht. »Ich schäme mich für ihn. Ich wusste nichts davon. Wir wussten das nicht. Wir haben uns alle etwas vorgemacht. Ich schäme mich für meinen Vater.«

»Ist schon in Ordnung. Ist ja vorbei. Du kannst ja auch nichts dafür. Du musst dich nicht schämen.«

Er schmiss den Rest seines Big Macs in einen Mülleimer, leckte sich genervt die Finger ab. »Doch. Ich schäme mich für ihn. Er ist mein Vater. Er hat dich geschlagen, und du bist nicht mal sein eigenes Kind.«

»Na gut, wenn du dich unbedingt schämen willst, dann schäm dich eben.«

Ich fuhr zurück nach Kuppingen. Svetozar sah ich erst ein paar Monate später zu Neujahr in Frankfurt wieder. Um Mitternacht stießen wir mit Dušan und Smilja auf das Jahr 1989 an, gingen danach in Svetozars Zimmer, öffneten die Fenster im siebten Stock, die Böller knallten unten auf der Straße, die zischenden Raketen explodierten knapp über uns im Himmel. Svetozar zeigte auf die Wohnung gegenüber im Dachgeschoss. »Schau mal, unsere hübsche Nachbarin ist zurückgekommen.«

Sie hatte einen Mann dabei, war ihm vielleicht gerade erst auf einer Silvesterparty begegnet, knipste das Licht im Wohnzimmer an, holte aus der Küche zwei Sektgläser, goss Champagner ein, legte eine Platte auf und küsste ihn.

»Weißt du«, sagte Svetozar mit sanfter Stimme, während wir beide sehnsüchtig unsere Nachbarin beim Küssen beobachteten, »in der Sprachschule habe ich ein Mädchen kennengelernt. Sie heißt Biljana, eine Serbin. Wir sind jetzt ein Paar.« Er zog ein Foto von ihr aus der Brieftasche. »Ist sie nicht sexy?«

»Ja, sehr sexy.«

»Hast du auch eine Freundin?«

»Nein.«

»Weshalb nicht?«

»Keine Ahnung. Hat sich einfach nicht ergeben.«

Er nickte, steckte das Bild von Biljana zurück in seine Brieftasche. »Sie ist heute Abend auf einer Party. Ich wollte eigentlich auch dahin. Aber Vater hat es verboten.«

Kurz darauf tanzte unsere hübsche Nachbarin mit ihrer Begleitung in ihr Schlafzimmer, von dem wir bedauerlicherweise wegen der Dachschrägen nur das untere Bettende einsehen konnten.

Svetozar blickte gedankenverloren aus dem Fenster. »Eines verstehe ich nicht, Alem. Ich bin ja sein Sohn und gehöre zu ihm. Aber weshalb lässt sich deine Mutter das alles gefallen? Er behandelt sie schlecht, liebt sie nicht wirklich, hat uns nie ein Foto von ihr gezeigt, hat sie nie zu uns nach Kačarevo eingeladen. Weshalb haut sie nicht einfach ab und sucht sich einen anderen Mann?«

»Das ist die große Frage meines Lebens.« Ich seufzte tief. »Du kannst dir gar nicht vorstellen, wie oft ich sie angefleht habe, Dušan endlich zu verlassen. Sie hat immer nur gesagt: Es ist alles sehr kompliziert, seine Trinkerei ist an allem schuld, er hat sich doch gebessert. Sie möchte glücklich mit ihm werden. Den guten Engel spielen, ihn retten. Glaube ich.«

»Das ist dumm.«

»Ja, ich weiß.«

Danach sahen wir uns *Dinner for One* im Fernsehen an.

Zwei Tage später liefen wir abends durch die Stadt. Mein fünfzehnter Geburtstag, Svetozar hatte beim Kiosk zwei Dosen Henninger-Bier gekauft. Wir stießen an, er strich sich das Haar aus dem Gesicht und sagte ganz ruhig: »Er hat mich jetzt auch mit dem Gürtel verprügelt. Weil ich geraucht habe. Sobald ich nach Hause komme, riecht er an meinen Klamotten. Wenn er glaubt, Rauch zu riechen, schlägt er mich. Ich muss mich dann nackt vor ihm ausziehen, um zu beweisen, dass ich keine Zigaretten dabeihabe. Er ist ein Arschloch. Ich habe Oma erzählt, dass er Smilja und dich verprügelt hat. Oma hat geweint, sie kann nicht fassen, was er euch angetan hat. Sie hat gesagt, dass ihr alles unendlich leidtut. Sie schließt euch in ihre Gebete mit ein.«

»Das ist lieb von deiner Oma. Aber was ist mit dir? Weshalb erzählst du mir das jetzt erst? Er darf dich nicht schlagen. Das ist grausam. Sollen wir zur Polizei gehen und ihn anzeigen?«

Svetozar lächelte spöttisch. »Nein, keine Polizei. In Serbien regeln wir alles innerhalb der Familie. Er ist mein Vater. Ich bin sein Sohn. So war es schon immer, und so wird es immer bleiben. Das ist das Gesetz der Familie. Ich werde gegen ihn kämpfen.«

»Häh, was ist das denn für ein Quatsch? Scheiß auf dein komisches Gesetz der Familie. Lass uns lieber zur Polizei gehen.«

»Wie dumm bist du denn. Was glaubst du, was passieren würde, wenn meine Leute in Kačarevo erfahren würden, dass ich meinen eigenen Vater bei der Polizei angezeigt habe? Das wäre eine Todsünde. Dann dürfte ich nie wieder zurückkehren. Man verrät seine eigene Familie nicht. Kapierst du das?«

»Nee. Und überhaupt: Wie willst du gegen ihn kämpfen? Was meinst du damit?«

»Keine Ahnung. Ich werde einfach gegen ihn kämpfen.« Er nahm einen Schluck Dosenbier. »Weißt du, ich habe viel Mist gebaut in Kačarevo. Er will mich erziehen, und das ist sein gutes Recht. Aber er hätte sich schon früher um mich kümmern sollen. Jetzt ist es zu spät. Ich werde gegen ihn kämpfen, und ich werde diesen Kampf gewinnen.«

»Brauchst du Hilfe? Sollen wir ihn zusammenschlagen?«

»Nein, nein, nicht so. Ich mach das schon allein. Mach dir mal keine Sorgen um mich. Er ist doch mein Vater.«

In den darauffolgenden Monaten hatte ich den Eindruck, dass Smilja mich von Frankfurt fernzuhalten versuchte. Am

Telefon sagte sie immer, dass ich in den Ferien nicht zu kommen brauchte, falls ich etwas anderes vorhätte. Jahre später erklärte sie mir, dass sie zu der Zeit unendlich viel Angst davor hatte, dass Svetozar mich in seine Geschäfte mit hineinziehen würde. Und noch später erklärte sie mir, sie habe sich vor meinen Genen gefürchtet. »Dein Vater war doch ein Dieb, und ich dachte, dass du, falls du in Versuchung kommst, vielleicht auch zum Dieb werden würdest.«

»So etwas Dummes hast du wirklich gedacht?«

»Ja, ich habe mir eben Sorgen um dich gemacht. Kannst du das nicht verstehen?«

»Doch, schon, aber dass du dich vor meinen Genen gefürchtet hast, finde ich schon ein wenig schräg. Es sind ja auch deine Gene, und der Sohn eines Diebes wird automatisch auch zu einem Dieb oder was?«

Im Spätsommer verbrachte ich mal wieder ein Wochenende in Frankfurt. Svetozar hatte die Sprachschule beendet, sprach mittlerweile ganz passabel Deutsch, hatte ein paar Monate zuvor eine Lehre als Kfz-Mechaniker begonnen. Oberflächlich schien alles gut zu laufen, doch ich spürte, dass er mir etwas verschwieg.

Wir fuhren mit der S-Bahn zum Hauptbahnhof, trafen uns in der Kaiserstraße mit seinen Kumpels in einem Lokal. Biljana war auch da. Die Jungs waren alle Jugos in Bomberjacken, tranken Schnaps, rauchten, versuchten hart und cool zu wirken. Wir sprachen über Fußball. Bogdan meinte, Roter Stern Belgrad sei eine der besten Mannschaften der Welt. Als ich ihm gerade widersprechen wollte, sprang Svetozar von seinem Stuhl auf, blickte durch das Fenster nach draußen. »Das ist doch der Ritschi dort drüben. Dieser verfickte Junkie schuldet uns noch hundert Mark. Komm, Bogdan, den schnappen wir uns.« An mich gewandt sagte er noch: »Bleib hier sitzen und warte auf mich.« Dann stürmte er mit Bogdan aus dem Lokal.

Ritschi sah die beiden und rannte weg. Ich sprang vom Tisch auf und rannte ihnen hinterher. Sie bogen nach links in eine kleine Gasse ab. Als ich dort ankam, traten Bogdan und Svetozar erbarmungslos auf Ritschi ein, der zusammengekrümmt am Boden lag. Svetozar schrie: »Du verficktes kleines Junkie-Arschloch. Dachtest wohl, du kannst uns verarschen, du mieses kleines Stück Scheiße.« Dann sah er mich an der Straßenecke stehen. »Verflucht, Alem, was machst du hier? Hau ab. Das ist zu gefährlich für dich. Hau sofort ab. Wir treffen uns in einer Stunde vor der Kirche an der Hauptwache.«

Wie benommen drehte ich mich um und lief durch die Hochhausschluchten des Bankenviertels Richtung Innenstadt. Vor dem Eingangsportal der Katharinenkirche wartete ich, meine Gedanken rasten. Wenig später kam Svetozar lässig auf mich zugeschlendert, rauchte eine Camel, sah mir direkt in die Augen. »So, jetzt weißt du Bescheid. Ich verticke Drogen am Hauptbahnhof. Außerdem klaue ich mit den Jungs Autoradios. Falls du Vater oder Smilja davon erzählst, mache ich dich fertig. Hast du mich verstanden?«

»Hey, klar. Hör zu, du brauchst mir nicht zu drohen. Ich hätte denen doch sowieso nichts erzählt. Aber man, hör auf mit der Scheiße. Das kann nicht gut gehen. Du landest noch im Knast. Hör einfach auf mit dieser Scheiße.«

Seine dunklen Augen funkelten vor Verachtung. Er stellte sich dicht vor mich, packte mit seiner rechten Faust mein Hemd. »Du hast keine Ahnung, was hier abgeht. Kommst für ein Wochenende nach Frankfurt und willst mir erzählen, was ich zu tun habe. Am Sonntag fährst du schon wieder zurück zu deiner verfickten deutschen Familie und lebst irgendwo in diesem verfickten Land dein verficktes scheiß Leben. Weißt du eigentlich, was er gemacht hat, dieses blöde Arschloch? Weißt du, was er gemacht hat?«

»Na sag schon, was hat er gemacht?«

»Vor vier Wochen habe ich ein Autoradio geklaut. Die Bullen haben mich erwischt. Er musste mich vom Revier abholen. Wir fuhren im Taxi zurück, sprachen kein Wort. Er ging mit mir in mein Zimmer. Ich musste mich nackt vor ihm ausziehen. Dann prügelte er mit dem Gürtel auf mich ein. Irgendwann zog er mich an den Haaren zum Fenster und schrie: ›Spring, du Feigling. Du bist nicht mehr mein Sohn. Na komm, spring, dann ist es endlich vorbei.‹ Ich schaute runter auf die Straße, überlegte, ob ich es tun sollte. Aber dann dachte ich: Nein. Du machst mich nicht fertig. Diesen Gefallen tue ich dir nicht. Ich werde nicht springen. Ich werde nicht springen.«

Svetozar ließ mein Hemd los, trat zurück, sein Blick flackerte. »Tut mir leid, Alem. Du kannst doch nichts dafür. Scheiße. Tut mir leid.«

»Ist schon in Ordnung.«

Wir setzten uns auf eine Bank. Svetozar zündete sich eine Zigarette an.

»O Mann, ich verstehe ja, was du mit ihm durchmachst. Scheiße, das hab ich alles doch auch erlebt. Aber Drogen verkaufen … verdammt. Soll ich Marianne und Robert fragen, ob sie dir helfen können? Oder keine Ahnung, vielleicht gibt es eine Beratungsstelle oder so was.«

Er schüttelte vehement den Kopf. »Das ist alles nichts für mich. Ich stecke schon viel zu tief in der Scheiße drin. Wird schon irgendwie klappen. Mach dir mal keine Sorgen. Ich bin stärker, als du denkst.«

Ich glaubte ihm kein Wort, fuhr mit schlechtem Gewissen zurück nach Kuppingen, hatte das Gefühl, ihn im Stich zu lassen. Aber ich wusste einfach nicht, was ich sonst tun sollte.

Erst in den Winterferien fuhr ich wieder nach Frankfurt. Svetozar hatte sich verändert, er war noch härter und kühler geworden. Als wir die Wohnung verließen, hielt er den Fahrstuhl zwischen dem vierten und fünften Stock an, öffnete die Aufzugdecke mit einem kräftigen Schlag der Handfläche, fischte ein Kuvert aus dem Hohlraum, holte ein paar Hundertmarkscheine hervor. »Mein Depot. Hier verstecke ich die Drogen und meine Kohle. Clever, oder?«

Ich sagte nichts.

Wir fuhren mit der U-Bahn in die Stadt, gingen runter zum Eisernen Steg, liefen über die Fußgängerbrücke zum südlichen Mainufer. Es war kalt und nebelig. In der Mitte der Brücke blieb Svetozar stehen, ein langer Frachter mit Kohle tuckerte unter der Brücke hindurch, der Wind blies heftig. Er bildete mit seinen Händen einen Schutz, zündete sich eine Zigarette an. »Siehst du diese Kirche dort hinten? Ist schon ein paar Wochen her. Wir hatten was geraucht. Sind nachts in die Kirche eingebrochen, haben ein paar Sachen mitgehen lassen und sie dann auf dem Schwarzmarkt vertickert. Hat Spaß gemacht. Hat richtig Spaß gemacht.« Er sah mich an. »Jetzt schau doch nicht immer so kritisch, Alem. Alles ist in Ordnung. Komm, ist doch viel zu kalt hier. Ich zeige dir noch was anderes. Das wird dir bestimmt gefallen.«

Svetozar führte mich ins Rotlichtviertel zu den Laufhäusern. Stockwerk um Stockwerk stiegen wir die Stufen hinauf und hinab. Männer aus allen sozialen Schichten und in nahezu jedem Alter drängten sich in den Gängen. Dutzende Frauen aus der ganzen Welt standen in Reizwäsche und hochhackigen Schuhen vor ihren Zimmertüren. Ich war zugleich fasziniert und abgestoßen. Vor einer verschlossenen Tür standen drei Männer Schlange. Svetozar klopfte mir auf die Schulter. »Hier arbeitet Martha. Eine heiße Kolumbianerin. Da muss man eben auch mal anstehen.«

Im vierten Laufhaus trafen wir auf Lisa. Sie war blond, hatte lange Beine, prächtige Brüste. »Huch, Svetozar, wer ist denn dieser hübsche Junge bei dir?« Sie grinste mich an.

»Das ist mein …«, Svetozar stockte, »das ist mein Stiefbruder Alem.« Dann drehte er sich zu mir. »Willst du Lisa ficken? Kostet nur 50 Mark. Ich schenke es dir.«

Lisa schaute mich an, zog ihren Slip nach unten. »Das ist die beste Muschi in town. Ich bin die Prinzessin des Blasens, die Königin des Fickens. Na, komm schon. Lass uns Spaß haben.«

Obwohl ich Lisa unglaublich attraktiv fand und einen mächtigen Ständer in der Hose hatte, stammelte ich: »Nein, nein. Lieber nicht.«

Svetozar zog einen Fünfziger aus seiner Brieftasche, wedelte mit dem Schein vor meiner Nase herum. »Stell dich nicht so an. Geh einfach rein und sei ein Mann.«

»Nein, wirklich nicht.«

»Na, dann Pech.« Mit lässigem Schulterzucken steckte Svetozar den Fünfziger zwischen Lisas Brüste und verschwand mit ihr im Zimmer.

Ich ging die Treppen nach unten, wartete draußen vor

dem Laufhaus. Zwanzig Minuten später kam er mit breitem Grinsen heraus. »Das hat gutgetan. Hast was verpasst, mein Lieber.«

Unser beider Leben hätte nicht unterschiedlicher verlaufen können. Während ich in der schwäbischen Provinz Fußball spielte, damit begonnen hatte, mich für Literatur zu interessieren, einen Roman nach dem anderen verschlang und mir vorgenommen hatte, eines Tages zu studieren, rutschte Svetozar immer tiefer ins Frankfurter Rotlicht- und Drogenmilieu ab. Ich fühlte mich ihm nahe und doch auch fremd, bewunderte sein unnachgiebiges Auftreten gegenüber Dušan und hatte zugleich Angst um ihn.

Im März 1990 rief Smilja weinend an.

»Sie haben ihn angeschossen, Alem.«

»Mutter, was? Was ist los? Wer hat wen angeschossen?«

»Ein Polizist hat auf Svetozar geschossen.«

»Was? Wieso? Ist er tot?«

»Nein, er liegt im Krankenhaus. Es war schon vor zehn Tagen. Er wird durchkommen. Dušan hatte mir verboten, dich anzurufen. Aber ich halt es nicht mehr aus. Alem, es ist so schrecklich. Mein ganzes Leben ist eine einzige Katastrophe. Was soll nur aus ihm werden? Was sollen wir jetzt bloß machen?«

»Beruhige dich, Mama. Bitte. Alles wird gut. Ich komm am Wochenende zu dir. O.k.?«

»Ja, bitte komm.«

Dušan saß niedergeschlagen am Küchentisch, rauchte, trank Bier, würdigte mich keines Blickes. Er war abgemagert, ein Schatten seiner selbst. Mutter weinte viel.

Ich fuhr allein mit der Straßenbahn zum Krankenhaus.

Svetozar hing am Tropf. Die Maschinen surrten. Als er mich sah, lächelte er. »Cool, dass du mich besuchst.«

»Wie geht es dir?«

»Ganz gut. Ich hatte Glück. War ein Bauchschuss. Hätte mich die Kugel etwas höher oder tiefer erwischt, ich wäre jetzt tot. Aber hat sie ja nicht. Die Ärzte sagen, dass ich wieder vollkommen gesund werde und nur eine Narbe am Bauch zurückbleiben wird.«

»Ein Glück, Svetozar. Also schön, dass es dir gut geht.« Wir sahen uns schweigend an. »Mann, wie konnte das nur passieren?«

»Ach, Alem. Ich war unvorsichtig. Ist eine dumme Geschichte. Es war schon dunkel. Ich habe ein Auto aufgebrochen, und ein Streifenpolizist ist zufällig vorbeigekommen, hat mich gesehen und verfolgt. Ich bin in so eine Kleingartensiedlung geflüchtet, habe mich hinter einer Rumpelkammer versteckt. Der Polizist stand auf dem Weg und schrie, ich soll mich ergeben. Da hab ich mit einer Gaspistole in die Luft geschossen.«

»Du hast was?«

»Ja, Mann, nur in die Luft. Ich wollte ihn doch nur erschrecken, dass der sich zurückzieht, damit ich abhauen kann. Aber dieser Idiot hat voll in meine Richtung gezielt. Die Kugel von dem scheiß Bullen schlug direkt durch die Aluminiumwand der Rumpelkammer in meinen Bauch. Das war's. Ich hab geblutet wie ein Schwein. Dann haben sie mich ins Krankenhaus gebracht und operiert.«

»Scheiße, Mann. Zum Glück hast du überlebt.«

»Ja, ist schon alles Scheiße. Aber weißt du, Alem, die Sache hat auch was Gutes. Ich werde ausgewiesen. Der scheiß Bulle war hier im Krankenhaus und hat mir einen Deal angeboten: Wenn ich zurückgehe, wird die Strafanzeige ausgesetzt. Der scheiß Bulle hätte nicht sofort auf mich schießen dürfen. Der hat wahrscheinlich auch Schiss. Ist aber egal. Hauptsache, ich darf wieder nach Hause. Sie schicken mich heim nach Kačarevo. Ist das nicht genial?«

»Wow. Krass. Wann musst du gehen?«

»Sobald ich aus dem Krankenhaus entlassen werde. Ich kann es kaum erwarten, endlich nach Hause zu fliegen.«

»Und was ist dann in Jugoslawien? Meinst du, die machen dir wegen dieser Geschichte Probleme?«

»Nee, glaube nicht. Die Bullen meinten nur, dass ich ein lebenslanges Einreiseverbot nach Deutschland bekomme. Fick Deutschland. Ich wollte sowieso nie in diesem scheiß Land sein. Mann, das ist das Beste, was mir passieren konnte.«

»Ja, wahrscheinlich.« Ich hatte kaum Zeit, all die Neuigkeiten zu verdauen, hatte erwartet, dass Svetozar am Boden zerstört sein würde. Dass er sich im Gegenteil geradezu frei zu fühlen schien, irritierte mich.

»Du, Alem, wie lange bist du noch hier?«

»Nur noch bis morgen. Ich muss ja Montag wieder zur Schule.«

»Ja, klar, Schule«, sagte er nachdenklich. »Pass mal auf. Ich habe eine Bitte an dich. Du bist der Einzige, dem ich noch vertrauen kann. Mit Biljana habe ich schon vor ein paar Monaten Schluss gemacht, und Bogdan, na ja, reden wir lieber nicht über ihn. Hör zu: In meinem Versteck im Aufzug liegt ein Kuvert mit 700 Mark. Hab ich gespart – für den Notfall. Du musst es mir bringen. Könnte nämlich sein, dass mich die Bullen direkt vom Krankenhaus nach Hause und sofort zum Flughafen fahren. Verstehst du? Ich brauch das Geld. Tust du das für mich? Hilfst du mir?«

Ich dachte einen Augenblick lang nach. »O. k. Ich bring es dir.«

»Super, danke. Du machst alles so, wie ich es gemacht habe. Halt den Aufzug zwischen zwei Stockwerken an, hau gegen das Dach. In der hinteren rechten Ecke findest du das Kuvert. Verstanden?«

»Ja, das kriege ich hin.«

Ich fuhr zurück in die Schloßstraße, hielt den Aufzug an, fand den Umschlag, steckte ihn in meine Jackentasche und fuhr am nächsten Morgen wieder ins Krankenhaus.

Svetozar wartete bereits ungeduldig auf mich. Ich gab ihm das Kuvert. Er zählte das Geld, lächelte. »Komm her. Lass dich küssen. Das hast du gut gemacht. Danke dir!«

»Kein Problem.«

»Jetzt habe ich noch eine einzige Bitte an dich. Es wird meine letzte sein.«

O Mann, was wollte er denn jetzt noch von mir?

Er sah meinen skeptischen Blick. »Keine Sorge. Ist nichts Schlimmes. Also hör zu: Kannst du bitte zwei Packungen Camel besorgen und danach bei McDonald's zwei gottverdammte Big-Mac-Menüs für uns beide kaufen. Dieser Krankenhausfraß hier schmeckt einfach nur ekelhaft.« Er strich sich vorsichtig mit der Hand über den Bauch. »Ich brauch dringend was Anständiges zu futtern.« Er drückte mir einen Fünfzigmarkschein in die Hand.

Erleichtert schmunzelte ich. »Na klar, mach ich.«

Zurück im Krankenhaus strahlte Svetozar, schmiss die Gurken in den Mülleimer, schimpfte über die Idioten von McDonald's, die einfach nicht kapierten, dass saure Gurken nichts auf einem Burger zu suchen hatten, strich sich die Haare aus dem Gesicht und biss in den Big Mac.

Als wir unsere Menüs verputzt hatten, bat er mich, sein Bett samt Maschinen zum geöffneten Fenster zu rollen. Er zündete sich eine Zigarette an und rauchte versonnen. »Alem, du weißt gar nicht, wie gut das tut.«

Dann sah er mich direkt an mit seinen großen dunklen Augen. »Ich habe diesen scheiß Kampf gegen ihn gewonnen. Siehst du: Ich hab dir doch gesagt, dass ich diesen scheiß Kampf gewinnen werde. Ich hab gewonnen, bin wieder frei, darf zurück nach Kačarevo. Scheiß auf Vater. Scheiß auf Deutschland. Ich habe gewonnen.«

»Ja. Eigenartiger Sieg zwar, aber ja, wahrscheinlich hast du gewonnen.«

Svetozar blies zufrieden den Rauch aus dem Fenster.

»Hey, ich muss los. Sonst verpasse ich noch meinen Zug.«

»Halt die Ohren steif. Mach's gut, Alem.«

»Ja, *dovidjenja,* Svetozar. Mach es auch gut. Viel Glück in Kačarevo.« Mir stiegen Tränen in die Augen.

»Alles ist gut, mein lieber Alem. Ich komme schon klar. So, und jetzt zisch ab. Sonst verpasst du noch deinen gottverdammten Zug.«

Ein paar Wochen später rief mich Smilja an und sagte: »Weißt du, was passiert ist? Sie haben Svetozar ausgewiesen. Er darf nie wieder nach Deutschland einreisen.«

»Ja«, sagte ich. »Ich weiß.«

23

Svetozar war angeschossen worden, in Jugoslawien brachten sich die Nationalisten in Stellung, Smilja war wieder mal von allem überfordert, Marianne wirkte nachdenklich und Robert träumte, während die DDR sich nach und nach aus der Weltgeschichte verabschiedete, von einem wiedererstarkten Großdeutschland.

Ich versuchte ruhig zu bleiben, trug morgens Zeitungen aus, um mein Taschengeld aufzubessern, fuhr danach mit dem Fahrrad zur Schule, büffelte für die bevorstehenden Abschlussprüfungen in der Realschule und hatte in der Literatur, wie schon zuvor im Fußball und in Kinofilmen, einen neuen Ort gefunden, in den ich mich klammheimlich zurückziehen konnte, wenn das Leben mal wieder zu laut und chaotisch wurde.

Eigentlich hatte ich nie gerne gelesen. Doch dann sollten wir in der 9. Klasse Kafkas *Verwandlung* im Deutschunterricht interpretieren. Als Robert das schmale Buch auf dem Frühstückstisch liegen sah, schnaubte er verächtlich. »Jetzt quälen sie euch also auch schon mit diesem Unsinn. Schade, dass ihr keine anständige Lektüre bekommt.«

Nachdem ich den Klappentext überflogen hatte, dachte ich zunächst dasselbe, las aber dann wie berauscht diese Erzählung, in der Gregor Samsa eines Morgens als ungeheures Ungeziefer erwacht. Ich verstand ihn, identifizierte mich mit ihm, hatte gar das Gefühl, durch ihn hindurch meine eigenen Ängste und Gedanken besser einordnen zu können.

Von da an durchstöberte ich nahezu täglich das riesige Bücherregal in unserem Wohnzimmer. Neben Krimis und Liebesromanen, die Marianne so sehr liebte, und all den historischen Werken über die beiden Weltkriege, mit denen sich Robert beschäftigte, fand ich dort auch Romane von Dostojewski, Faulkner, Camus, Hesse und Thomas Mann, deren Seiten noch nie umgeblättert worden waren. Wahrscheinlich hatten Marianne und Robert sie allein zu Repräsentationszwecken angeschafft oder geschenkt bekommen. Als ich eines Abends auf einem Stuhl balancierend den *Zauberberg* aus einem der obersten Regalbretter herauszog, zündete sich Marianne eine Zigarette an und sagte zu Robert: »Ist schon verrückt, dass gerade Alem diese Bücher liest. Das hat noch keines unserer Kinder getan.«

Robert blickte von seiner Zeitung auf. »Ja, das ist schon ungewöhnlich. Hoffen wir mal, dass ihn diese ...«, er stockte kurz, »na ja, diese komischen Bücher nicht auf die falsche Fährte führen.«

Ich stand bereits in der Tür und drehte mich noch einmal um. »Was meinst du mit ›komische Bücher‹?«

»Ach, nichts.« Er nahm die Zeitung wieder hoch. »Ist schon gut. Lies einfach weiter, Alem.«

»Das tue ich.« Trotzig blickte ich beide an und verschwand mit dem *Zauberberg* unter dem Arm in mein Zimmer. Natürlich wusste ich ganz genau, was er mit »komische Bücher« meinte.

Während Robert ganz der Alte geblieben war, hatte sich sonst einiges bei uns verändert. Heike war ein Jahr zuvor ausgezogen, hatte einen Job in der Buchhaltung eines mittelständischen Unternehmens in Stuttgart gefunden. Und auch Volker war der Absprung gelungen: Er lebte jetzt in einer Wohngemeinschaft mit ein paar alten Kumpels in Leonberg, fuhr tagsüber für Bofrost Tiefkühlwaren aus und spielte abends Posaune mit seiner Big Band auf kleinen Bühnen. Marianne hingegen wirkte oft müde und angespannt.

Erst Anfang April, ein paar Tage, nachdem Svetozar ausgewiesen worden war, erfuhr ich, dass sie auch noch ganz andere Sorgen bedrückten. »Alem, ich muss etwas Wichtiges mir dir besprechen. Komm bitte ins Wohnzimmer.« Mit ernstem Gesichtsausdruck setzte sie sich in ihren Sessel, strich sich die Hand nervös durch ihre immer noch vollen Haare, zündete sich eine Zigarette an. »Der Volker und die Heike sind ja jetzt ausgezogen. Und Papi wird auch nicht jünger. Er muss kürzertreten und wird bald nur noch die Leserbriefe der Zeitung beantworten. Was ich dir damit sagen möchte: Das Haus hier ist zu groß und zu teuer für uns geworden. Wir müssen umziehen.«

»O nein, nicht schon wieder.«

»Ich verstehe dich ja, Alem. Du machst gerade eine schwierige Phase durch. Diese schreckliche Geschichte mit Svetozar. Aber es geht eben nicht anders. Wir haben das neue Haus auch schon gefunden. Wir werden nach Rexingen in die Nähe von Horb am Neckar ziehen.«

»Rexingen? Horb am Neckar?« Ich rollte die Augen. »Wo soll das denn sein?«

»Schau, ich bin auch nicht gerade begeistert davon. Aber es ist nun einmal nicht zu ändern. Rexingen liegt im Nördlichen Schwarzwald. Mit dem Auto braucht man eine halbe Stunde.«

»Na toll, und wie komme ich vom gottverdammten Nördlichen Schwarzwald auf das weiterführende Gymnasium nach Böblingen, falls ich das mit meinem Notendurchschnitt überhaupt schaffe?«

»Alem, in diesem Ton reden wir hier nicht miteinander«, unterbrach sie mich mit missbilligendem Blick.

»Tut mir leid.«

»Also hör zu. Wir wussten doch, dass du nach der Realschule auf dieses Gymnasium nach Böblingen wechseln möchtest, auch wegen deiner Freunde, die das Gleiche vorhaben. Das haben wir bei unserer Suche berücksichtigt. Es gibt eine ganz gute Zugverbindung zwischen Horb und Böblingen. Die Fahrt dauert nur ungefähr eine Dreiviertelstunde.« Sie lächelte aufmunternd. »So bist du nicht von deinen Freunden getrennt und wirst im Zug auch noch viel mehr Zeit zum Lesen haben.«

»Na toll. Und wann ziehen wir um?«

»Im Juli. Maxi kommt mit ihrer Familie mit. Sie ziehen aus der Kaserne aus und wohnen dann im oberen Stockwerk.«

»Ach, cool, dann sind wir nicht ganz so allein.«

»Aber da ist noch etwas. Die Petra ist schwanger. Sie wird Markus im Sommer zu sich und Theo nach München holen.«

Ein harter Kloß formte sich in meinem Hals, ich schluckte schwer. Markus war wie ein kleiner Bruder für mich geworden. Erst Svetozar und jetzt Markus.

Marianne begann zu weinen. »Ach, Alem, das Leben vergeht einfach viel zu schnell. Ich werde ihn vermissen.«

»Ja, das ist wirklich blöd. Ich werde ihn auch vermissen.«

Sie nahm die Brille ab, tupfte mit einem Taschentuch ihre Augenwinkel trocken. »Ich wusste ja immer, dass es nur vorübergehend ist. Natürlich gehört er zu Petra. Und in München wird es ihm an nichts fehlen. Plötzlich verschwindet ihr alle aus dem Haus. Wer weiß, wie lange du noch bei uns bleibst? Das macht mich alles traurig.«

Deshalb also war sie so bedrückt gewesen. Robert war aufs Abstellgleis geschoben worden, wir mussten noch tiefer in die schwäbische Pampa ziehen und ihr über alles geliebter Enkelsohn Markus verließ uns Richtung München. Marianne hatte noch nie ohne Kinder gelebt. Gut, Maxi würde bei uns wohnen, aber eben mit eigener Familie auf ihrer eigenen Etage. Somit war ich der Einzige, der ihr noch blieb. Sie hatte Angst vor dem Alleinsein, Angst vor dem Älterwerden, Angst vor dem Tod. Marianne war voller Angst und wusste nicht, wie sie damit umgehen sollte. Ich aber konnte ihr nicht helfen, sie nicht einmal trösten, ich hatte genug mit meinen eigenen Problemen zu kämpfen.

Ich ging in mein Zimmer und weinte. Ich hatte Svetozar verloren und würde jetzt auch noch Markus und meine vertraute Umgebung verlieren. Ich vergrub mich in den nächsten Wochen unter meiner Bettdecke, sprach kaum, aß wenig, wollte mit nichts und niemandem etwas zu tun haben.

Nur im Fußball fand ich ein wenig Ablenkung. Anfang Mai spielten wir mit meinem Kuppinger Dorfverein gegen die Stuttgarter Kickers. Auf dieses Freundschaftsspiel hatte ich mich schon lange gefreut. Ich rannte meine ganze Wut hinaus, schoss drei Tore. Der Trainer der Kickers war so begeistert, dass er mich für das folgende Wochenende zu einem Probetraining nach Stuttgart einlud.

Danach erwartete mich Marianne aufgeregt. »Und, wie ist es gelaufen? Erzähl schon.«

»Super«, antwortete ich mit hängenden Schultern. »Der Trainer möchte, dass ich für seine erste Mannschaft in der B-Jugend spiele.«

»O Alem, wie wunderbar. Als Kind hast du immer davon geträumt, Fußballprofi zu werden. Jetzt bekommst du eine kleine Chance. Aber warum freust du dich nicht?«

»Es wäre alles so schwierig, Marianne. Ich hätte drei Mal in der Woche Training und am Sonntag noch ein Spiel. Und wir ziehen jetzt nach Horb. Wie soll ich das alles schaffen?«

»Ja, wirklich zu dumm, dass wir ausgerechnet jetzt auch noch weiter weg von Stuttgart ziehen.« Sie zündete sich eine Zigarette an, inhalierte gedankenverloren. »Aber wir würden dich unterstützen, würden dir das Zugticket bezahlen und dir auch sonst, wo es nur geht, helfen. Wenn du es wirklich willst, schaffen wir das.«

»Ja, vielleicht. Aber ich denke, ich habe mich schon entschieden. Ich will aufs Gymnasium und danach wahrscheinlich noch studieren. Das lässt sich nicht so richtig mit den Kickers vereinbaren, glaube ich.«

»Das mit dem Studieren höre ich ja zum ersten Mal von dir.« Marianne zog die Augenbrauen hoch. »Was willst du denn studieren?«

»Weiß ich noch nicht. Ich habe einfach das Gefühl, es gibt noch so viel, wovon ich keine Ahnung habe. Ich will lesen und lernen, alles irgendwie besser verstehen. Unabhängig sein, um zu entscheiden, was ich wirklich will. Verstehst du das? Oder denkst du, ich rede Unsinn?«

»Nein, nein, das ist ganz und gar kein Unsinn«, betont verständnisvoll strich sie mir über den Arm. »Ich bin halt nur überrascht. Du wirst den Kickers also tatsächlich absagen?«

»Ja.«

»Gut. Kein Problem. Wenn du studieren möchtest, dann studierst du eben.«

»Ja, mal schauen. Erst mal muss ich es überhaupt aufs Gymnasium schaffen. So wie du es mir immer sagst: Ein Schritt nach dem anderen.«

Ein Anflug von Stolz huschte über Mariannes Gesicht. »Ja, genau, Alemchen: Ein Schritt nach dem anderen.«

Ich klemmte mich hinter meine Bücher, lernte Tag und Nacht, erreichte einen passablen Notendurchschnitt und erhielt zwei Wochen nach meiner Abschlussprüfung die Zusage des Gymnasiums in Böblingen.

Im Juli zogen wir nach Rexingen. Als wir uns von Markus verabschiedeten, flossen bei allen die Tränen. Doch zum ausgiebigen Trauern blieb uns keine Zeit. Im Haus gab es noch einiges zu tun: Das Badezimmer musste gefliest und einige Zimmer neu gestrichen werden. Marianne und Robert verzichteten deswegen auf ihren Sommerurlaub in Italien. Ein paar Wochen später fuhr ich jedoch so wie jedes Jahr mit Mutter zu Oma und Opa nach Jugoslawien.

24

Mutter und ich waren ziemlich nervös: Was würde uns dort unten im Süden wirklich erwarten, nach allem, was wir in den letzten Monaten aus den Nachrichten gehört hatten?

Am Donnerstag, den 16. August, erreichten wir mittags Maovice. Mutter war bis zum Äußersten angespannt, vergaß von einem Moment auf den anderen, worüber wir gerade gesprochen hatten, oder verlor bei dem noch so geringsten Anlass sofort die Geduld. Am Abend besuchten wir Tante Lucia in ihrem Haus in Donje Maovice. Sie hatte mit Hackfleisch gefüllte Paprika und einen Tomatensalat für uns vorbereitet. Wir saßen mit ihrem Mann Jozo und den fünf Kindern Ivica, Vedrana, Damir, Boris und Božena um den Küchentisch. Noch bevor Mutter den ersten Bissen zu sich nahm, platzte es mit zittriger Stimme aus ihr heraus: »Wie ist die Lage? Sind wir hier noch sicher? Ihr müsst mir die Wahrheit sagen. Wird es Krieg geben?«

Tante Lucia streckte ihre Hände wie zum Gebet flehend in die Höhe. »Mein Gott, Smilja, wir sind verloren. Es ist eine Katastrophe. Alle sind verrückt geworden. Jeder spricht nur noch von Krieg. Die Serben wollen uns vertreiben. Was soll nur aus uns werden?«

»Scheiß auf die Serben.« Ihr Teenagersohn Damir schmiss wütend sein Besteck auf den Teller. Dann tat er so, als ob er mit einem Maschinengewehr reihum schießen würde. »Ich werde unsere Heimat gegen diese verfickten Serben verteidigen. Ich mach sie alle platt. Ihr werdet schon sehen.«

Daraufhin verpasste ihm Jozo mit der Hand einen Schlag auf den Hinterkopf. »Halt's Maul, du Idiot, du hast doch keine Ahnung, was Krieg bedeutet.«

Damir schwieg und stocherte verärgert in seiner roten Paprikaschote herum.

Mutter hatte Schweißperlen auf der Stirn, ihr Blick wanderte unruhig durch das Zimmer. »Wie gefährlich ist es gerade? Wird es wirklich Krieg geben?«

»Jeden Tag kann es losgehen. Seit Monaten schon, Schwesterherz, finde ich keinen Schlaf mehr. Ich habe einfach nur noch Angst. Ich habe Angst um meinen Mann, um mich, meine Kinder. Was soll nur aus uns werden?«

Jozo streichelte ihr über den Rücken. »Beruhige dich, mein Schatz. Vielleicht wird doch noch alles gut.«

»Ach Jozo.« Tante Lucia schluchzte laut auf. »Dein Wort in Gottes Ohr. Nichts wird gut. Du weißt es. Alle wissen es. Der Krieg wird kommen. So sieht es aus, Smilja. Der Krieg wird kommen.«

Mutter atmete tief ein. »O mein Gott, Lucia. In Deutschland bekommen wir ja nicht alles mit. Ich hatte schon Schlimmes befürchtet, aber dass es schon so … Grausam ist das alles, wirklich grausam. Sag, Schwesterherz, was wissen Mama und Papa darüber?«

Tante Lucia schluchzte wieder laut auf. »Die Armen. Papa mit seiner Blindheit ist zu schwach, um das Bett zu verlassen. Und auch Mama schafft es nicht mehr aus dem Haus. Die

Kinder bringen ihnen jeden Tag Wasser und etwas zu essen. Jozo und ich«, sie warf Damir einen strengen Blick zu, »haben ihnen verboten, auch nur irgendetwas von alledem zu erwähnen. Den Nachbarn habe ich gesagt, dass sie still sein sollen. Mama und Papa haben ja Gott sei Dank immer noch kein Radio. Ich glaube, dass sie fast nichts wissen.«

»Gott sei Dank. Sie würden sich in ihrem Zustand bestimmt zu Tode ängstigen. Aber was machen wir nur mit ihnen, wenn der Krieg ausbricht?«

»Gott behüte. Dann müssten wir sie nach Zagreb bringen. Ivica und Boris teilen sich dort eine kleine Wohnung am Stadtrand. Wir müssten allesamt bei ihnen einziehen. Aber Schwesterherz, daran habe ich natürlich auch schon gedacht. Unsere Eltern sind zu alt und zu schwach, die Fahrt dorthin würden sie nicht überleben.« Tante Lucia brach in Tränen aus und wiederholte immer wieder: »Mein Gott, Smilja, was soll nur aus uns allen werden? Was soll nur aus uns allen werden?«

Nach dem Abendessen verabschiedeten wir uns mit mulmigem Gefühl von Jozo und den Kindern. Tante Lucia begleitete uns hinunter zum Gartentor. Mutter steckte ihr fünf Hundertmarkscheine in die Schürze. »Für euch und für Mama und Papa. Sorge gut für sie. Falls du noch mehr brauchst, sag Bescheid. Ich werde immer für euch da sein.«

Tante Lucia umarmte Mutter fest. »Gott segne dich, Schwesterherz. Gott segne dich.«

Auf dem Heimweg hielten wir kurz bei Onkel Branko und Onkel Jure, um für Opa, aus rein gesundheitlichen Gründen natürlich, eine Flasche selbst gebrannten Schnaps zu holen. Sonst hatten die beiden in ihrer Scheune viel gelacht und einen Witz nach dem anderen gerissen, an diesem Abend aber waren sie ebenso bedrückt wie Tante Lucia.

Als Onkel Branko die Flasche abfüllte, spuckte er auf den Boden. »Es ist eine Schande, dass ich das in meinem Alter noch miterleben muss. Scheiß Ustaša, scheiß Četniks. Die sollen sich alle was schämen. Arschlöcher sind das, mein Junge, riesengroße Arschlöcher.«

Onkel Branko hatte kaum noch Zähne im Mund, sein Rücken war gekrümmt, er fuchtelte mit seinem Gehstock wild in der Luft herum. »Aber mich bekommen die hier nicht mehr weg, mein Junge. Dein Onkel wird seinen Grund und Boden gegen all diese Arschlöcher verteidigen. Schade, dass dein Opa blind ist. Sonst würden wir noch einmal wie damals im Zweiten Weltkrieg gemeinsam gegen all diese Arschlöcher kämpfen.«

»Papa, nicht doch. Denk an deinen Blutdruck und dein Herz.«

»Scheiß auf mein Herz.« Onkel Branko gab mir die Flasche. »Möge der Schnaps deinen Opa in die ewigschönen Jagdgründe der Kindheit zurückführen. Mach es gut, mein Junge.«

Als wir Onkel Branko und Onkel Jure verließen, nahm Mutter mir die Flasche aus der Hand und trank einen tiefen Schluck. »Die sind hier doch alle irre geworden.«

Am nächsten Morgen liefen wir den Berg hinunter nach Vrlika, um Medikamente und etwas zu essen für Oma und Opa zu besorgen. Leider ohne unseren Esel Debeli. Meine Großeltern hatten ihn und unsere Hühner schon ein paar Jahre zuvor verkaufen müssen, da sie sich nicht mehr um sie kümmern konnten. Ebenso verschwunden war der große Schriftzug von Tito. Und auch in den Häusern und Geschäften in Vrlika hatten sie sein Porträt im Müll entsorgt. Es war seltsam, Josip Broz Tito, diesen alten Mann in seiner weißen

Uniform, der mich ein Leben lang begleitet hatte, nicht mehr zu sehen.

Als wir fast mit unseren Einkäufen fertig waren, kam plötzlich ein Mann in den Laden gestürmt und berichtete aufgeregt, dass die Serben in Knin, Obrovac und Benkovac Straßenblockaden errichtet hätten. Überall sahen wir kleine Gruppen, die heftig miteinander diskutierten. Manch einer wollte sogar in Erfahrung gebracht haben, dass die ersten Schüsse gefallen und es Tote gegeben habe. Wiederum andere behaupteten, es sei gar nichts geschehen. Alle mögen sich doch bitte beruhigen. Die Situation war chaotisch. Mutter suchte uns einen Fahrer, der uns vorerst wieder zurück nach Maovice fuhr.

Am Abend ging ich zum Fußballplatz. Stipe und Ivo, die zwei Jungs, mit denen ich früher manchmal Kühe gehütet hatte, standen heftig streitend auf dem Feld, umringt von einigen anderen Dorfkindern. Es ging um die serbischen Straßenblockaden. Stipe hatte die Hände zu Fäusten geballt. »Das ist unser Land, wir Kroaten leben hier. Ihr könnt hier nicht einfach eure eigene Republik errichten. Wie soll das funktionieren? Das bedeutet Krieg.«

»Uns bleibt doch keine andere Wahl.« Ivo wurde rot und baute sich vor Stipe auf. »Euer scheiß faschistischer Tuđman will uns Serben doch am liebsten alle vernichten.«

»Unsinn, ihr habt immer noch alle Rechte, aber halt als Minderheit.« Stipe machte eine kleine Pause, seine Stimme klang vorwurfsvoll. »Wir wollten doch in Jugoslawien bleiben. Es war doch dein verfickter Milošević, der alle Reformen abgelehnt hat. Er ist schuld an der ganzen Scheiße hier.«

»Ja, klar, wir haben alle Rechte.« Ivo lächelte zynisch und verschränkte die Arme vor der Brust. »Und dann steckt ihr uns wieder ins Konzentrationslager nach Jasenovac. Fick dich.«

»Fick dich selbst.«

»Wir werden uns nicht einfach von euch scheiß Faschisten abschlachten lassen.«

»Halt die Fresse. Ich mach gleich den Boban.«

Ich wusste, womit Stipe da drohte. Im Fernsehen hatte ich gesehen, wie der Spieler Zvonimir Boban von Dinamo Zagreb ein paar Monate zuvor bei einem Fußballspiel gegen Roter Stern Belgrad, als es auf den Tribünen und dem Spielfeld zu Ausschreitungen zwischen den kroatischen Fans und der Polizei gekommen war, einen jugoslawischen Polizisten getreten hatte. Seither wurde er von vielen Kroaten wie ein Volksheld verehrt, weil er sich gegen die vermeintlich übermächtige serbische Staatsgewalt gewehrt hatte.

»Du kleines Arschloch willst den Boban machen? Na dann komm her. Trau dich doch, du verficktes kleines kroatisches Arschloch.«

Die anderen Nachbarjungs gingen dazwischen, zogen Stipe und Ivo auseinander, die früher doch beste Freunde gewesen waren.

Am darauffolgenden Morgen, es war Samstag, liefen Mutter und ich in der glühenden Hitze erneut hinunter nach Vrlika. Wir wollten genau wissen, was vorgefallen war. Schließlich gab es bei Oma und Opa nicht einmal ein Radio. Die Augustsonne brannte unerbittlich auf die Straßen nieder. Die Menschen saßen im Schatten, hörten Radio, diskutierten und stritten. Es hieß, es seien zwar keine Schüsse gefallen und es habe auch keine Toten gegeben, die Serben aber hätten tatsächlich einige Straßen blockiert und unsere Bergregion vom restlichen Kroatien abgeschnitten. Viele Leute sprachen davon, dass die Serben jetzt einmarschieren und uns aus der Krajina vertreiben würden.

Mutter verlor nun völlig die Nerven, sie hatte panische Angst davor, dass der Krieg ausbrechen und wir nicht mehr aus Jugoslawien rauskommen würden. Und die kroatische Armee mich dann als Soldat einziehen könnte. Sie zitterte am ganzen Körper und weinte. Obwohl wir eigentlich noch drei Wochen Urlaub eingeplant hatten, gingen wir zum Busbahnhof – die Zugstrecke war blockiert, so viel wussten wir –, um ein Ticket nach Zagreb zu kaufen. Von da aus wollte sie mit mir zurück nach Deutschland reisen. Mutter war allerdings nicht die Einzige, die es mit der Angst zu tun bekommen hatte. Die Schlange vor dem Tickethäuschen war ewig lang.

Ich ging währenddessen spazieren, kaufte mir ein Eis, hörte die Menschen lautstark debattieren, blieb eigenartig ruhig und dachte: Das ist nicht mein Leben, nicht mein Land und nicht mein Krieg. Alles geschah wie in einem Film, zu dem ich nicht dazugehörte.

Mutter fand mich ein paar Stunden später. Sie schwitzte und war völlig außer Atem. »Ich konnte uns nur noch Tickets für Montagfrüh besorgen. Mein Gott, Alem, was machen wir nur, wenn bis dahin der Krieg ausbricht? Ich habe so große Angst. Ich kann dir gar nicht sagen, wie viel Angst ich habe.«

Vielleicht schätzte ich die Situation nicht richtig ein, vielleicht aber war ich auch nur gewöhnt, automatisch ganz ruhig zu werden als Gegengewicht zu Mutters Panik. Jedenfalls redete ich so lange beschwichtigend auf sie ein, bis sie sich beruhigte. »Mach dir keine Sorgen, Mama. Ich weiß, alles wird gut. Ich weiß es einfach. Glaub mir, uns wird nichts geschehen. Alles wird gut.«

Zurück in Maovice log Mutter Oma und Opa an. Sie behauptete, sie habe auf dem Postamt mit Dušan telefoniert, er habe sich auf einer Baustelle ein Bein gebrochen. Deswegen müssten wir schon nach dem Wochenende, gleich am Montag nach Deutschland zurückkehren. Als ich ihre traurigen Gesichter sah, zog sich in mir alles schmerzhaft zusammen bei dem Gedanken, dass wir sie ihrem Schicksal überlassen würden. Den Rest des Tages putzten Mutter und ich das Haus, wuschen Omas und Opas Kleidung, holten Wasser für sie vom Brunnen.

Am Abend rief mich Opa. Ich setzte mich auf die Bettkante. Er trug ein langes weißes Nachthemd, mit knochigen Fingern betastete er meinen Körper, lächelte versonnen. »O ja, das müsste klappen. Du bist ein kräftiger Junge. Pass auf, ich will, dass du mich nach draußen trägst, zum großen Stein vor unserem Haus, auf dem ich früher immer gesessen habe.«

Mutter und Oma fielen ihm nahezu gleichzeitig ins Wort: »Bist du verrückt geworden? Was, wenn Alem fällt? Deine Knochen sind zerbrechlich. Seit zwei Jahren bist du nicht aus dem Bett gekommen. Das ist zu gefährlich.«

Opa richtete sich stöhnend auf. »Hör nicht auf dieses Weibergeschwätz, mein Junge. Hilf mir doch endlich.« Ich blickte fragend zu den Frauen, und Mutter nickte. »Aber pass gut auf. Du darfst nicht fallen.«

Ganz vorsichtig hob ich meinen fast neunzigjährigen Opa hoch. Seine schrumpelige Haut war dünn wie Seidenpapier. Er war federleicht, wog kaum mehr als ein Kleinkind. Langsam trug ich ihn die Treppe hinunter und setzte ihn so behutsam, wie ich nur konnte, in die Mulde des großen Steins vor dem Haus. Er lehnte sich schwer atmend zurück. »So, und jetzt holst du mir meinen Tabak, meine Pfeife, Onkel Brankos Sliwowitz und ein Glas.«

Als ich in der Wohnstube alles zusammentrug, schüttelten Mutter und Oma missbilligend die Köpfe. Ich ignorierte sie, ging zurück zu Opa, setzte mich neben ihn. Es war ein sehr warmer Sommerabend. Opa stopfte seine Pfeife, zündete sie an, blies den Rauch zufrieden in die Luft. »Ach, wie schön. Und hör doch, Alem. Hörst du die Zikaden? Hörst du ihr wunderschönes Zirpen?«

Dann bat er mich, ihm ein Glas Schnaps einzuschenken. Weil er zu schwach war, um es allein halten zu können, führte ich das Glas an seinen Mund. Während er trank, rann ein bisschen der klaren Flüssigkeit in seinen grauen Bart. Ich tupfte ihn mit meinem T-Shirt ab.

»Danke, mein Junge. Und jetzt trink auch du. Es wird dir schon nicht schaden.«

Ich nahm einen kräftigen Schluck. Der Schnaps roch nach Pflaumen, brannte in der Kehle und erwärmte dann ganz sanft den Magen.

»Was siehst du, mein Junge?«

Ich blickte zum dunklen Nachthimmel empor. »Millionen von funkelnden Sternen und auch Sternschnuppen, die verglühend auf die Erde niedersausen.«

»Ah, die guten alten Sternschnuppen.« Opa hatte die blinden Augen geschlossen. »Weißt du, mein Junge, du darfst dir bei jeder Sternschnuppe was wünschen, aber wünsch dir niemals das Falsche. Ja, ja, hüte dich vor den falschen Wünschen, mein Junge.«

Wir saßen noch lange draußen auf dem Stein. Ich zählte die Sternschnuppen und fragte mich, ob Opa mehr wusste, als wir alle annahmen.

Am Sonntag schienen alle Probleme auf einmal wie weggeblasen zu sein. Jeder im Dorf sprach nur noch über eins: Die jugoslawische Basketballnationalmannschaft hatte sich in den vergangenen zwei Wochen bei der Weltmeisterschaft in Argentinien mit fulminanten Auftritten in die Herzen der Menschen gespielt. Ganz gleich ob Serbe oder Kroate oder sonst was, alle liebten diese Mannschaft, deren Spieler auf dem Parkett, über alle konfessionellen und ethnischen Grenzen hinweg, einfach alles füreinander gaben. Abends sollte das große Finale gegen die Sowjetunion stattfinden.

Zwei Stunden vor Spielbeginn pilgerte ich mit einem Stuhl im Arm zu Ante. Er hatte nahezu das ganze Dorf eingeladen und mithilfe eines Notstromaggregats seinen Schwarzweiß-Fernseher auf einem Tisch vor dem Haus aufgebaut. Ein Lamm wurde geschlachtet. Es gab Bier und Schnaps. Die Stimmung war fröhlich und ausgelassen.

Später dann endlich der Anpfiff in Buenos Aires. Dražen Petrović, Toni Kukoč und Vlade Divac, die wahrscheinlich talentiertesten Basketballer, die jemals für Jugoslawien gespielt hatten, lieferten von der ersten Sekunde an ein Spektakel ab. No Look-Pässe, geblockte Würfe, schnelle Konter, wendige Dribblings, traumhaft verwandelte Dreier und niederschmetternde Dunks: Es gelang einfach alles. Die Russen hatten nicht den Hauch einer Chance. Unsere Mannschaft gewann das Finale mit 92:75 unter lautem Jubel bei Ante.

Doch dann geschah das Unglück. Nach dem Schlusspfiff drängten etliche Fotografen, Zuschauer und Journalisten ungehindert auf das Spielfeld und umringten die feiernden Spieler. Plötzlich tauchte ein Mann mit der kroatischen Flagge inmitten dieser Menschenmenge auf. Vlade Divac, der 2,16 Meter große Center, ein bärtiger Serbe, ging schnurstracks auf ihn zu. Die beiden lieferten sich ein hitziges Wortgefecht, dann riss Divac ihm einfach die Flagge aus der Hand. Die Kroaten im Dorf begannen zu buhen, während die Serben »Bravo« riefen und stürmisch klatschten. Auf einmal schrien sich alle an. Bierflaschen flogen, einer meiner Nachbarn blutete an der Schläfe, ich duckte mich weg.

Ante kletterte auf einen kleinen Hocker und brüllte, so laut er nur konnte: »Hört auf! Hört sofort auf mit diesem Unsinn! Was soll das hier? Hört auf, verdammt noch mal!« Es gelang ihm, die aufgebrachte Menge wieder einigermaßen zu besänftigen. »Hier sind Kinder anwesend. Lasst uns jetzt alle friedlich nach Hause gehen. Los. Geht schon. Die Party ist vorbei. Ab mit euch nach Hause.«

Ich ging nachdenklich heim. Es war doch nur eine gottverdammte Flagge. Was zum Teufel passierte hier gerade?

Am nächsten Morgen packten wir bei Sonnenaufgang unsere Koffer. Es brach mir das Herz, Oma und Opa allein in dieser Scheiße zurücklassen zu müssen. Ich umarmte sie lange, weinte, war mir sicher, ich würde sie nie mehr wiedersehen. Dann brachte uns ein Fahrer mit seinem Auto hinunter nach Vrlika.

Während wir auf den Bus warteten, fuhr die jugoslawische Volkspolizei mit Dutzenden Wagen in die Hauptstraße ein. Die hölzernen Fensterläden wurden geschlossen, die Straßen waren sofort wie leergefegt, der Krieg war ganz nahe an uns herangerückt. Ich war erleichtert, als unser Bus mit einstündiger Verspätung endlich abfuhr.

Die serbischen Blockaden versperrten immer noch viele Kreuzungen. Wir gerieten in einen Stau nach dem anderen. Auf der Küstenstraße glitzerten kilometerlange Blechkolonnen in der Sommerhitze. Mutter knetete ihre schweißnassen Hände, immer wieder übergab sie sich in eine Papiertüte. Vierundzwanzig Stunden nachdem wir Vrlika verlassen hatten, erreichten wir schließlich Zagreb. Von dort aus fuhren wir mit dem Zug sicher zurück nach Frankfurt.

25

Zwei Monate später verstarb Opa im Schlaf. Mutter flog nach Kroatien, kümmerte sich um das Begräbnis. Oma sagte zu Mutter, dass sie ohne Opa nicht mehr leben wolle. Anfang Dezember verstarb auch sie. Diesmal flog Mutter nicht hin, es war bereits zu Vertreibungen gekommen.

Im März 1991 brach der Krieg aus. Die Serben eroberten weite Teile des Landes und gründeten eine eigene Republik innerhalb der Teilrepublik Kroatien. Tante Lucia floh mit Jozo und den Kindern nach Zagreb. Damir hatte sich freiwillig für die kroatische Armee gemeldet und kämpfte in der Krajina gegen die Serben. Mutter weinte viel. »Wenigstens mussten deine Oma und dein Opa den Krieg nicht mehr miterleben.«

Das war, im Hinblick auf Jugoslawien, unser einziger schwacher Trost.

In Rexingen ging derweil alles seinen gewohnten Gang. David, der Mann von Maxi, war als Soldat und Patriot ein Bilderbuch-Amerikaner. Zum Independance Day am 4. Juli hisste er im Fenster die US-amerikanische Flagge, an Thanksgiving schob er einen riesigen Truthahn in den Ofen und zu Weihnachten schmückte er die Außenfassade unseres Hauses mit bunten Lichterketten und baute im Vorgarten ein pompös schillerndes Weihnachtsmann-Ensemble mit vier galoppierenden Rentieren auf. Unser in der Nacht strahlend hell erleuchtetes Haus wurde zu einer lokalen Sehenswürdigkeit, die der *Schwarzwälder Bote* mit einem ganzseitigen Foto als schönste Weihnachtsdekoration im Nördlichen Schwarzwald prämierte.

In unserem Dorf nannten uns alle nur »die Amis«. Als ich einmal Brötchen beim Bäcker holte, sagte die Verkäuferin zu mir: »Unsere schwäbischen Weckle schmecket euch Amis, net wahr?« Ich nickte nur, hatte keine Lust, ihr unsere komplizierten Familienverhältnisse zu erklären. Mit den Dorfbewohnern hatte ich ohnehin nichts zu tun, morgens früh fuhr ich nach Böblingen in die Schule und kam erst am späten Nachmittag wieder zurück.

Mein Bus ging um 6.20 Uhr. Am Wartehäuschen stand immer ein alter Herr in verschlissenem Anzug, mit Gehstock und Dreitagebart, der mich an Opa erinnerte. Der Busfahrer pfiff und sang fröhliche Lieder. Von Rexingen auf der Anhöhe fuhren wir durch den Wald hinab nach Ihlingen ins Neckartal und dann weiter nach Horb, ein deutsches Postkartenidyll mit mittelalterlichen Gassen, Türmen und Kirchen.

Gleich hinter der Neckarbrücke, über die man in die Altstadt gelangt, stieg ich am Hauptbahnhof in den Zug um. Die ersten paar Kilometer verlief die Strecke durch zerklüftete Täler und Schluchten des Schwarzwaldes und danach durch die sanfte Hügellandschaft der Schwäbischen Alb. Ich hörte Musik mit dem Walkman, las Romane oder träumte einfach zum Fenster hinaus. Zu jener Zeit gab es nichts Schöneres für mich als dieses allmorgendliche, vom Rattern des Zuges und dem Stimmengewirr der Passagiere begleitete, friedliche Hineingleiten in den Tag.

Das Gymnasium in Böblingen lag nur wenige Gehminuten vom Bahnhof entfernt. Meine neuen Klassenkameraden waren ein wild zusammengewürfelter Haufen aus der Umgebung, entweder hatten sie wie ich den Sprung von der Realschule aufs Gymnasium geschafft oder aber waren von einem normalen Gymnasium geflogen und Böblingen war ihre letzte Chance auf das Abitur. Wir waren alle zwischen sechzehn und zwanzig Jahre alt, die Lehrer gaben uns viele Freiräume, setzten auf Eigenverantwortung, wir müssten nunmehr selbst wissen, ob und wie viel wir in die Schularbeit investieren wollten.

Ich genoss diese neuen Freiheiten, las viel, entdeckte Jack Kerouac und die Beatniks für mich, hörte die Doors, die Ramones, The Clash oder die Misfits, ließ das Fußballspielen sein, begann zu rauchen und zu trinken, ging am Wochenende mit meinen Kumpels auf illegale Housepartys in abgelegene Industriegebiete und verbrachte den halben Sonntag verkatert im Bett. Marianne und Robert gefiel mein neuer Lebenswandel nicht. Aber während Marianne mich nur ermahnte, es nicht zu übertreiben, ich könne tun und lassen, was ich wolle, solange meine schulischen Leistungen stimmten, warf Robert mir vor, ein schlampiger Tunichtgut geworden zu sein, der sein Leben nicht im Griff hatte.

Ich hingegen fragte mich immer häufiger, wer von uns beiden in Wirklichkeit sein Leben nicht mehr im Griff hatte. Am Tag der Wiedervereinigung führte Robert uns in ein nobles Restaurant aus, schwafelte unaufhörlich von einem neuen Deutschland, das noch zu gestalten sei. Als im *Schwarzwälder Boten* ein kritischer Bericht über die Heldenverehrung des Roten Barons, des Jagdfliegers Freiherr von Richthofen aus dem Ersten Weltkrieg, erschien, schrieb er einen bitterbösen Leserbrief. Die rechtsnationalen Republikaner wurden auf ihn aufmerksam. Der Kontakt intensivierte sich: Seit einigen Monaten empfing er mittlerweile wöchentlich in seinem Arbeitszimmer ältere Männer in Cordjacketts, die allesamt Parteimitglieder waren. Wenn ich in meinem Zimmer gegenüber von seinem Büro im Erdgeschoss für die Schule lernte, konnte ich alles mithören, was sie miteinander besprachen. Stets fielen die gleichen Sätze, das Boot sei voll, Neger und Moslems hätten in Deutschland nichts zu suchen, der Islam passe nicht zu unserer Kultur, man würde den Kindern im Schulunterricht ein falsches Bild über uns Deutsche vermitteln und müsse dieses wiedervereinigte Land wieder zu alter Größe und Stärke führen.

Ich hätte bei diesen Parolen kotzen können, hatte mit der Schulklasse Auschwitz besucht, dachte an all die vergasten Juden und an Opa, der gegen die Nazis gekämpft hatte. Außerdem hatte ich gerade erst miterlebt, was für ein blutrünstiges Chamäleon der Nationalismus war. Meist drehte ich irgendwann Pet Cemetery von den Ramones oder London Calling von The Clash oder irgendeinen anderen Punk-Song so laut auf, dass die dröhnenden Gitarren ihre verfluchten deutschnationalen Gespräche übertönten. Robert kam dann immer rübergestürmt, hämmerte gegen die Tür und schrie: »Alem, mach endlich diesen Krach aus. Was fällt dir ein, hier so laut diesen Mist zu spielen. Mach das sofort aus.«

Ich versuchte wegzuschauen, wegzuhören, nichts mit diesem Dreck zu tun zu haben. Robert war für mich immer noch mein Vater, aber in mir schwelte die Wut über seine radikalen Ansichten.

Eines Nachmittags im September eskalierte die Lage. Robert hatte mal wieder Besuch von ein paar Parteimitgliedern, während ich für eine Physikklausur lernte.

Einer der alten Männer sagte laut und vernehmlich zu Robert: »Nächsten April sind bei uns Landtagswahlen. Den Umfragen zufolge stehen wir bei zwölf Prozent. Wir wollen, dass du für uns kandidierst. Du bekommst einen sicheren Listenplatz. Wir werden dieses Land grundlegend verändern. Robert, du sollst ein Teil unserer Bewegung werden. Deine Biografie macht dich zum perfekten Kandidaten. Du bist belesen und eloquent, hast sieben anständige Kinder großgezogen. Du bist ein angesehener Bürger, der auch noch ein jugoslawisches Pflegekind unter seine Fittiche genommen hat. Mit dir an der Spitze kann man uns endlich keine Ausländerfeindlichkeit mehr vorwerfen. Was ja sowieso Unsinn ist. Wir sind gegen den Islam, gegen die Türken und gegen die Juden, aber doch nicht gegen all die Ausländer, die fleißig in unseren Fabriken arbeiten und sich prächtig bei uns integriert haben. Kurzum: Wir wollen dich ganz groß herausbringen, Robert. Du musst nicht sofort antworten. Schlaf mal 'ne Nacht darüber, besprich alles mit deiner Familie und dann gib uns Bescheid.«

Zwei Tage später saß ich mit Marianne und Robert im Wohnzimmer und schaute die *Tagesschau*. In einem Bericht ging es um Reparationsforderungen an das wiedervereinigte Deutschland als rechtlicher Nachfolger der Nazidiktatur. Was Robert wie immer bei diesem Thema mit dem Satz kommentierte: »Wir haben jeden Pfennig zehnfach zurückgezahlt. Wir schulden niemandem mehr etwas. Am allerwenigsten den Juden.«

Mir wurde heiß, die angestaute Wut platzte aus mir heraus. »Wie kannst du nur so was Dummes von dir geben?

Glaubst du wirklich, ihr könnt euch mit eurem scheiß Geld von eurer Schuld freikaufen? Macht doch mal die Augen auf. Ihr habt Scheiß gebaut. Riesengroßen Scheiß.«

Marianne zündete sich nervös eine Zigarette an. »Alem, in welchem Ton redest du mit uns? Hör sofort damit auf.«

»Du bist auch nicht besser«, schrie ich Marianne an. »Du mit deinem: Ach, wir haben doch immer so schöne Lieder in der Hitlerjugend gesungen. Und dann sind die Juden in der Nachbarschaft plötzlich einfach verschwunden. Von wegen verschwunden. Die sind verhaftet, deportiert und in Konzentrationslagern vergast worden. Aber das weißt du doch viel besser als ich. Du willst es nur nicht wahrhaben. Das macht dir alles Angst. Hast du deswegen mich und all die anderen ausländischen Kinder aufgenommen? Um es wiedergutzumachen, eure ganze Mitläuferscheiße? Ich weiß es nicht. Und vielleicht will ich es auch gar nicht wissen.«

Robert schlug donnernd mit der Faust auf den Tisch. »Hör sofort auf mit dieser Ungezogenheit. Ist das der Dank dafür, dass wir dich großgezogen haben?«

»Ich soll aufhören? Weshalb hörst du nicht endlich auf damit?« Ich fixierte Marianne, umklammerte mit meiner rechten Hand mein linkes Handgelenk. »Hat er dir erzählt, was er vorhat? Hat er dir erzählt, dass er bei den Landtagswahlen für die Republikaner kandidieren soll? Und hat er dir erzählt, dass sie mich dafür benutzen wollen? Ich soll als Beweis dafür herhalten, dass er und seine ach so sauberen Republikanerfreunde keine gottverdammten Rassisten sind. Ist es nicht so, Robert? Ich hör doch immer alles, was ihr in deinem Büro so besprecht.«

Marianne sah Robert an. »Paps, stimmt das, was Alem sagt?«

»So nicht.« Robert fuhr sich mit der Hand zerknirscht übers Gesicht. »Aber ja, sie haben mir angeboten, bei den Landtagswahlen für sie zu kandidieren.«

»Und wann wolltest du mir das erzählen?«

»Ich hätte dir das diese Woche schon noch gesagt.«

»Du willst wirklich für diese Spinner in den Landtag ziehen?«, fragte Marianne mit ungläubiger Stimme. »Paps, was ist nur los mit dir?« Dann drehte sie sich zu mir. »Alem, es tut mir leid. Ich wusste nichts davon. Ich werde das nicht zulassen. Ich werde es nicht zulassen.«

Ich stand auf mit Tränen in den Augen. »Ach, ihr beiden. Das ist alles ziemlich verrückt. Ich verstehe es einfach nicht. Ihr müsst zugeben, dass ist alles schon ziemlich verrückt.«

Wütend und verwirrt lief ich durch den Wald nach Horb, betrank mich in einer Bar, schlief ein paar Stunden auf einer Bank im Bahnhof und fuhr am nächsten Morgen betrunken mit dem Zug zur Schule. In der ersten Stunde klopfte es an der Klassenzimmertür. Mein Rektor holte mich aus dem Unterricht. Marianne und Robert standen im Flur. Marianne nahm mich in die Arme. »Wir haben uns solche Sorgen um dich gemacht. Wir haben überall angerufen. Mach das nie wieder, Alem, mach das nie wieder.«

Schweigend fuhren wir in unserem metallicroten BMW nach Hause. Kurz vor Rexingen meinte Robert mit schwerer Stimme, er habe sich alles durch den Kopf gehen lassen und werde nicht für die Republikaner kandidieren. Während er sprach, sah er konzentriert zum Fenster hinaus, Marianne hatte ihm die Hand auf das Bein gelegt. Ich spürte, wie sehr sie mich liebten, und doch war seit jenem Tag nichts mehr wie zuvor.

Ich kapselte mich immer weiter ab, machte mein Abitur,

zog nach München, studierte Soziologie, fuhr nur noch zu den Geburtstagen und zu Weihnachten nach Rexingen.

1994 verstarb Robert an einem Herzinfarkt. Sein Tod berührte mich. Aber richtigen Schmerz empfand ich keinen. Anders war es drei Jahre später bei Marianne.

Maxi rief mich an, Marianne hatte Krebs und lag im Sterben. Ich fuhr sofort nach Rexingen, saß an ihrem Bett, ihre verängstigten Augen huschten über mein Gesicht, ich nahm ihre Hand in die meine. »Danke, Marianne. Danke, dass du mich vor Dušan und Frankfurt gerettet hast. Und dass du immer für mich da warst. Ich kann dir gar nicht sagen, wie dankbar ich dir für alles bin.«

Sie streichelte meine Wange, ihre Stimme war nur noch ein Hauch. »Ist schon gut, Alemchen. Du bist doch mein Sohn. Das habe ich gerne für dich gemacht.«

Am nächsten Morgen lag sie mit weit aufgerissenen Augen tot in ihrem Bett.

DAS
BUCH
EMIR

26

Hinter dem Haus meines Vaters in der Dobračina Straße ging langsam der fast volle Mond auf. Ich blickte noch einmal zu dem Fenster, in dem der Mann mit seinen Kindern gespielt hatte. Sie waren nicht mehr zu sehen. Zwei junge Frauen kamen auf mich zu und fragten nach Feuer. Gedankenversunken zog ich mein Feuerzeug hervor.

»Ist bei Ihnen alles in Ordnung? Sie sehen so traurig aus.« Die Frau sah mich prüfend an.

Ich lächelte. »Ja, ja, kein Problem.«

Die beiden jungen Frauen winkten schüchtern zum Abschied. Ich drückte meine Zigarette an der Steinmauer aus, lief zur nahe gelegenen Skadarlija, schlenderte die steil abfallende kopfsteingepflasterte Gasse mit ihren alten Laternen, kleinen Häuschen und vielen Lokalen hinunter, kaufte mir in einem Kiosk ein Bier. Die Straßenmusikanten spielten für die Restaurantgäste auf den Außenterrassen serbische Volkslieder. Was mich wohl bei Dušan und Svetozar in Kačarevo erwarten würde? In einer Bar trank ich noch ein paar Gläser Rakija.

Als ich am späten Vormittag erwachte, war es schon zu spät für den Friedhof. Ich hatte Dušan versprochen, gegen 14 Uhr bei ihm zu sein. Ich duschte mir den Rausch aus den Gliedern und fuhr zum Busbahnhof.

In Pančevo musste ich umsteigen. Ungefähr eine Stunde, nachdem ich Belgrad verlassen hatte, kam ich in Kačarevo an. Als Dušan das Gartentor öffnete und mich umarmte, kam er mir so unglaublich vertraut vor. In den letzten Jahren hatte er sich stark verändert, trank kaum noch, war ruhiger, ausgeglichener und auch liebevoller geworden. Darüber hinaus behandelte er Mutter inzwischen respektvoll: Er ging mit ihr einkaufen, trug die schweren Sachen, rauchte ihr zuliebe nur noch auf dem Balkon und kochte sogar ab und zu das Abendessen. Seine Haare waren grau und seine Augen leer und sanftmütig. Während wir durch den Garten liefen, hatte ich das Gefühl, dass ich ihn inzwischen viel zu sehr mochte.

Er führte mich durch das Haus. Es gab zwei Stockwerke mit mehreren Bädern, zwei modern eingerichtete Küchen und ein Dutzend Zimmer, von denen die meisten jedoch unbewohnt aussahen.

In meiner Kindheit in der Hanauer Landstraße, ich muss etwa sieben Jahre alt gewesen sein, hatte Dušan einmal den gesamten Küchentisch mit Hundertmarkscheinen ausgelegt. Mit triumphierender Stimme sagte er: »Jeden einzelnen Schein, den du hier siehst, habe ich mir hart erarbeitet. Und jetzt werde ich mir damit ein Haus in der Heimat bauen.«

Ich hatte damals gedacht, dann hau doch ab mit deinem vielen Geld, bau dein Haus und komm bitte, bitte, nie wieder zu uns zurück nach Frankfurt.

Wir setzten uns in den Hof, er legte ein paar Schweinekoteletts und Bratwürste auf den Grill, holte Bier aus dem Kühlschrank, rauchte und hustete stark. »Erzähl Smilja bitte nichts von dem Bier und dem Fleisch. Sie würde sich nur unnötig Sorgen machen.«

Ich musste schmunzeln. »Klar verrate ich ihr nichts.«

Dušan hatte Probleme mit dem Blutdruck und dem Herzen, hatte schon ein paar kleinere Operationen hinter sich und aß in Frankfurt unter Mutters strenger Aufsicht nur noch Suppe, Salat und kleinere Fleischportionen. Mutter und er waren in Rente, gingen oft spazieren, ein eingespieltes Team, das aufeinander achtet und füreinander sorgt. Nur das Rauchen hatte sie ihm nicht abgewöhnen können.

Wir tranken unser Bier. »Das ist also das Haus, für das du dich ein Leben lang abgerackert hast.«

»Ja, das ist mein Haus.« Er stand auf, wendete das Fleisch auf dem Grill, wedelte den Rauch zur Seite und sah sich um. »Es ist traurig. Ich hatte mir das alles anders vorgestellt. Hier wohnt nur noch Miloš. Ich habe Svetozar angeboten, mit seiner Frau und seiner Tochter hier einzuziehen. Aber er will nicht.«

»Wie geht es Svetozar?«

»Was fragst du mich.« Müde zuckte er die Schultern. »Du weißt, dass wir kaum noch miteinander reden. Ich habe ihm ein Taxi gekauft, aber er ist faul, versäuft sein Geld lieber in der Kneipe, anstatt zu arbeiten und sich um seine Familie zu kümmern. Ich höre immer wieder dies und das von ihm, und was ich höre, ist nichts Gutes. Aber Smilja hat gesagt, dass du ihn besuchen wirst.«

»Ja, das stimmt.«

»Na, dann kann er dir ja alles selbst erzählen. Grüß ihn und seine Familie von mir.«

Er nahm die Schweinekoteletts und Bratwürste vom Grill, belegte das Sandwich mit Tomaten und Salat und sagte mit Augenzwinkern: »Ohne das Fleisch wäre Smilja jetzt stolz auf mich.«

»Ja, das wäre sie.«

Wir aßen schweigend, dann fragte Dušan mich unvermittelt nach dem Grab meines Vaters.

»Ich hab es gefunden. Aber ich bin noch nicht hingegangen. War einfach noch nicht in der Stimmung dazu.« Eigentlich war Dušan der Letzte, mit dem ich darüber sprechen wollte.

»Deine Mutter hat es nicht böse gemeint. Dein Vater war ein Gauner und ein Dieb.«

»Das weiß ich inzwischen auch.« Aber wenigstens hat er mich nicht, sagte ich leise zu mir selbst, wie du Arschloch mit dem Gürtel verprügelt.

Wir schwiegen.

Ein wenig später setzte sich Miloš zu uns in den Hof. Sein älterer Bruder war kleiner, zartgliedriger und hatte sympathische Lachfalten um die Augen. Mutter hatte mir vor ein paar Jahren in einem leicht abfälligen Ton erzählt, dass er wahrscheinlich schwul sei. Ich hatte sie gefragt, weshalb sie das so abwertend gesagt habe, woraufhin sie nur meinte, dass es doch nicht normal sei, wenn Männer andere Männer lieben würden. Ich war sauer auf sie, wir diskutierten eine Weile, dann ließ ich das Thema fallen. Sie hatte mal wieder, ohne wirklich darüber nachzudenken, einfach nur nachgeplappert, was ihr bereits als Kind beigebracht worden war. Eigentlich hatte sie gar nichts gegen Schwule.

Miloš blieb nur für eine Viertelstunde, sprach nicht viel und fuhr dann winkend mit dem Fahrrad vom Hof. Dušan und ich tranken Bier, wussten nicht wirklich, worüber wir uns unterhalten sollten.

»Wie geht es Aljosha? Kommt er in der Schule zurecht?«

»Ganz gut eigentlich. Er muss sich noch ein wenig an die

neuen Strukturen gewöhnen. Aber er scheint Spaß in der Schule zu haben.«

»Das ist gut.«

»Ja, das ist gut.«

Als Aljosha vier war, war ich mit ihm für ein paar Tage nach Frankfurt gefahren. Dušan war unglaublich lieb zu ihm. Ich aber hatte ihn mit Argusaugen beobachtet: Hätte er Aljosha auch nur einmal schräg angeschaut, hätte ich ihn verprügelt. Mehr als diesen einen Besuch gestand ich ihm nicht zu. Nach allem, was er uns angetan hatte, sollte er nicht auch noch den lieben Opa spielen dürfen.

Ich stand auf. »Du, ich muss jetzt los. Kannst du mir bitte ein Taxi rufen?«

Dušan ging ins Haus, telefonierte, kam mit zwei kleinen Gläsern Schnaps zurück. »Das Taxi kommt in zehn Minuten.«

Wir tranken den Schnaps. Er fragte mich: »Wann kommst du mal wieder nach Frankfurt?«

»Ende Oktober besuche ich euch für ein Wochenende.«

»Na, dann sehen wir uns ja schon bald wieder.«

Er begleitete mich zur Straße. Im Rückspiegel sah ich, wie er mir noch lange vom Gartentor aus nachwinkte.

Svetozars Wohnung befand sich am anderen Ende von Kačarevo in einer grauen, noch aus dem Sozialismus stammenden Neubausiedlung. Die Wohnung lag im Erdgeschoss. Ich war aufgeregt. Zuletzt hatten wir uns 1990 gesehen, als er angeschossen im Krankenhaus lag, das war achtundzwanzig Jahre her.

Svetozar öffnete freudestrahlend die Tür. Er war dick geworden, hatte kaum mehr Haare auf dem Kopf. Beinahe hätte ich ihn nicht wiedererkannt. Ich war so überrascht, dass

ich im Eingangsbereich über ein paar rosafarbene Plüschtierchen stolperte.

»Entschuldige bitte die Unordnung. Die gehören meiner
Tochter Nina. Sie ist noch im Kindergarten. Meine Frau wird
sie später abholen.«

»Ach, das mit der Unordnung kenne ich«, sagte ich mit
wegwischender Handbewegung. »Ich habe auch ein Kind, einen Sohn, der lässt seine kleinen Rennautos überall liegen.«

»Wie alt ist dein Sohn?«

»Sechseinhalb. Er ist gerade erst eingeschult worden,
Aljosha.«

»Meine kleine Nina ist vier.« Svetozars Stimme war ganz
weich geworden.

Die Wohnung war sehr klein: Zwei Zimmer, Bad und Küche, niedrige Decke, vielleicht fünfundfünfzig Quadratmeter. Das Zentrum bildete eine braune Stoffcouch, vor der ein
riesiger Fernseher und eine Playstation standen. Wir setzten
uns draußen auf die Terrasse. Svetozar nahm eine Flasche Rakija vom Tisch und füllte zwei Gläser randvoll.

»Auf unsere Kinder.«

»Ja, auf unsere Kinder.«

Der Schnaps brannte in der Kehle. Wir schüttelten uns.

»Kommst du gerade von Dušan?«

»Ja.«

»Wie geht es ihm?«

»Scheint sich ganz gut zu halten.«

»Scheiß auf ihn.«

»O.k. Meinetwegen: Scheiß auf ihn. Aber ich soll dich
von ihm grüßen.«

»Der Gruß ist angekommen«, antwortete er gleichgültig.

Svetozar ging in die Küche, machte uns Kaffee, setzte sich

auf den klapprigen Terrassenstuhl, der bedenklich unter seinem Gewicht knarzte. »Du, ich bin neugierig. Am Telefon hast du mir erzählt, dass du in Belgrad bist, um das Grab deines Vaters zu suchen. Das verstehe ich nicht. Ich dachte, er ist schon lange tot. Hatte er nicht einen Unfall oder so?«

»Mutter hat mich angelogen. Er hat noch gelebt, ist erst vor zwei Jahren in Belgrad gestorben.«

»Was? Was ist das denn für eine Geschichte. Weshalb hat sie dir denn so einen Quatsch erzählt?«

»Ich glaube, sie wollte mich schützen. Mein Vater war ein Dieb, saß sogar drei Jahre lang in Goli Otok.«

Svetozar verschluckte sich, prustete den Kaffee auf den Boden. »Dein Vater war ein Dieb und saß in Goli Otok?«

»Ja, hat Brieftaschen geklaut, viel gesoffen, Mutter mit anderen Frauen betrogen. Sie wollte nicht, dass ich wusste, dass ich der Sohn eines Alkoholikers und Kriminellen bin.«

»Das ist krass. Und woher weißt du jetzt, dass sie dich angelogen hat?«

»Sie wollte sich von Emir scheiden lassen, woraufhin ihr Anwalt seine Sterbeurkunde schickte. Und dann hat sie wohl ein schlechtes Gewissen bekommen. Jetzt bin ich hier, um sein Grab zu suchen.«

»Hast du es gefunden?«

»Ja, aber ich werde erst morgen hingehen.«

»O.k.« Svetozar gab mir einen aufmunternden Klaps auf die Beine. »Mensch, Junge, verdammt lange her, dass wir uns gesehen haben. Erzähl. Was machst du? Wie war dein Leben?«

»Na ja, nachdem du fort warst, bin ich aufs Gymnasium gegangen, habe Soziologie studiert und bin schließlich Journalist geworden.«

»Ja, du warst schon immer der Vernünftigere von uns beiden.«

»Ja, vielleicht. Und bei dir? Was hast du gemacht?«

»Bin fett geworden.«

»Nicht doch.« Ich boxte ihm leicht gegen den Oberarm. »Man könnte das auch einfach nur als etwas kräftig bezeichnen.«

»Das hast du lieb gesagt. Na ja, nach dieser Geschichte in Frankfurt hat Dušan dafür gesorgt, dass ich für zwei Jahre in die Armee musste.« Seine Augen hatten zu zucken begonnen, der Blick flackerte.

»Warst du im Krieg?«

»Nein, nein. Ich war im Norden von Serbien stationiert. Vom Krieg haben wir hier eigentlich nicht viel mitbekommen, 1999 hat die NATO mit ihren Kampfflugzeugen ein paar Industrieanlagen in Pančevo bombardiert. Müsstest du durchgefahren sein auf dem Weg. War relativ harmlos. Ach, scheiß auf den Krieg. Aber stell dir vor: Nach meiner Armeezeit habe ich ein paar Jahre als Nachtwächter in einem Autofuhrpark gearbeitet.«

»Du warst Nachtwächter in einem Autofuhrpark?«

»Ja, Mann, wenn die gewusst hätten, was ich in Frankfurt so alles angestellt hab, die hätten wahrscheinlich einen Herzinfarkt bekommen. Na ja, dann hat mir Dušan ein Taxi gekauft. Schlechtes Gewissen, denke ich. Damit verdiene ich mein Geld. Nebenbei verticke ich noch ein wenig Gras. Nichts Großes. Nur ein kleiner Zusatzverdienst.« Svetozar nahm die Flasche in die Hand. »Noch ein Gläschen?«

»Na gut, aber diesmal bitte nur halb voll.«

»Sag mal, wie geht es Smilja?«

»Viel besser als früher. Sie hat jetzt zu Hause die Hosen an.

Dušan hat sich verändert, respektiert sie, ist viel ruhiger und auch einfühlsamer geworden.«

»Mit Vater habe ich abgeschlossen.« Sein Gesicht blieb unbewegt, aber in der Stimme schwang die Wut mit. »Für Smilja freue ich mich aber. Obwohl, das mit dieser Lüge über deinen Vater war schon krass von ihr. Wie geht es dir damit?«

»Denke schon, dass ich ihr verzeihen kann. Sie hatte ihre Gründe.«

Svetozar kippte sein Schnapsglas in einem Zug leer, schenkte sich nach. »Und deine deutsche Familie? Was ist aus ihnen geworden?«

»Marianne und Robert sind schon lange tot.«

»Das tut mir leid. Und wie geht es deinen deutschen Geschwistern? Sieben hattest du, oder?«

»Ja, es waren sieben. Letztes Jahr ist Bert, der Älteste, gestorben. Das war ein wenig seltsam. Wir haben uns alle auf einem Gutshof getroffen zu seiner Beerdigung.«

»Und wieso seltsam?«

»Ach, ist nicht so wichtig.«

»Erzähl schon.«

»Weißt du, ich habe meine deutschen Geschwister wirklich gern. Sie sind echt in Ordnung. Aber am Abend gab es Streit. Sie schwelgten in Erinnerungen, sprachen auch über Robert, meinen Pflegevater. Ich hab dann gesagt, dass er ein Nazi war, da wurden sie richtig wütend. Sie haben alles verharmlost und verdrängt, haben nie mit ihm darüber gesprochen. Die Enkelkinder glauben, dass ihr Opa ein treuer Wehrmachtssoldat war, der nur seine Pflicht getan hat. Aber das stimmt so nicht.«

Wir schwiegen. Dann huschte ein Lächeln über Svetozars Gesicht. »Und dieser Bruder, den du damals hattest, dieser

Texaner, der eigentlich gar nicht dein Bruder war. Wie geht es ihm?«

»Du erinnerst dich an Markus?«

»Ja, du hast damals öfter von ihm erzählt.«

»Er war erst in München bei seiner Mutter, ist später zu seinem Vater nach San Antonio gezogen, hat dort eine Stripperin geheiratet und mit ihr eine Tochter bekommen. Jetzt lebt er wieder in München mit seiner Familie.«

»Abgefahren«, sagte Svetozar.

In diesem Augenblick betrat seine Frau Sonja mit Nina die Wohnung. Nina stürmte auf die Terrasse, schrie: »Papi, Papi«, setzte sich auf seinen Schoß. Svetozar lachte, umarmte und küsste sie. Wie glücklich er aussah. Sonja war klein, etwas mollig, sie würdigte mich keines Blickes und verschwand mit einem kaltherzigen »Hallo« in der Küche. Svetozar zuckte mit den Schultern, goss uns noch ein Glas Schnaps ein. Während wir uns unterhielten, spielte Nina am Fußboden mit ihren Puppen und Plüschtierchen Familie.

Beim Abendessen war die Stimmung angespannt. Sonja hatte ein Reisgericht mit Gemüse und Hähnchen in Tomatensoße gekocht. Sie stocherte missmutig auf ihrem Teller herum, plötzlich sah sie mich direkt an. »War mein Mann früher eigentlich genauso faul wie heute?«

»Sonja! Was soll das? Alem ist unser Gast.«

»Mir doch egal«, unterbrach sie ihn unwirsch. »Er soll ruhig wissen, dass du hier faul auf dem Sofa liegst und nichts tust, während ich den ganzen Tag im Supermarkt schufte.«

»Sonja, es reicht.« Svetozar war laut geworden.

»Nein, es reicht nicht«, schrie Sonja. »Und warum müssen wir immer noch in diesem Drecksloch leben, obwohl Dušan dir eine ganze Etage in seinem Haus angeboten hat.«

»Darüber haben wir doch schon tausend Mal diskutiert. Halt jetzt einfach deine Klappe.«

Nina begann zu weinen. »Mama, Papa, nicht streiten.«

Sonja nahm die Kleine auf ihren Schoß. »Da siehst du, was du wieder angerichtet hast.«

»Na klar. Jetzt soll ich wieder an allem schuld sein. Komm, Alem, lass uns abhauen. Ich fahr dich noch nach Pančevo.«

Sonjas Stimme überschlug sich. »Du fährst nirgendwo mehr hin, du hast doch schon wieder gesoffen. Willst du deinen Führerschein verlieren, du Idiot?«

Behutsam schob ich meinen Stuhl zurück und stand auf. »Svetozar. Ist schon gut. Ich muss sowieso wieder zurück nach Belgrad. Bestell mir einfach ein Taxi.«

»Ich bin das Taxi.«

»Ein Scheiß bist du«, schrie Sonja.

»Bitte, Svetozar. Bleib hier bei deiner Familie und bestell mir ein Taxi.« Ich legte ihm die Hand auf den Arm. Er schüttelte sie ab und stand auf.

Draußen sah Svetozar mich mit düsterer Miene an. »Tut mir leid, Alem. Ist dumm gelaufen. Manchmal ist sie unausstehlich.«

»Schon in Ordnung. War trotzdem schön, dich mal wieder zu sehen.«

»Ja, fand ich auch.«

»Gib der kleinen Nina noch ein Kuss von mir.«

»Mach ich.«

27

Am nächsten Morgen fuhr ich mit dem Taxi zum Friedhof. Ich rieb mir nervös die Beine, hatte schweißnasse Hände.

Der Taxifahrer öffnete das Fenster einen Spaltbreit. »Was für ein wunderschöner sonniger Tag. Es sollen wieder über 20 Grad werden.«

Tief atmete ich die frische Luft ein. Das Radio mit serbischer Volksmusik war laut aufgedreht. Ein Mann sang sehnsuchtsvoll über seine Liebe zu einer Frau, die er nur kurz in einem Bus gesehen hatte. Mutter hatte mir erzählt, dass sie Emir in einer Jugo-Diskothek in Würzburg kennengelernt hatte. Ich stellte mir vor, wie sich meine Mutter und mein Vater eng umschlungen auf dem Tanzparkett küssten.

Die Fahrt dauerte nicht lange. Ich gab dem überglücklichen Taxifahrer viel zu viel Trinkgeld und betrat einen Blumenladen. Die Floristin zeigte mir Dutzende Trauerkränze und bunte biedere Blumensträuße mit Schleifchen. Das hätte meiner Mutter bestimmt gefallen. Ich kaufte zehn langstielige rote Rosen für meinen Vater.

In einem Häuschen am Eingang schnitt sich der Friedhofswärter, ein großer bulliger Mann mit freundlichen Augen, mit dem Taschenmesser ein Stück Salami ab. Er warf einen Blick auf das Dokument mit der Grabnummer, wischte sich die fettigen Finger an seiner Latzhose ab und skizzierte mir auf einem Blatt Papier den Weg. »Ein Freund von Ihnen?«

»Nein, mein Vater.«

Er nickte einfühlsam mit dem Kopf.

Der Friedhof hätte auch ein großer Stadtpark sein können. Es gab prächtige, von Bäumen gesäumte Alleen und dicht begrünte Seitenwege. Weißgraue Spinnfäden segelten durch die Luft, ein alter Mann las auf einer Parkbank die Zeitung, auf den Gehwegen lagen Bucheckern, Laub und Kastanien, der gedämpfte Stadtverkehr brummte gleichmäßig von fern, ein paar Spatzen flogen von einer Buchsbaumhecke auf und die Sonne strahlte grobkörnig durch die goldfarbenen Baumwipfel auf die Gräber hinab.

Mein Herz begann zu rasen.

Ganz hinten, kurz vor der Friedhofsmauer, fand ich Emirs Grab. Auf der schlichten grauen Granitplatte waren nur Geburts- und Todesdatum sowie sein Name eingraviert. Es gab kein Foto, kein konfessionelles Symbol, keinen herzergreifenden Sinnspruch und keinen Hinweis auf andere Familienmitglieder. Das Grab war ungepflegt, staubig und voller Laub.

Viele Freunde scheinst du ja nicht mehr gehabt zu haben.

Ich ging in die Knie, wischte den Dreck und die Blätter zur Seite und legte die roten Rosen auf die Grabplatte.

Die sind von Mutter und mir. Ich soll dich ganz lieb von ihr grüßen. Hier liegst du also. Hab ich dich doch noch gefunden.

Plötzlich begann ich zu weinen. Ich schüttelte mich, wischte mir die Tränen aus den Augenwinkeln. Sanft fuhr ich mit den Fingern über seinen Namen und zog die fünf Bilder aus meiner Jacketttasche.

Schau, das ist alles, was ich von dir hatte. Und das hier ist mein Lieblingsfoto. Es ist das einzige Bild, auf dem wir gemeinsam zu sehen sind. Wir sitzen in einem Autoskooter, den ich mir immer feurig rot vorgestellt habe. Ach Emir, ich hätte dich gerne noch so vieles gefragt. Aber so ist es jetzt auch gut.

Ich stand noch eine Weile vor seinem Grab. Dann drapierte ich die Rosen, legte meine Hand ein letztes Mal auf seine Grabplatte, machte ein Foto, schickte es an Mutter, drehte mich um und ging.